跨境电商3.0时代

（白金版）

朱秋城（Mr.Harris）◎ 著

CROSS BORDER
E-COMMERCE 3.0 ERA

中国海关出版社有限公司
中国 · 北京

图书在版编目（CIP）数据

跨境电商 3.0 时代：白金版/朱秋城著．—2 版．
—北京：中国海关出版社有限公司，2023．1
ISBN 978－7－5175－0608－9

Ⅰ．①跨…　Ⅱ．①朱…　Ⅲ．①电子商务　Ⅳ．①F713．36

中国版本图书馆 CIP 数据核字（2022）第 234269 号

跨境电商 3．0 时代（白金版）

KUAJING DIANSHANG 3．0 SHIDAI（BAIJIN BAN）

作　　者：朱秋城（Mr. Harris）
责任编辑：邹蒙
助理编辑：文珍妮
出版发行：中国海关出版社有限公司
社　　址：北京市朝阳区东四环南路甲 1 号　　邮政编码：100023
编 辑 部：01065194242－7533（电话）
发 行 部：01065194221/4238/4246/5127（电话）
社办书店：01065195616（电话）
https://weidian.com/?userid=319526934（网址）
印　　刷：北京鑫益晖印刷有限公司　　经　　销：新华书店
开　　本：710mm×1000mm　1/16
印　　张：19．75　　字　　数：310 千字
版　　次：2023 年 1 月第 2 版
印　　次：2023 年 1 月第 1 次印刷
书　　号：ISBN 978－7－5175－0608－9
定　　价：76．00 元

序　言

新丝绸之路上的“驼队”

受新冠肺炎疫情、全球通胀、地缘冲突等多重因素影响，2022 年是中国经济发展压力非常大的一年，全球经济的日子也不好过。但近期发布的 2022 年中国前三季度贸易数据却让人看到了希望的光与韧性的力量。

具体来看，2022 年前三季度我国以人民币计价的货物贸易进出口总值 31.11 万亿元，同比增长 9.9%。其中，出口 17.67 万亿元，同比增长 13.8%。再看压力比较大的 9 月，我国外贸进出口总值 3.81 万亿元，同比增长 8.3%；出口 2.19 万亿元，实现了两位数的增长，达到 10.7%。

虽然增速阶段性放缓，但增长来之不易，这背后是千千万万不懈努力的贸易人。跨境电商在中国经济发展的新时期成为全新的贸易形态，特别是疫情发生以来，跨境电商推动了我国外贸模式的改变，大大缩短了贸易链条。多年来，经过迭代升级，通过科技与数字手段，跨境电商推动了我国贸易向更高的产业链层级跃进。跨境电商在外贸总量中的占比也在逐年增大。

在与跨境电商人的交流中，我发现很多人在2022年其实承受着非常大的压力：订单不好接了，生意不好谈了。但最后，很多人也都是在牢骚过后积极地去想办法寻出路，没有轻言放弃。

“你会发现抱怨对生活毫无用处，只有寻找新路，生意才能继续，那就热爱吧。”一位跨境电商人的话讲得朴实又实用。

疫情给贸易带来阻碍，但也成为促进跨境电商发展的意外因素。疫情之下的跨境电商，让人想起了古老丝绸之路上的驼队：不惧寂寞，不惧阻隔，不惧未知。潜心地制作，不断地找寻，执着地送达；货物的交换，成交的喜悦，故人新知的相逢——这样的贸易情境，古人今人应是相通的。受疫情影响，在2020年、2021年，全球出现了“人不动物动”的情景，大量的货物在全球流动，跨境电商功不可没。

我想，如果不是内心有一种力量支撑，可能无法想象，在没有飞机和巨轮的古代，埃及人会用上中国的丝绸，而中国人的食谱里会出现胡椒粉和葡萄。那些古老丝绸之路上的贸易人，要走过多少个暗夜，才能获得抵达和收获的喜悦。再看如今的跨境电商，可以说是科技和数字经济的发展让贸易插上了翅膀，但贸易人的精神内核其实亘古不变。这种精神，是穿越未知的信念，是始终不放弃的求索——跨越山海，都要促成一笔生意的成交；一个市场不行了，转而通过市场调研、数据分析寻找新的市场。跨境电商，正在跨越地域、国界的限制，促成越来越多的交易，重塑着改革开放40年来中国贸易的新格局。

2022年年初商务部发布的官方数据显示，中国跨境电商5年增长近10倍，2021年依然保持着两位数的增长，出口额创历史新高，在贸易总额中的占比也在不断上升，市场采购规模6年增长5倍。与此同时，与之相配套的外贸综合服务企业超过1 500家，海外仓超过2 000个，头部跨境电商企业不断涌现。同时，品牌化发展成为新时期跨境电商的主要打法，对外输出的不仅是中国制造，更是中国创造、中国设计、中国品质，这是中国制造业发展到新阶段的必然。

跨境电商因为可以利用大数据等诸多先进手段，带着这一代贸易人的思维和方法向前进化。未来，跨境电商在中国贸易中的体量一定会越来越大，所采用的方式方法也将给中国贸易带来从量到质的巨变。

进入新发展时期，扩大开放无疑是促进跨境电商进一步发展的有利条件，更多的自由贸易区也为跨境电商提供了更广阔的空间。

回望历史，在那条驼铃阵阵的丝绸之路上，人们将中国的丝绸、瓷器等物品运出去，又将外域的好东西运回来，包括好听好看的歌舞与艺术。这条路上往来的人们，在交流中获得的快乐，跨越时空，生生不息。古老的丝绸之路，是火种，是精神，是开放的胸襟和人类向往交流的本能愿望。如今中国的跨境电商，正在践行“买全球卖全球”的梦想。在科技的推动下，跨境电商加速了全球商品流通。越来越多的跨境电商企业涌现，将建造一个全新的、蓬勃发展的外贸新生态系统，提升中国外贸的规模与质效水平。

这样来看，跨境电商这支新丝绸之路上的“驼队”，活跃、踏实、有力，每一个细节都焕发着生机，必然会影响未来更广阔的贸易领域。

是为序。

杨宇东

第一财经总编辑

2022 年 10 月 28 日

前　言

作为一个连续创业者，笔者投身外贸和跨境电商行业已经有 18 年时间了。《跨境电商 3.0 时代（白金版)》，是笔者创作的第三本关于跨境电商的书。在过去的日子里，笔者欣喜地看到很多读者通过《跨境电商 3.0 时代》这本书了解跨境电商的时代趋势，也有一些读者从书中获得了启示并开始跨境电商创业，这令笔者感到开心和欣慰。真心感谢大家这些年对于这本书的支持，以及对于笔者的关注和信任，谢谢大家！

至 2022 年，中国外贸和跨境电商行业受新冠肺炎疫情影响已经有 3 年时间了，因为这样一场疫情，全球经济和世界贸易格局发生了翻天覆地的变化，跨境电商迎来了历史性的发展机遇。

2022 年，我国跨境电商从整体规模来看依然发展迅猛，进出口额持续增长。根据中国海关总署的数据统计，2022 年上半年，我国的跨境电商进出口额达 8 867 亿元，同比增加 28. 6%。据网经社电子商务研究中心发布的《2022 年（上）中国跨境电商市场数据报告》，2022 上半年，我国跨境电商市场规模达 7. 1 万亿元，预计 2022 年全年，跨境电商市场规模将达 15. 7 万亿元。之所以取得如此好的成绩，是因为我国政府持续出台的跨境电商产业政策，以及企业的积极参与，还有 2022 年《区域全面经济伙伴关系协定》（Regional Comprehensive Economic Partnership，简称

RCEP，后文统一使用 RCEP）的政策红利释放。

但是繁荣之下亦有隐忧，中国的跨境电商也在经历调整和反思。

跨境电商行业目前面临的问题

◉ 近九成卖家运营成本上涨，廉价优势慢慢失去

过去几年，中国跨境电商卖家的优势之一就是产品价格低廉。但是到了 2022 年，因为跨境物流价格、原材料价格、劳动力价格上涨，汇率波动，以及跨境电商平台运营成本上涨等因素，与 2020 年相比，接近 90% 的卖家运营成本增加明显，21% 的卖家运营成本超过 50%。为了平衡收支，中国跨境电商卖家只能提高产品价格，原本的廉价优势正在慢慢失去。

◉ 行业利润回归平常，跨境电商暴利时代或许结束

因为信息不对称和产品差异化，早期的跨境电商行业一直是暴利行业，在跨境电商的红利期，也确实有很多人通过跨境电商积累了财富。但是从 2021 年下半年开始，因为成本大幅上涨，超过六成的跨境电商卖家的利润出现严重下滑。同时，随着越来越多的宣传和推广，各大跨境电商平台上的中国卖家越来越多，同行竞争也越来越激烈。当行业利润回归平常，卖家如何控制好成本，实现精细化运营，成为 2022 年的主题之一。

◉ 各大跨境电商平台完善合规体系，流量红利正在结束

2021 年，中国跨境电商行业发生了一件影响深远的事情，那就是亚马逊平台风控事件。因为违反平台规则，亚马逊关闭了超过 600 家中国

卖家的店铺。不仅仅是亚马逊，阿里巴巴国际站、Wish、Google、Facebook 都在 2021 年对于平台合规体系进行了完善。

此外，各个平台的海外广告流量费用也出现了猛涨。2021 年下半年开始，亚马逊的 CPC（Cost Per Click，按点击次数计费）广告费用比往年上涨了5% ~10%，阿里巴巴国际站直通车广告费用增加了大约 6%。独立站的情况也类似，独立站的卖家需要通过 Facebook 和 Google 引流，而 Facebook 和 Google 的流量价格也持续飞涨。而且面临压力的不仅仅是中小卖家，就连在 2022 年入局跨境电商的国内电商平台拼多多也承担了很大的流量压力和流量成本。

◉ 行业竞争激烈，内卷严重

笔者做跨境电商最早选择的平台是阿里巴巴国际站，也是阿里巴巴国际站 18 年的客户。那个时候整个行业都处于红利期，流量大，询盘多，出单非常容易，所以 2003 年通过阿里巴巴国际站，笔者所在企业迎来了第一波发展。但是进入 2022 年，平台上已经有太多的中国供应商，如何在众多的竞争者中脱颖而出成为大家最关心的问题。

不仅平台上的卖家竞争激烈，各个跨境电商平台之间的竞争也进入了白热化阶段。2022 年，北美电商渗透率预计将增加 1 个百分点，带动整体市场增长约 15%，这背后其实是千千万万个中国卖家。为了招募更多的中国卖家，这两年亚马逊在中国的招商非常激进，每年在中国举办的招商会超过1 000场。

◉ 经营惯性带来库存压力

疫情发生以来，因为海外产能的不足，中国的跨境电商迎来了历史性的发展机遇，很多跨境电商卖家在 2020 年抓住机会，赚得盆满钵满，所以从 2020 年下半年开始，大家都在大量囤货。但是时间到了 2022 年，行业骤然遇冷，海外消费者消费能力下降，摆在卖家面前的问题变成了如何处理库存和减少囤货压力。

逆势增长的外贸和跨境电商企业

在写这本书的过程中，笔者走访了大量的外贸企业和跨境电商企业，发现在疫情持续下，一部分企业举步维艰、淘汰倒闭的同时，还有一部分企业依然发展迅猛。笔者认为，疫情持续下还能保持良好发展态势的企业主要有以下几类。

◉ 专精特新的优势企业

笔者在走访企业的过程中发现，在大部分出口企业日子难过的趋势背景下，依然保持高速增长的是那些专精特新的企业，是那些在细分市场深耕细作的企业。这些企业订单旺盛，出口激增。比如宁波的一家做轴承的企业，通过阿里巴巴国际站 B2B（Business-to-Business，企业对企业）跨境电商，销售增长超过 60%；温州的一家做数控车床配件的企业，因为拥有 20 多项专利，通过阿里巴巴国际站实现了销售逆袭，到 2022 年企业甚至开始了 IPO（Initial Public Offering，首次公开募股）进程。所以无论经济环境如何变幻莫测，做好外贸跨境电商的核心还是靠优质产品。

◉ 经营灵活、市场适应性强的民营企业

虽然受到疫情影响，但民营企业发挥其经营灵活、市场适应性强的优势，迎难而上、攻坚克难，成为稳外贸的“韧性担当”。根据中国海关总署的数据统计，2022 年前 8 个月，民营企业进出口 13.68 万亿元，增长 14.9%，占我国外贸总值的 50.1%，同比提升 2.1 个百分点。宁波的乐歌、中基、公牛等企业，2022 年的出口数据都很漂亮。

◉ 经营“宅经济”和符合时代潮流的品类的企业

2020—2022 年，在部分企业面临经营压力的同时，那些经营“宅经济”品类和符合时代潮流的品类的企业依然赚得盆满钵满。比如在 2020 年，经营防疫类产品、室内家居产品、宠物类产品、家用电器等“宅经济”品类的企业表现很好。到了 2022 年，因为海外疫情防控政策的变化，新的热卖品类开始产生。比如，自我保健成为海外消费者的关注重点，全球健康产业规模已达 4.5 万亿美元，在这种趋势下，经营健康及个护用品的企业表现更好。再比如，海外消费者越来越重视环保和可持续性，美欧市场过半的消费者表示愿意花费更多成本来购买更具可持续性的产品，所以经营这个品类的企业也迎来了新的发展契机。其他销量保持增长的品类包括帐篷、野营桌椅、睡袋、燃具和炊具等野营产品，自行车、电动自行车等健康、环保的交通工具，车顶置物架、运动服装与运动鞋、防护头盔等户外运动的衍生产品，以及家庭娱乐设备。

跨境电商行业未来的发展趋势

2022 年，跨境电商数据贸易成为企业逆势增长的真正驱动力。跨境电商行业未来的发展趋势会是什么，笔者也在这里进行展望和判断。

◉ 跨境电商将会成为全球贸易真正的核心模式

eMarketer 发布的《2022 年全球电商市场预测报告》显示，2022 年全球电商销售额预计将首次突破 5 万亿美元，占整体零售总额的 1/5，预计 2025 年这个数字将突破 7 万亿美元，电商市场将继续保持增长态势，占比将越来越大，最终成为全球贸易真正的核心模式。

◉ 跨境电商平台上的卖家面临大洗牌

经历了2021年的亚马逊平台风控事件，亚马逊和各大电商平台开始完善合规体系，未来平台上卖家的格局和经营模式会发生很大的改变。2022年，一批劣势的、低效率的、不遵守跨境电商平台规则的卖家正在加速退出亚马逊等平台，在未来的日子里，那些具备供应链优势、品牌优势、品质优势，产品性价比高，理解平台规则并且掌握运营规律，拥有强大的内部组织能力和管理能力的卖家会胜出。同时，多平台运营、品牌化出海、新兴市场开拓将成为未来跨境电商卖家运营的重点。

◉ 独立站越来越成为主流，但是合规趋势越来越明显

跨境电商未来的发展趋势中，独立站一定会越来越重要，理由有下面几点。第一，传统的平台型跨境电商模式的交易门槛和流量成本会越来越高，平台风控也会越来越严格。第二，欧美市场的流量主要来自Google这样的搜索引擎，同时这几年随着社交媒体以及短视频平台的流行，独立站结合短视频结合社交媒体营销越来越成为主流。但需要注意的是，与亚马逊等平台完善风控体系一样，2021年，Facebook、Google、PayPal、Shopify等海外独立站生态平台也开始快速收紧政策，大力整治不良卖家，转向更精细化的DTC（Direct to Consumer，直接面对消费者）品牌站模式。

◉ 亚洲市场会成为未来重要的市场之一

经历了2021年，越来越多的跨境电商卖家察觉到欧美市场的疲态。其实在后疫情时代，我们在欧美市场看到的更多是通货膨胀、消费力下降，以及经济衰退。与此同时，亚洲市场却表现出难能可贵的增长率，各大跨境电商平台纷纷开拓亚洲市场。比如，阿里巴巴国际站重点开拓

韩国和日本市场，速卖通的重点是韩国和新加坡市场，而韩国的跨境电商平台更是销售数据暴涨。此外，东南亚市场也是各大跨境电商平台的开拓重点。这些国家的电商市场的特点是：第一，市场规模足够大；第二，消费力、购买力强大；第三，市场成熟，电商渗透率非常高；第四，因为距离中国很近，备货风险比欧美市场小。2022 年，随着 RCEP 的生效，亚洲市场的优势更为明显，同时亚洲市场的区域地理优势也会在未来的日子里体现得越来越明显。

◉ 品牌化出海成为跨境电商企业发展的必由之路

从 2022 年开始，中国跨境电商正式走上品牌化出海的道路。理由也非常简单，首先，国内电商平台已经触及发展的天花板，所以从 2022 年开始，越来越多的头部品牌企业选择通过跨境电商模式出海发展；同时，因为疫情和消费力下降等原因，从 2022 年开始，跨境电商大卖家发现以往单纯的铺货模式已经越来越难做了，所以选择品牌化出海模式，通过品牌化提升产品的附加价值。此外，各大跨境电商平台也纷纷开启了品牌化战略，引导平台上的企业通过品牌化往产业链的更高层级去走，最终实现良性发展。

◉ 短视频营销流行，购物场景真实化

短视频营销、短视频内容引流将会成为未来几年最重要的流量入口。短视频应用迅猛发展，视频成为营销产品和吸引新用户的有效工具。比较常用的方法是在 Instagram、TikTok、YouTube 等平台上通过优质的、有趣的内容吸引“粉丝”，然后建立私域流量，最终转化为销售。随着 AR/VR（Augmented Reality，增强现实/Virtual Reality，虚拟现实）技术的应用，跨境电商企业将为客户提供更好的购物体验，使购物场景真实化，让客户更容易通过可视化的方式试用新产品。

2022 年的今天，我们反思着跨境电商面临的问题，同时也在感叹传统外贸转型的势不可挡。因为有了跨境电商数据贸易，中国的外贸转型升级之路变得充满希望。希望广大外贸创业者和制造业工厂在接下来的日子里，勇敢拥抱时代，穿越周期，把握跨境电商的时代红利和风口，最终到达胜利的彼岸！

朱秋城

2022 年 9 月 26 日

目录

CONTENTS

第一章 关于外贸，那些难忘的年份 1

第二章 跨境电商时代下的宏观视角——形势与政策 / 31

第一章

关于外贸，那些难忘的年份

第一节 跨境电商1.0时代的迅猛发展

劳动力红利和生产资料优势

自2003年开始，中国外贸出口进入高歌猛进的爆发期。除了经济复苏带来的国际市场采购需求猛增外，中国廉价的劳动力和生产资料红利也为外贸出口高速发展提供了核心动力。

客观地回顾中国外贸出口的产品结构，产品的附加价值和品牌价值都不高，更多的是靠价格优势。欧美等发达国家和地区把主要精力用于发展高科技和金融业，而把传统制造业、高资源消耗的生产制造环节，大量转移到以中国为代表的新兴市场，中国劳动力和生产资料的廉价优势形成了巨大的吸引力，满足了国际市场的旺盛需求。

◉ 劳动力的价格优势

2003年开始，中国社会进入人口红利的黄金时代，特别是初级劳动力红利尤为明显。因为初级劳动力受的教育不多、技术水平不高，再加上人口基数巨大，在供需关系中处于被动和劣势地位，所以在很长时期内，中国的初级劳动力价格是极其低廉的。于是在企业生产制造过程中，工人工资可以压缩到非常小的比例，这也是中国商品价廉物美的原因之一。旺盛的外需、国家鼓励外贸的政策、廉价充沛的劳动力，使大量的中小外贸制造企业在这个时期如雨后春笋般出现，并且发展壮大。

◉ 生产资料的价格优势

决定中国制造价廉物美的因素，除了劳动力的廉价优势外，还有生产资料的廉价优势。对于一个制造企业来说，在原材料处于低价格的情况下，企业生产同样的产品，投入的资金就少，占用的企业流动资金也少，这样就大大降低了企业的生产成本，增强了企业的核心竞争力，扩大了出口优势。

2003 年开始，中国制造影响整个世界

2003 年开始，中国外贸出口进入爆发期，中国向世界输出大量的商品。物美价廉的中国制造为以欧美为代表的进口国（地区）带来了巨大的利益，甚至成就了一批美国企业。美国《财富》杂志发布的 2007 年世界 500 强排行榜显示，沃尔玛以 3 511 亿美元的营收超越埃克森美孚，重新夺回榜首宝座。时任沃尔玛百货有限公司高级副主席的唐·索德奎斯在颁奖礼上说沃尔玛的成功源于员工的坚定信念。其实他的观点并不全面，沃尔玛的崛起本质上是靠中国制造的强大推动。沃尔玛在遇到价廉物美的中国制造之前，是美国本土一家非常小的超市，它就是因为抓住了 2003 年开始的外贸爆发期，依靠中国制造的廉价优势在美国本土吸引消费者，为企业积累了大量的人气，在短时间内迅速崛起，最终成为一个强大的商业帝国。以沃尔玛为代表的美国企业的崛起背后，是千千万万个不辞辛劳、锐意开拓的中国供应商。

跨境电商 1.0 时代，B2B 电商网站崛起

2003 年，以阿里巴巴国际站“中国供应商”为代表的 B2B 电商网站大行其道。这是中国外贸人第一次真正意义上认识到电子商务的重要性。大家发现，除了习以为常的广交会参展，通过 B2B 电商网站开拓国际市场同样可以达到立竿见影的效果。于是，中国 B2B 电商网站的春天开始了。同时，B2B 电商网站的迅猛发展又反过来推动了中国制造的外贸出口，这样高速的发展一直持续到 2007 年。

B2B 电商网站在 2003 年迎来爆发期，主要的原因和发展特点有以下几点。

◉ 中国制造外贸出口的爆发期

2003 年外贸电子商务进入高速发展期，背后的主要推动力还是中国制造的爆发式发展。旺盛的世界采购需求推动了中国制造外贸出口的发展，外贸企业在发展中又迫切需要进一步开拓国际市场。传统的展会模式，无论是配额制度、交易方式，还是交易频率，都不能很好地满足外贸企业特别是中小企业开拓国际业务的需求，而外贸电商网站实效、便捷、廉价的贸易方式迎合了当时外贸出口的市场特点。

◉ 非典的历史机遇

2003 年的非典对于中国来说是一场灾难，但是对于中国的电子商务，特别是跨境电商来说，却是一次难能可贵的发展机遇。当国外的采购商因为非典取消了中国的采购之行时，中小外贸企业不得不选择通过电商平台开展进出口贸易，并且逐渐将其作为一种首选方式。

◉ 中小外贸企业推动 B2B 电商网站崛起

以阿里巴巴国际站“中国供应商”为例，最早使用这个产品的并不是大企业，而是一批来自一线的中小外贸企业。它们的特点是资金少、缺少专业的外贸团队，但是对开拓国际市场有迫切的需求，同时又缺少传统的展会资源支持，所以电子商务的比较优势就显现出来了。阿里巴巴通过提供符合中小企业特点的市场推广策略、优质的服务、低廉的价格，吸引了大量的中小外贸企业。

B2B 这个商业模式源于美国，但与中国的 B2B 不同，美国的 B2B 主要服务于大企业，阿里巴巴把 B2B 这个模式引入中国后结合了中国的企业实际。

◉ B2B 电商网站最有效的时代

不同于如今 B2B 电商网站同质化竞争的现象，2003 年外贸人对电子商务还处于半接受期，市场普及度并不高，平台上同质供应商还不多，最早一批选择通过 B2B 电商网站开通国际业务的中小外贸企业，因为抢占先机而在外贸市场上分得了一杯羹。那个时期的 B2B 电商网站成就了很多外贸企业。

◉ 阿里巴巴的市场推广和电子商务培训

2004 年 1 月，马云在一次论坛上正式提出“网商”这个概念，他把通过互联网进行商业活动的人统称为网商，并且认为这群具备划时代特征的商人群体，未来会占领主流的商务世界，甚至称赞他们是这个时代的英雄。同年 6 月，在杭州西子湖畔，第一届网商大会正式召开，由杭州政府、中国电子商务协会和阿里巴巴一起举办的网商大会连续举办了 9 届，成为中小企业的年度商业盛会，媒体、政府、明星、中小榜样企业云集，从此网商群体吸引了整个社会的关注。

以网商大会为载体，通过评选榜样企业，结合政府表彰和媒体传播的方式，阿里巴巴探索出了一条符合中小企业特点的电子商务市场推广普及之路。同时，阿里巴巴在全国范围内进行了大量的电子商务培训，电子商务的概念在中小企业之间逐渐普及。

◉ B2B 电商网站背后的年轻人

以阿里巴巴为代表的 B2B 电商网站的崛起背后，其实活跃着千千万万年轻有活力的外贸人。在 B2B 电商网站投入应用以前，中国的外贸人更多是以“50 后”“60 后”为主导，他们的思维保守、习惯传统，更愿意通过传统展会的方式去开拓国际市场。而“80 后”“90 后”外贸人，特点是思维活跃、愿意尝试新鲜事物，他们急于开拓业务，但是手里缺少客户资源。阿里巴巴通过网商大会这样的市场推广策略，以创业和创新为亮点，以年轻人为突破点，吸引了大量的年轻外贸人使用阿里巴巴国际站“中国供应商”这个产品，帮助他们取得非常好的市场回报。最早一批使用 B2B 电商网站的外贸年轻人，跟阿里巴巴共同成长和发展，通过自己的努力创业和开拓，走出了一条成功的外贸路。

跨境电商 1.0 时代中小企业迅猛发展的各种因素

◉ 船小好掉头

中小企业之所以在 2003—2007 年迅猛发展，与其自身的企业特性有关。中小企业规模小，经营决策权往往掌握在老板或者家族成员手中，好处是只要捕捉到一个商业机会，可以立即做出反应。而且中小企业人数比较少、组织结构简单，既方便控制成本，也有利于快速做出决策。

◉ 小规模、专业化、精细化

在商业资源上，中小企业相对于大企业往往比较匮乏，规模、人员配备、融资能力、市场推广能力也都比较弱。但中小企业往往精耕细作于某个细分市场，或者专注于一个大市场产业链中的某一个小环节，依靠专业化的经营，最终在市场上站稳脚跟。

从全球的行业发展趋势来看，协同合作是企业发展的大趋势。中小企业在外贸黄金期迅猛发展，其实也符合当时国际产业专业化分工的趋势。外贸出口核心国把主要的资源和精力投给高科技和金融服务业，对于资源和劳动密集型的低附加值产品，则通过在中国采购的方式实现利益最大化。中国的中小企业通过参与国际产业链分工，取得了非常好的发展业绩。

中小企业发展迅速还有一个原因，就是企业对于产业链的精细化经营。在浙江很多区域，都有某个产品的产业集群，比如袜子产业村。在一个地区内，整个产业高度集中到某一个细分产品，会在价格、技术和质量上展示出超级强大的竞争力。同时，这个区域的产业链优势也形成了一个生态圈，反向促进企业的发展。

◉ 小批量、丰富的产品

浙江的中小企业一直是中国中小企业中发展较为快速的。善于抓住商机并且灵活经营一直是浙江中小外贸企业的成功之道。2003—2007 年，很多大规模出口企业更青睐于大批量、单一化的订单产品，因为这样的模式最容易体现规模化带来的成本优势。很多大规模出口企业重点开拓欧美等核心出口国（地区），对于一些新兴市场国家重视度不够。中小企业善于发现市场的个性化需求，通过小批量订单以及丰富的产品线，在中国外贸黄金期迅猛发展。

最典型的例子就是义乌小商品市场的发展。义乌曾经只是一个贫瘠的山区小市，那里的中小企业依靠灵活的经营策略和海量的轻工小商品，最终构建了世界上最具规模的小商品市场和产业圈。当时数量庞大的中小企业不仅创造了最为丰富的产品线，也最大限度地满足了国外市场的需求。

◉ 中国加入 WTO 带来的市场红利

中小企业高速发展还有一个重要原因，就是中国加入 WTO（世界贸易组织），这是中国外贸经济发展过程中的一个里程碑。经过 10 年的艰苦谈判和努力，2001 年 12 月 11 日中国正式加入 WTO。经济一体化、全球化是世界发展的主流，加入 WTO 就意味着中国分享到了国际分工的利益，也意味着中国融入了国际经济社会，而中小企业作为中国经济举足轻重的一部分，也从中赢得了历史发展机遇。

根据 WTO 的约定，作为成员方的中国享受最惠国待遇。中小企业对外出口的时候，欧美等核心贸易国（地区）对于中国的歧视性规则慢慢取消，中国企业享受到更多国家和地区开放市场的红利，再加上中国政府的出口政策支持，我们传统的出口产品比以前拥有了更加明显的优势，特别是轻工日用品、纺织服装、礼品玩具等。中国加入 WTO 以后，更多的国际采购商进入中国进行采购，中小企业依靠廉价的产品、灵活的经营模式参与国际市场的分工合作，在给国际采购商带去丰富的价廉物美的产品的同时，也为自己带来了发展。

◉ 利用外资带来的市场机会

加入 WTO 以后，中国优良的投资环境和明显的资源优势吸引了国际资本进入中国市场进行投资和商业合作。很多中小外贸企业就是在这个时期通过与外企合资的方式组建了外贸公司。很多生产企业取得了自营出口权，通过与外资合作扩大了生产规模。跟外方的合作也给中国的中小企业带来了先进的经营理念。有的企业在国外建立了分公司和业务销售渠道，企业优势进一步提升。此外，中小企业能够更多、更快地接收到国际市场的最新商业资讯和产品理念，研发新产品、引进优秀人才，这些都为以后扩大企业规模打下了扎实的基础。

第二节　跨境电商 2.0 时代的积极探索

中国的小额外贸探索之路

2008 年开始的全球金融危机让世界经济陷入困境，经济的乏力使得国际采购需求急剧下降，受冲击最大的自然是中国制造业的对外出口，当时很多的中国制造企业被大额订单客户抛弃。2008 年以前，浙江黄岩的一家木制挂件公司出口高峰期时一个月的出柜数量可以达到 10 个集装箱，在金融危机冲击下，最难的时候一个月出柜数量仅为 4 个集装箱。传统大额订单的需求急剧下降，很多传统制造企业在这个时期面临巨大的生存危机。经济低迷也让各国的个人买家更加积极地从中国这样产品价格低廉的国家进行国际网购。其实在 2008 年以前，国际 B2C（Business-to-Consumer，企业对个人）这样的小额外贸出口模式一直存在，但是直到金融危机，传统外贸渠道陷入困境，才真正把小额外贸推上了中国外贸的历史舞台，最终发展成为驱动中国外贸发展的新动力。

跟传统的大额外贸相比，小额外贸是小批量、高频率，支付、物流、仓储等都通过在线方式实现。很多贸易型、平台型的企业正是在这样一个小额外贸发展的特殊红利时期，抓住了市场机遇，在竞争尚不激烈的前提下迅猛发展。小额外贸互联网渠道的发展跟国内在线零售的发展类似，也分为自建平台型和进驻平台型。谈到自建平台型跨境电商企业的成功案例，就不得不说曾经的跨境电商标杆企业——兰亭集势。

◉ 兰亭集势

◎ 中国平台型小额外贸企业的标杆——兰亭集势

兰亭集势（LightInTheBox. com）的创始人郭去疾拥有非常傲人的互联网职业背景，曾经是 Google 和亚马逊的高管，他对中国外贸市场变化的判断是敏锐并且精准的：经济危机让低成本规模化生产的旧外贸时代终结，全世界消费者需要个性化的网络零售服务市场。正是基于这样的市场判断，兰亭集势在 2007 年正式上线。成立之初，它在中国外贸市场是一枝独秀，它选择了最热销的电子产品，一开始主要面向欧美发达国家。2009 年兰亭集势又引入了跨境电商最火的品类——婚纱产品，同时又上线法语、西班牙语、德语和意大利语版本。在这个时期，兰亭集势背靠中国制造的低价优势，加上整个市场同质化程度不高、竞争对手较少，企业发展非常迅猛。

兰亭集势对于中国跨境电商影响最大的事件，是它作为中国跨境电商第一股在海外上市。兰亭集势在这个中国跨境电商发展的特殊时期占据了天时地利人和的优势，在 2013 年 6 月 6 日于美国纽交所成功上市。兰亭集势的上市对于中国跨境电商的影响是历史性的。

◎ 兰亭集势的上市对于中国小额外贸的影响

* 引发中国社会对于小额外贸的关注

作为长期存在的外贸出口模式，小额外贸很长时间里一直处于低调甚至边缘的境地，整个中国外贸业界对于小额外贸的争议也从来没停止，国家相关部门也一直保持观望态度。兰亭集势的成功上市无疑给整个市场和无数外贸创业者注入了一剂强心针。以兰亭集势上市为分界线，此后，中国的小额外贸真正开始爆发式发展，到2015年已形成了包括支付、物流、仓储、培训服务等一整套的产业链。原来单纯依靠OEM（Original Equipment Manufacturer，原始设备制造商，俗称代工）出口的中国制造工厂，前赴后继地在小额外贸市场发力，很多制造企业短短几年就取得了非常惊人的销售业绩。在深圳的小额外贸圈，年销几千万元已经不是特别惊人的事情了。政府方面也开始对小额外贸给予积极的评价和引导，无论是产业还是税收、法律，都给予了很多鼓励政策。

* 真正实现从小额外贸到跨境电商B2C的转变

现在如火如荼的跨境电商B2C的前身就是小额外贸，很长时间里大家对跨境电商的理解更多停留在小额外贸，认为这样的出口模式仅仅局限于少数品类的小额出口。兰亭集势的成功让小额外贸转变为跨境电商B2C。兰亭集势从单一的婚纱产品线开始发展，短时间内将产品品类扩展到电子产品、玩具、饰品、家居用品、体育用品，甚至开始承接中单、大单，这体现了跨境电商的核心价值。依靠中国制造业的廉价优势，结合互联网技术，兰亭集势打造了一个创新的高效供应链。在2008年传统外贸遭遇寒冬的情况下，跨境电商B2C避开烦琐的传统外贸出口渠道层级，直接面对终端消费者，重新定义了客户和供应商的关系，创造了中国外贸的新价值，打造了线上供应链，真正实现了从小额外贸到跨境电商的转型。

◉ 小额外贸的探索之痛

小额外贸虽然有非常优越的在线条件，但是就像任何一个新型电商模式一样，小额外贸在刚刚盛行的时候风波和争论一直不断。

作为中国最早的一批跨境电商实践者，笔者虽然在小额外贸领域取得了非常好的业绩，但是内心一直处于纠结和彷徨的状态，因为小额外贸这一模式出现之时就存在的很多问题一直没有解决，而且国家对小额外贸的政策并不明朗，很多小额外贸从业者都是闷声发财、低调做事。困扰小额外贸早期发展的有如下几个问题。

◎ **报关的风险**

小额外贸的 B2C 模式允许企业通过在线方式直接跟世界各地的终端消费者交易，类似于现在的天猫，通过国际物流把产品发给客户。跨境贸易涉及国际出口运输，其中最为核心的就是出口报关环节，当初主流的出口模式是集装箱出口，出口货物需要申请报关，供应商需要开具增值税发票。而小额外贸基本属于个人零售，出口产品往往作为样品、礼品选择不报关直接出口，这样的出口模式是存在风险的，但传统外贸的报关流程显然也不适合十几美元甚至是几美元的小额外贸。

◎ **国际物流的瓶颈**

小额外贸一开始选择的国际物流方式主要是廉价小包和廉价大包，中国香港邮政的香港小包和大包是主流选择，因为常规的 UPS、DHL 等国际包裹的物流成本非常高。但是当时的香港小包有很多问题，比如某些地区不能查询物流记录，经常会丢件，丢件后也无法追究责任。

◎ **假货严重**

小额外贸当初发展得非常迅猛，特别是在广州、深圳等制造业发达的城市。小额外贸的暴利导致卖家素质参差不齐，鱼龙混杂。某些小额外贸平台上仿品、假货的占比甚至高达 50%，假货的盛行直接影响了小额外贸的发展。很多国外买家买到了假冒伪劣产品又投诉无门，这极大影响了中国供应商的整体声誉。

◎ **外贸结汇的痛点**

对于早期的小额外贸从业者来说，最为头疼的事情就是美元的收汇问题。小额外贸往往通过非报关流程出关，所以无法通过正规的渠道收汇，只能通过个人账户结汇。但是当时中国外汇管理比较严格，个人结汇每年最高不超过 5 万美元，所以很多小额外贸从业者通过类似海外账户等非正规方式收汇，风险非常高。

◎ **税收的问题**

中国的退税政策要求出口企业必须具有进出口经营权，出口货物离境必须报关，出口收汇必须正规核销。而当初的小额外贸出口不报关，结汇不走正规流程，没有发票和核销，所以不能享受国家的出口退税政策。

这就是小额外贸在中国市场的真实的探索之路。当传统外贸在 2008 年金融危机中遭遇挫折的时候，中国的外贸人找到了一条逆袭突围的道路。虽然一开始经历了野蛮生长的阶段，但是随着跨境电商的发展越来越迅猛，国家和政府慢慢开始重视这个中国外贸的蓝海市场，跨境电商的发展将会越来越规范。

跨境电商的先行者——敦煌网

创立于 2004 年的综合性跨境电商平台——敦煌网，对于中国跨境电商的发展具有里程碑意义。正是因为敦煌网的开拓创新和布道式教育，中国很多出口制造企业主才投身跨境电商。

2014 年 9 月 19 日，敦煌网成立 10 周年庆典在北京世纪剧场举行。有位记者问及创始人王树彤“敦煌网”这个名字的由来，她回答敦煌网在创立之初就确立了“促进全球通商，成就创业梦想”的使命，立志成为新时代丝绸之路上最重要的驿站，帮助中小企业在平台上“买全球、卖全球”，所以起名为“敦煌网”。

然而创立之初的美好愿景并没有换来市场的热捧，敦煌网正式上线短短半年时间，王树彤就已经将 100 万元投资消耗殆尽。王树彤说那是最惨淡的时候，网站入不敷出，大批员工离开公司，只有她孤独坚守，但是幸好她从来没有想过放弃。

2009 年，敦煌网的小额外贸在线交易额高达 25 亿美元。随着敦煌网商业模式的成功，2010 年 4 月 26 日，阿里巴巴宣布投资1 亿美元正式征战小额在线交易市场，推出小额跨境贸易平台——全球速卖通。阿里巴巴全球速卖通的正式推出，对于中国跨境电商发展来说意义非凡，这代表着中国电子商务市场开始重视并且认同跨境电商的未来。但对于敦煌网来说，这也意味着它将遭遇强劲的市场对手。

◉ 敦煌网相对于阿里巴巴的创新优势

笔者认为电子商务的核心竞争力就是创新和想象力，敦煌网对于中国制造海外出口的营销理念是非常领先的。虽然阿里巴巴的“中国供应商”成为中小外贸企业的首选网络渠道，但它更多的是一个外贸信息平台，外贸交易的其他环节，比如支付、物流、仓储则主要通过传统外贸形式实现，也就是说阿里巴巴的“中国供应商”仅仅实现了电子商务的半个环，而敦煌网真正实现了完整的电子商务。

敦煌网于 2013 年推出在线发货物流服务，解决了跨境物流的核心痛点，简化了发货流程。同时，敦煌网的自营物流平台 DHLink 和全球四大物流公司合作，降低了价格又提高了时效性。针对中国小卖家最关心的融资服务，敦煌网和建设银行合作推出了“e 保通”，和招商银行合作推出了“敦煌网生意一卡通”，和民生银行合作推出了“新 e 贷白金信用卡”，缓解了中国小卖家资金不足、融资难的问题。敦煌网对于跨境电商的运营能力和数据分析能力也非常强，给中国卖家提供了详尽的数据和分析，助力中国卖家更好地发展。

未来，中国将成为全球最大的跨境电商市场，核心理由如下：第一，中国的电子商务发展已经处于世界领先位置，阿里巴巴、京东等航母级电子商务公司已经完成了中国电子商务的市场教育，同时完成了系统的电子商务基础建设；第二，中国依然是世界工厂，拥有最丰富的制造业基础；第三，跨境电商的世界商店模式让制造业和全世界终端消费者对接，为中小企业的成长和发展提供了机遇。

目前中国的跨境电商分为进口跨境电商和出口跨境电商两种。敦煌网专注于帮助中国制造出口海外，与 eBay、亚马逊、Wish 等偏 B2C 的跨境电商平台的区别是，敦煌网更侧重于 B2B。

笔者认为中国的跨境电商发展经历了三个阶段：1999—2004 年的市场低谷徘徊期，2004—2012 年的市场上升期，2015 年至今的全面爆发期。敦煌网恰好见证了跨境电商在中国的发展。

◉ 敦煌网 10 年发展路

◎ 目标市场从以美国为主扩展到全球

中国跨境电商最初选择的目标市场是美国，比如兰亭集势就是从美国市场开始做零售的。之所以选择美国，是因为美国庞大的市场购买能力和美国人成熟的在线消费习惯，每年超级火爆的淘宝“双十一”就是借鉴了美国的“黑色星期五”购物狂欢节。根据敦煌网官方统计数据，2014 年，敦煌网上的供应商超过 120 万家，提供约 3 000 万种消费品，很长时间里来自美国市场的订单超过总订单的 80%。

从美国开始发展到全球市场也是中国跨境电商的一个重要特点，跨境市场越成熟，目标市场越广泛。发展了 10 年的敦煌网已经将业务扩展到多国市场，美国市场的订单也由原来的占比 80% 下降到了后来的 51%，同时英国的订单占比上升到 11.2%，加拿大占 4.86%。

◎ 商品品类从单一向全品类发展，交易规模迅速上升

中国的跨境电商平台都是从单一爆款品类开始扩展的，敦煌网也是如此，一开始以消费电子、婚纱等传统跨境商品为主，后来扩展到了

3 000多万种商品，几乎实现了全品类覆盖。平台品类的丰富是一个平台成熟和发展的标志。随着跨境电商购物模式的流行，敦煌网的销售额也开始大幅上涨，以最热的跨境产品品类手机屏幕为例，2014 年比 2013 年整整增长了 65%。这些都体现了以敦煌网为代表的跨境电商平台在中国市场的发展。

◎ 专注跨境 B2B 市场

敦煌网还有一个非常重要的特点就是专注跨境 B2B 市场，通过跨境小额出口帮助中国供应商开拓海外市场，而买家也多是小 B 和 B 类客户。这跟很多侧重 B2C 的零售平台，比如 eBay、Wish 和全球速卖通，有很大的区别。敦煌网从创立之初就致力于帮助中国制造企业出口海外做营销，这样的差异化定位也让敦煌网跟 eBay 等竞争对手区别开来。

敦煌网之所以专注跨境 B2B，跟创始人王树彤对于电子商务的理解有关。王树彤认为未来中国会成为全球最为重要的跨境电商市场，核心理由是她认为中国很长时间里还是世界制造中心，而跨境 B2B 可以直接给这些供应商带来出口销售量，而销售量是每个中国供应商最为关心的问题。

对于中国跨境电商未来是 B2B 占主流还是 B2C 占主流，笔者认为应该是两者共存。跨境 B2B 未来的发展方向应该是帮助中国传统的 OEM 制造企业实现从廉价制造到高端制造的飞跃。

◎ 移动端的“M 计划”

作为中国资历最老的跨境电商平台，为了更好地满足跨境市场的发展需求，也顺应移动互联网的大潮流，敦煌网在 2015 年推出了著名的“M 计划”。敦煌网移动网站 m. dhgate. com 贡献了 40% 以上的流量，App 下载量也超过了百万。

◎ 上线海外仓项目

当时跨境电商有两个最大的痛点：第一，物流体验差，速度慢，破损丢失问题严重；第二，销售体验非常差，产品纠纷和产品售后服务非常难处理。而解决这些问题的唯一途径就是大规模建设海外仓。2015 年 7 月，敦煌网多语言站的海外仓正式上线，共有 6 个站点，包括葡萄牙、西班牙、俄罗斯、意大利、德国、法国，率先为小语种买家开启本土化服务。

2015 年跨境电商的百花齐放

2015 年，中国跨境电商进入了全面的发展期，涌现出很多成熟的跨境电商平台，包括敦煌网、阿里巴巴国际站、全球速卖通。独立的跨境 B2C 网站也发展迅猛。资本大量流入加速了跨境电商的发展，最典型的例子是深圳跨境电商公司傲基电商于 2015 年正式在新三板挂牌。

在基础建设方面，中国跨境电商经过几年的发展，到 2015 年时已经形成了包括支付、物流、在线信用融资、第三方培训服务等一整套的产业生态链。

在国家政策层面，跨境电商一直是中国政府大力支持的领域。2015 年 5 月，国务院发布《关于大力发展电子商务加快培育经济新动力的意见》和《关于加快培育外贸竞争新优势的若干意见》，在跨境电商方面做出了重要部署。

2015 年促使跨境电商成为中国社会最大焦点的核心因素，是传统制造业遇到了前所未有的深层次危机。

◉ 2015 年中国跨境电商的发展特点

2015 年中国跨境电商的发展特点可以概括为以下几点。

* 随着世界经济下行压力的增大，国际采购商的采购模式已经从以前的大额订单转为小批次、高频率的碎片化订单。同时越来越多的传统

制造企业外贸渠道受阻，纷纷投身跨境电商，所以跨境电商在 2015 年迎来了欣欣向荣的发展。

* 跨境电商这种商业模式仅仅是为了满足旧模式下的新需求。中国的很多外贸企业和大卖家通过 eBay、亚马逊等跨境电商平台运营了很多年，只是随着平台竞争越来越激烈，那些已经经营多年的跨境大卖家开始转向价值链的更上游，希望从单纯的价格优势，发展到以品牌和定制化、个性化为核心竞争力的新优势。

* 其实对于跨境电商，特别是跨境出口电商来说，长期困扰其发展的一个核心因素就是跨境物流的局限性。很多传统的跨境电商通过类似淘宝的模式从中国内地发廉价包裹到海外市场，这样的物流方式不仅效率低，而且周期长、客户体验差。2015 年，越来越多的中国卖家已经意识到跨境电商海外仓的重要性。通过海外仓的运营，中国卖家提升了物流速度，改善了客户体验。

* 随着中国跨境电商市场的迅猛发展，巨大的市场机遇吸引了越来越多的资本性国际零售大商家参与其中。它们利用自己强大的资本优势，发展跨境电商 O2O（Online-to-Offline，线上到线下）模式，结合目的地本土服务，为客户提供一流的体验。这些跨境电商企业将成为中国跨境电商企业最大的竞争对手。

◉ 2015 年中国跨境电商面临的问题

虽然 2015 年中国跨境电商发展极为迅猛，但也面临着一些问题。

◎ 国际市场环境变化

2015 年世界经济下行，市场环境多变，对跨境电商来说，主要是汇率不稳定和目标市场法律的变动。2015 年汇率的变化直接导致目标市场终端消费者采购能力的波动，比如美元的贬值让很多高单价产品的跨境零售在一个时期内受到较大冲击。

◎ **海外买家对于商品的质量要求持续提升**

2015 年的时候，中国大部分的跨境电商卖家还处于初级阶段，单纯依靠价格优势，很多甚至直接复制淘宝零售模式。海外市场，特别是欧洲和美国市场，对于零售产品的品质和售后服务要求很高，例如医药品和食品的准入门槛都非常高。为了符合目标市场的标准并遵守相关法律法规，中国的跨境卖家必须有这样的理念：要做好跨境电商，一定要拥有可靠稳定的商品品质。同时，目标市场对于中国跨境商品的知识产权也会进行更加严厉的监督，中国的跨境卖家一定要给予足够的重视。

◎ **跨境电商人才匮乏**

中国跨境电商在 2015 年时面临的最大问题就是跨境电商人才匮乏。跨境电商的发展，核心还是靠跨境电商人才。跨境电商人才应该是一批非常高端、综合能力很强的电商人才，需要对传统制造、电商运营、外贸知识、小语种都有所了解，甚至要熟悉目标市场的法律法规和风土人情。无论是全球速卖通还是 eBay，甚至中国的高职院校，都在不遗余力地参与跨境电商人才建设。

2016—2019 年中国跨境电商发展梳理

◉ 2016 年，中国跨境电商发展进入黄金期

根据中国电子商务研究中心发布的《2016 年度中国电子商务市场数据监测报告》，2016 年中国跨境电商交易规模 6.7 万亿元，同比增长 24%。其中，出口跨境电商交易规模 5.5 万亿元，进口跨境电商交易规模 1.2 万亿元。

其实在 2016 年的时候，很多传统外贸企业都感觉到外贸不景气的趋势明显，所以从 2016 年开始，就有部分外贸企业转型跨境电商数据贸

易，首选平台是阿里巴巴国际站。通过跨境电商 B2B 模式，很多传统外贸企业在 2016 年实现了转型发展。

也是从这一年开始，中国政府开始制定发布支持跨境电商发展的政策，并且开始了第一批跨境电商综合试验区的建设工作。资本也开始关注头部的跨境电商平台和卖家。中国跨境电商正式进入黄金期，大量的先锋卖家通过跨境电商赚到了巨大财富。

但是此时的中国跨境电商还有很大的痛点，比如产品品质参差不齐，以及跨境物流、跨境支付和供应链等问题。

◉ 2017 年，中国跨境电商发展模式调整

时间到了 2017 年，此时的中国已成为世界大型电子商务市场之一，占全球总交易额的 40% 以上。移动支付和数字经济在各大平台大规模应用和推广，在全球经济贸易保护主义和逆全球化的大背景下，中国跨境电商继续高歌猛进地发展。2017 年，中国跨境电商交易规模为 8.06 万亿元，同比增长 20.3%。

2016 年，中国跨境电商以阿里巴巴国际站的 B2B 模式为主，但是到了 2017 年，跨境电商发展模式调整，跨境电商进口模式和 B2C 模式份额提升。跨境电商的进口额占比从 2016 年的 17.92% 提升至 2017 年的 21.8%，跨境电商 B2C 交易占比由 2016 年的 11.3% 提升至 2017 年的 14.8%。

中国政府在 2017 年同样推出了很多鼓励跨境电商发展的政策。比如在 2017 年 9 月，国务院将跨境电商监管过渡期政策延长一年；2017 年 11 月，经国务院批准，部分消费品进口关税进一步降低；跨境电商试点城市和跨境电商综合试验区数量成倍增长；地方政府纷纷出台了支持跨境电商发展的相关政策。

随着跨境电商行业发展，越来越多的企业选择品牌化出海，建立品

牌不仅有助于提升产品品质，而且能够改善客户体验。海外仓模式也开始受到重视，国家开始鼓励海外仓建设，跨境电商平台和头部跨境电商企业也开始有意识地布局海外仓。

◉ 2018 年，跨境电商打响供应链之战

2018 年，跨境电商发展进入充分竞争阶段。那些依靠低价模式、铺货模式的卖家已经慢慢感觉到吃力，卖家之间的竞争已经从单纯的比价模式转向了拼优质供应链模式。

随着跨境电商行业的极速发展，行业面临的问题也越来越多，比如缺少行业规范，缺少优质的管理模式，缺少技术、人才、团队，这些都是摆在行业面前非常棘手的问题。而整个行业也在 2018 年开始了第一次反思和探索，大部分卖家逐渐认识到跨境电商的核心还是供应链，于是在这一年，跨境电商供应链之战正式打响。

在 2018 年之前，跨境电商生态圈集中在销售端，追求的是价格优势，追求的是利润，但是经历了 2016 年、2017 年后，很多跨境电商卖家发现精细化、信息化才是提升效率的核心，所以 2018 年，跨境电商卖家开始高效率地完成采购、产品开发、销售和供应链管理。

◉ 2019 年，跨境电商行业出现新的变化和趋势

2019 年的中国跨境电商继续高歌猛进地发展，但是也产生了新的变化和趋势，比如跨境电商 B2B 模式开启了变革之路。跨境电商 B2B 模式在 2019 年其实遭遇了成长之痛，随着以阿里巴巴国际站为代表的 B2B 平台上中国供应商越来越多，行业开始内卷，卖家开始大打价格战，在这种情况下，跨境电商 B2B 平台开始了真正意义上的转型。也有越来越多 B2B 平台和跨境电商企业开始品牌化建设，希望通过品牌溢价来提升整体的产品利润和价值。

另外一个趋势是独立站模式开始崭露头角。2019 年，因为传统跨境电商平台的效果越来越差，竞争越来越激烈，很多外贸企业纷纷选择多渠道和多平台的策略，所以独立站模式在 2019 年开始被大家所熟悉。当时的独立站主要还是通过 Google 推广，所以这一时期也出现了很多出口建站的第三方服务公司，帮助外贸企业独立建站，然后通过 Google 推广。早期通过独立站模式出海的企业都取得了非常好的出海效果，询盘量、订单量都非常令人满意。

2019 年最大的亮点是中国跨境电商进口迎来了空前的发展。很多跨境电商进口平台获得了资本融资。同时，为了满足国内市场消费者对于进口跨境电商产品的需求，进口跨境电商平台纷纷开启 O2O 模式，比如网易考拉在杭州、宁波、郑州开设实体店，天猫国际也在杭州开设了线下店，小红书则把线上社区搬到了线下。而且跨境电商进口逐渐从上海、北京、杭州这样的一、二线城市下沉到三、四、五线城市，农村电商逐渐兴起。

第三节　跨境电商 3.0 时代的“光辉岁月”

中国跨境电商蓬勃发展，新数据外贸时代已经全面到来

这几年，中国外贸一直在转型升级，传统外贸日现疲态的同时，跨境电商、数据贸易等新业态模式却迎来了高歌猛进的发展。

特别是 2020 年全球经历了新冠肺炎疫情冲击后，以“宅经济”和跨境电商为特点的新外贸模式成为中国外贸具有前景的模式之一。最近几

年，移动互联网的普及、全球支付系统和物流体系的完善，以及国家跨境电商政策红利的持续释放，使得中国跨境电商真正迎来了一个高光时期。

我们简单梳理一下最近几年中国跨境电商的相关数据。

根据中国电子商务研究中心的统计，从2017年开始，中国跨境电商已经进入加速发展阶段，当年的跨境电商交易规模是7.6万亿元，同比增长20.63%；到2018年年底，中国跨境电商交易规模已经达到9.1万亿元，同比增长19.5%；而到了2020年，中国跨境电商交易规模已经增加到12.7万亿元，真正成为影响中国外贸和中国经济的重要经济模式之一。

◉ 中国跨境电商蓬勃发展的时代背景

目前，中国跨境电商的发展已经领先全球平均水平。关于中国跨境电商为什么如此蓬勃发展，笔者作为一个18年的一线跨境电商经营者也做了系统的调研。

2020年是跨境电商的爆发之年，因为海外疫情持续导致的全球供应链的缺失，中国外贸出口企业迎来巨大的市场机会。通过数据贸易的方式，大量的外贸出口企业在2020年赚得盆满钵满，其实背后的最大优势还是中国长期积淀的供应链优势。中国传统外贸发展了近30年，形成了完善的工业体系、丰富的工业品类，以及价廉物美的产品优势，这是中国跨境电商高速发展的第一个核心因素。

其次是跨境电商政策红利的不断释放。中国政府对于跨境电商的重视甚至可以追溯到2015年3月，中国第一个跨境电商综合试验区在杭州建立，之后又分6批设立了多个跨境电商综合试验区，中国目前已经拥有132个跨境电商综合试验区。2020年4月7日，国务院常务会议再次指出，必须更大发挥跨境电商的独特优势，以新业态助力外贸克难前行。

2021 年 7 月 9 日，国务院办公厅下发《关于加快发展外贸新业态新模式的意见》。“十四五”规划对于跨境电商做了非常积极的政策鼓励。

除了国家的政策红利，2022 年 1 月正式落地的 RCEP 对于跨境电商的发展也提供了很多优惠政策。

◉ 资本推进跨境电商发展

一个蓬勃发展的行业一定会引来资本市场的关注。其实资本关注跨境电商行业已经很长时间了，现在市场上头部的跨境电商企业和平台背后或多或少都有资本的身影。

在政策红利的扶持下，跨境电商的资本市场不断扩张。根据网经社电子商务研究中心发布的《2020 年度中国电商上市公司数据报告》，2020 年 8 家跨境电商上市公司总营收达 625.98 亿元，较 2019 年同期的 471.78 亿元增长 32.68%，平均营收 78.24 亿元。

2020 年 8 月 24 日，安克创新（Anker）在深交所创业板挂牌上市，发行价格 66.32 元/股，发行数量为 4 100 万股人民币普通股，成为创业板注册制首批上市企业之一。2021 年 8 月，神秘低调的跨境电商领先企业 SHEIN 完成了 E 轮亿元级美金融资，估值已经超过 150 亿美元。斯达领科和万拓科创也先后获得了红杉资本两笔 3 亿元的大额投资。

2021 年，资本入局跨境电商已经不局限于头部跨境电商卖家，而是更关注整个跨境电商的生态圈和产业链，包括物流、软件、SaaS（Software-as-a-Service，软件即服务）、支付、金融系统等，进一步推动了中国跨境电商的蓬勃发展。

◉ 全球电商数据增量

中国跨境电商的蓬勃发展，除了全球移动互联网的普及，以及支付、物流体系的完善之外，还有一个重要原因是全球消费者从线下消费模式大规模地转移到了在线消费模式。2022 年 1 月，欧美疫情形势依旧严峻，海外实体店铺销售数据持续下降，而跨境电商在线消费数据持续暴涨，海外消费者养成了在线消费习惯。

疫情背景下，跨境电商不仅仅让防疫产品、“宅经济”产品的销量暴增，还持续推动了机械、家具、园艺、消费电子等产品在线销量的增长。

跨境电商的爆发，让越来越多的中国传统外贸企业走上世界舞台，除了促进产品的销售，更是真正提升了外贸的整个供应链和产业链。目前，跨境电商品牌化趋势非常明显，很多传统外贸企业在展会时代花了很多钱去建立一个海外品牌，往往以失败告终，但是在跨境电商互联网时代，哪怕是一个普通的中小企业，也可以在 1 ~ 2 年内做出一个品牌产品，并且最终真正实现产品溢价。目前，各大跨境电商平台都在推进品牌化战略，通过跨境电商的模式引导企业往产业链更高层级发展，最终完成企业的转型升级。

◉ 跨境电商人才教育欣欣向荣

人才一直是跨境电商行业发展的痛点之一。跨境电商人才市场很长时间里存在以下几个难点：首先，人才数量总体不足，高素质的跨境电商人才更是非常稀缺；其次，跨境电商人才缺少系统化、体系化的培训培养，更多靠社会、企业自行培养；最后，高校、企业、平台缺少沟通和协作。

但是随着这几年跨境电商的蓬勃发展，国家、政府、行业、平台、企业、高校持续推进跨境电商的人才教育，人才问题也在慢慢解决，行业人才越来越充沛优质。

根据《普通高等学校高等职业教育（专科）专业设置管理办法》，在相关学校和行业提交增补专业建议的基础上，教育部组织研究确定了 2019 年度增补专业共 9 个，自 2020 年起执行，其中就有跨境电子商务专业。这标志着中国的跨境电商教育正式进入体系化、系统化阶段。

阿里巴巴国际站早在2015年就开启了跨境电商人才的培养计划。2020年年初，教育部职业培训“1+X”项目确认阿里巴巴国际站为跨境电商B2B数据运营人才独家培训评价组织。同时，阿里巴巴国际站进一步联合清华大学等高校专家、行业龙头协会，设计跨境电商的人才培训体系。

除了高校和平台，最近几年企业对于跨境电商人才的培训培养也越来越重视。传统企业一般通过以下方式培养跨境电商人才：第一，从传统的B2B人才中培养，因为以阿里巴巴为代表的国际电商平台已经在中国市场发展20多年了，传统的B端人才已经非常成熟，让他们转型做亚马逊、全球速卖通等跨境电商零售非常具有可操作性；第二，从淘宝系电商人才中寻找，目前很多跨境电商人才是从淘宝系人才转型的；第三，企业内部培养培训，比如老业务员帮带、经理帮带等模式。

◉ 国家大力推动外贸转向高质量发展

2021年，中国外贸发展依然面临挑战和机遇。在稳外贸方面，商务部重点实施三个计划：优进优出计划，建设国家进口贸易促进创新示范区，培育外贸新业态模式；贸易产业融合计划，认定一批外贸转型升级基地，推进服务贸易创新发展试点；贸易畅通计划，与“一带一路”相关国家和地区建立贸易畅通工作组，扩大海外仓规模，加强国际营销体系建设。

◉ 跨境电商B2B模式权重增加

2021年，跨境电商发展的核心趋势之一，就是跨境电商B2B模式权重增加。“9710”全称“跨境电子商务企业对企业直接出口”，简称“跨境电商B2B直接出口”，适用于跨境电商B2B直接出口的货物。“9810”

全称“跨境电子商务出口海外仓”，简称“跨境电商出口海外仓”，适用于跨境电商出口海外仓的货物。这两种模式在推出之后，得到了越来越广泛的应用，说明跨境电商 B2B 的发展进入了一个新的时期。

◉ 新兴市场和“一带一路”市场的崛起

2021 年，相对于传统欧美市场，新兴市场和“一带一路”市场的表现非常亮眼，特别是俄罗斯、巴西、印度等新兴市场。

除了市场潜力无限，新兴市场和“一带一路”市场的产品需求也和中国工厂非常精确地互补和匹配。比如，浙江一带的日用轻工产品就在“一带一路”市场卖得非常好，机电产品、纺织服装等产品也非常适合当地市场。

◉ RCEP 政策红利进一步推动跨境电商发展

RCEP 已经在 2022 年 1 月正式生效了，RCEP 政策红利将进一步推进跨境电商发展。RCEP 对于跨境电商的推动作用有以下几点。

◎ 关税减免有利于提高出口商品的竞争力

根据 RCEP，区域内 90% 以上的货物贸易最终将实现零关税，这会极大促进跨境电商的发展，广大跨境电商企业可以获得更高的利润。

◎ 贸易标准化有利于削弱交易壁垒

随着原产地政策、海关程序、检验检疫、技术标准等统一规则落地，区域内贸易规则逐渐规范和统一，这将大大削弱交易壁垒，最终促进跨境电商的进一步发展。

◎ 进一步优化区域内跨境电商物流的建设和体验

目前跨境电商最大的痛点之一就是跨境电商物流，RCEP 简化了报关程序，大大提升了跨境电商物流的效率。同时随着 RCEP 政策红利的释放，会有更多的资本、企业参与到区域内跨境电商物流的基础建设中来，最终解决物流贵和物流难的问题。

◎ **区域投资政策更稳定**

RCEP 生效以后，区域内的各个国家资源、商品流动，技术、服务、人才合作等会更便捷，投资政策也会更稳定。

◎ **促进贸易数字化，助力电商企业转型升级**

RCEP 会进一步推动贸易数字化、降低沟通成本，比如协定推进无纸化贸易，认可电子文档和纸质文件具有同等法律效力。未来，跨境电商会继续向数字化发展，跨境电商企业也会充分运用云计算、大数据、人工智能等新技术，最终实现企业的转型升级。

第二章

跨境电商时代下的宏观视角

——形势与政策

2021 年世界经济趋势和中国跨境电商发展

2021 年，世界依然没有完全走出新冠肺炎疫情的阴霾，大部分国家依然没有完全复工复产。而美国量化宽松的货币政策，使美国的通货膨胀达到了 13 年以来的历史新高，这也直接导致全球大宗商品和工业品、消费品的价格纷纷上涨。

中国作为全球第二大经济体，自然也不能独善其身，由美国输入的通货膨胀也导致 2021 年中国制造业原材料价格大涨，直接导致外贸出口企业成本压力的上升。

2021 年，因为疫情的反复，各国依然采取了各种各样的疫情管控措施。这直接导致海外港口集装箱堆积如山，很多国家的港口工人严重不足，港口卸货的效率大大下降，严重影响集装箱的周转率，也直接导致 2021 年世界海运费用成倍增长，很多外贸出口企业甚至体验了什么叫“海运费用比货值更贵”。

这些因素叠加，最终形成了 2021 年中国外贸企业的三大压力——原材料价格暴涨、劳动力成本上升、运输成本翻倍。虽然 2021 年中国外贸出口的数据非常漂亮，但是漂亮数据的背后，压力和隐患也显而易见。比如中国的外贸出口产品更多是初级产品，附加价值低。

但可喜的是，跨境电商依然是最具活力的新模式，国家在 2021 年颁布大量政策并投入大量资源进一步鼓励和推动跨境电商的发展，跨境电商等新数据贸易模式成为稳定外贸经济重要的模式之一。笔者观察认为，中国的外贸经济未来一定是往更高端的产业链走，而跨境电商通过 DTC 品牌出海模式，不仅实现了销售的终端化，而且提升了产品利润，最终拥有了海外出口的定价权。

◉ 2021 年中国跨境电商的发展趋势

2021 年，中国跨境电商进出口规模是 1.98 万亿元，同比增长 15%，其中出口 1.44 万亿元，同比增长 24.5%。

目前跨境电商的出口模式主要分为跨境电商 B2B 模式和跨境电商 B2C 模式。跟大家想的不一样的是，跨境电商 B2B 模式依然是主流，跨境电商 B2C 占少数，但是增速明显。2021 年，随着疫情的持续和移动端的流行，以及支付和物流体系的完善，跨境电商 B2B2C 模式越来越流行，B 和 C 的界线也变得越来越模糊。2021 年中国跨境电商的发展趋势还包括以下几点。

◎ 政府政策继续鼓励跨境电商发展

2021 年 10 月，商务部、国家发改委、中央网信办联合发布《“十四五”电子商务发展规划》（以下简称《规划》），在国家政策层面推动跨境电商的发展。《规划》明确指出，支持跨境电商高水平发展。鼓励电商平台企业全球化经营，完善仓储、物流、支付、数据等全球电子商务基础设施布局，支持跨境电商等贸易新业态使用人民币结算。培育跨境电商配套服务企业，支撑全球产业链供应链数字化，带动品牌出海。继续推进跨境电商综试区建设，探索跨境电商交易流程创新。加快在重点市场海外仓布局，完善全球服务网络。补足货运航空等跨境物流短板，强化快速反应能力和应急保障能力。优化跨境电商零售进口监管，丰富商品品类及来源，提升跨境电商消费者保障水平。加强跨境电商行业组织建设，完善相关标准，强化应对贸易摩擦能力，为中国电子商务企业出海提供保障和支持措施。

《规划》的印发说明国家进一步看好跨境电商的行业发展，希望进一步推动跨境电商的繁荣。

在 2021 年亚马逊“封号”风波中，商务部也多次做出正式回应，并表示这是外贸新业态发展过程中出现的问题，是阶段性的“水土不服”，是“成长的烦恼”。这足以证明国家对于跨境电商行业的重视程度。

◎ 新冠肺炎疫情加速线上化购物趋势

新冠肺炎疫情对于跨境电商最核心的影响，主要体现在品牌方和消费者两方面。一方面，欧美市场的消费者逐渐养成在线消费的习惯；另一方面，传统零售企业，特别是海外品牌商超开始加快在线进程，并且实现了线上和线下全渠道的融合。比如著名品牌 Delvaux、Fendi、Celine 等，都在 2021 年加速数字化转型，Facebook、Google、Zoom 等在 2021 年更是推出了视频购物、虚拟导购等在线体验模式，进一步提升在线销售能力。

◎ 中国供应链优势进一步推动跨境电商发展

中国跨境电商在 2021 年的发展，真正体现了中国供应链的优势。中国作为全球货源基地，是全世界唯一拥有联合国产业分类中全工业门类的国家。虽然 2021 年中国制造业面临这样那样的压力，但是完善的供应链基础还是推动着跨境电商的蓬勃发展。2021 年，出口跨境电商为中国制造业创造了动能，并且真正推动制造业向数字化、网络化、智能化发展。

◎ 资本依然看好跨境电商

一个行业是不是真正蓬勃发展、是不是代表未来趋势，资本总是能做出准确的判断。我们观察了 2020—2021 年的资本融资案例，2020 年跨境电商领域的融资数量大约是 54 起，规模大约是 110.04 亿元，而 2021 年前 7 个月跨境电商领域的融资数量就达到 35 起，规模更是已经远远超过 2020 年。

2021 年，资本除了入局跨境电商企业，更关注整个跨境电商的生态圈，比如支付、ERP 软件、SaaS 等。特别是 2021 年的 SaaS 服务企业的资本融资，优云、马帮、易仓都在2021年7月或8月宣布了新一轮融资。资本参与跨境电商生态链的建设真正推进了跨境电商的发展。

◎ 跨境电商品牌化成为重要趋势

2021年，跨境电商发展的重大趋势之一就是DTC品牌化出海。随着跨境电商行业越来越成熟，粗放模式和铺货模式的弱点也日益明显。未来，我们不仅仅要把货物卖给海外客户，提供优质、差异化的产品，还要注重体验、安全、售后合规等问题。

我们也观察了2021年一整年的数据，现在海外零售客户已经远远不满足于低质量、无品牌的产品，超过52%的欧美消费者更愿意采购品牌化、美誉度高的产品。所以DTC品牌化出海一定是跨境电商未来发展的重大趋势之一。

◎ 独立站和多平台战略的流行

独立站和多平台战略的流行，最重要的推动力应该是2021年的亚马逊“封号”风波，经历这样一场事件之后，大家猛然意识到依赖某一个平台的风险是如此之大。而多平台和独立站卖家拥有更多自主性、选择性和灵活性。

除了因为亚马逊“封号”风波，反垄断机制也为独立站的发展带来了空间，目前全球已经有超过130多个国家和地区实施反垄断法，而亚马逊等平台是高风险区域。独立站流行的另外一个重要原因就是建站门槛、推广门槛的降低，特别是Shopify、Square、BigCommerce等平台的出现，使得任何一个会用电脑的普通小卖家都可以轻松自如地建立自己的独立站。这极大地推动了独立站的流行和发展。

◎ 精细化运营成为主旋律

其实关于铺货还是走精品路线，这几年一直有非常大的争论，但这样一场争论终于在2021年得到了最终答案。铺货是利用一套ERP软件将其他平台的产品采集到店铺上去卖，然后没日没夜地上传，上传越多，出单的机会也就越多，但是这样的时代在2021年彻底终结。

以亚马逊为例，2021年亚马逊更关注精细化运营，加强风险控制，同时加大对物流体验和售后体验的考核。2021年亚马逊加大了二审的力度，在审核新注册店铺时，更倾向于实力强、品质强、有独立研发能力的外贸工厂，而铺货类卖家，比如小白、上班族兼职、宝妈等基本在二审时被刷下来。同时亚马逊在商标申请、产品上架等方面，都对于铺货模式进行了一定限制。

除了亚马逊，速卖通也在努力提升卖家品质，明确要求每一个店铺专注于单一的优势、优质品类。同时对于知识产权、品牌、客户体验提出更高要求。

除了平台引导店铺走精品路线，跨境电商的营销模式也从传统的粗放型转向精细型，从传统的大范围广告投放转向社交媒体、直播、VR购物等多渠道投放。

◉ 2021年新技术助力跨境电商发展

这几年新技术不断出现，2021年最核心的一个技术应该是区块链技术。就目前跨境电商行业在物流、支付、产品、风控等方面遇到的问题，区块链技术可以提供一些解决方法。区块链技术具有可追溯性和不可修改性，以及时间戳、点对点传输、智能合约等特点。

关于区块链技术在跨境电商的实际应用，笔者曾经跟中国出口信用保险公司有过一次探讨。对于现在的跨境电商平台来说，如何安全收款是一个非常大的问题，中国出口信用保险公司设想通过区块链的某种技术，向跨境电商卖家提供信用担保服务，降低跨境电商在收款时面临的风险。

区块链技术在跨境电商行业的另外一个应用就是产品质量的追溯，主要用于跨境电商进口商品，特别是那些与食品安全密切相关的产品，比如医疗器械、奶粉、保健品等。

区块链技术在解决物流问题方面也有非常高的价值，比如通过区块链技术，我们可以第一时间知道集装箱的空箱率，最大限度提升运输效率和周转率。

2021 年，大数据技术和云技术也都得到了巨大的发展和应用，这些技术都会最终应用于跨境电商行业，比如通过云技术让广告推广更精准，实现精细化、个性化广告投放；通过大数据进一步完善跨境电商供应链，向跨境电商卖家提供融资服务等。

◉ 2021 年以新兴市场为方向，跨境电商出口将迎来新发展

之前提到，未来几年新兴市场会是跨境电商重点发展的领域。2021 年，跨境电商发展最快的国家包括俄罗斯、巴西、韩国、澳大利亚、印度，以及东南亚国家等。特别是俄罗斯和东南亚市场，速卖通在俄罗斯市场占有率非常高，俄罗斯对于中国的产品需求旺盛；东南亚市场与中国地理距离非常近，轻工产品又有非常强的互补性，2021 年 Shopee 和 Lazada 在中国市场发展迅猛就非常好地印证了这个趋势。

新兴市场的流行也带来了小语种的流行。很多卖家以前没有重视韩国市场，但是 2021 年韩国跨境电商平台 Coupang 的业绩增长超过 35%，并且在美国上市。与此同时，韩语人才在人才市场上也变得很抢手。各大高校也在培养小语种跨境电商人才，热门语言除了韩语，还有俄罗斯语、日语等。

◉ 2021 年流量的来源发生了重大变化

传统上，跨境电商的流量来自付费广告、P4P（按效果付费）广告和站内广告，但是 2021 年流量的来源发生了质的变化。2021 年，流量的最大来源之一就是内容流量。而获客的渠道，除了平台，更重要的是社交

媒体，2021 年 TikTok 在全球的流行程度甚至超过了 Facebook。

随着流量的来源发生了质的变化，运营的大方向也发生了根本的变化。首先是内容引流，KOL（Key Opinion Leader，关键意见领袖）最终带来的是私域流量，而私域流量的流行也会进一步促进品牌化出海。通过内容引流提升品牌形象和价值，并且增加“粉丝”黏性、积累“粉丝”数据，通过不断挖掘“粉丝”的消费行为和习惯，最终产生销售数据。

2021 年，内容营销还有一个重要的趋势就是短视频营销的流行。把自己的产品寄送给 KOL，通过 KOL 产生有趣、有价值的内容故事，通过 Facebook、TikTok、YouTube 去传播，也成为 2021 年跨境电商卖家的流行玩法。

2021 年的跨境电商行业经历了平台风控事件、原材料价格暴涨和运输费用暴涨，大量的中小企业被淘汰出局，但是在这样险象环生的市场环境中，依然有部分高品质的跨境电商企业继续迅猛发展，引领时代的潮流。笔者坚持认为，跨境电商依然是这个时代具有前景的趋势之一，也是全球经济复苏的重要机遇，也许未来新冠肺炎疫情将继续影响全球经济，但是通过数据贸易、通过跨境电商模式，中国的外贸出口依然拥有无限可能。

第一节　中国政府如何应对跨境电商大趋势

《“十四五”电子商务发展规划》和跨境电商发展

中国跨境电商的蓬勃发展，离不开政策红利的持续释放。2021 年 10

月 26 日，商务部、中央网信办、国家发改委联合发布《“十四五”电子商务发展规划》（以下简称《规划》），把促进跨境电商的发展提升到国家战略的高度。

《规划》对于跨境电商行业的影响是非常深远的。首先，我们来分析一下当前的行业背景。

跨境电商数据贸易已经成为当前中国外贸出口颇具前景的趋势之一，也是稳定外贸的核心力量。中国外贸依靠扎实的供应链基础，不仅自身发展迅速，对于全球经济复苏也起到了正面的推动作用。

◉ “十四五”期间跨境电商的机遇和挑战

跨境电商作为一种新兴的外贸模式，发展非常迅速，中国政府的监管体系也是在不断摸索、不断完善。在政府政策和监管方面，中国大力支持和扶持跨境电商发展，从跨境电商 B2B 模式到跨境电商 B2C 模式，包括跨境电商进口，相关政策已经越来越完善，通过跨境电商综合试验区的建立推进城市跨境电商发展，通过引导企业参与“9810”和“9710”模式最终实现跨境电商数据的透明化和正规化。

其实在新冠肺炎疫情之前，欧美市场的消费者更多是在线下购物，但是疫情之后，通过移动端购物已经在欧美市场的消费者中越来越流行。海外在线零售也迎来了一波迅猛的增长。

目前，除了中国政府大力推进跨境电商的发展，全球也在鼓励和促进在线销售模式的发展。在全球电子商务政策方面，WTO 的数据贸易规则已经覆盖了 2/3 的成员，RCEP 对于跨境电商也有非常优惠的鼓励政策。同时，新技术的发展也进一步推进了跨境电商的发展，比如人工智能、AR 技术在跨境电商的应用，5G、大数据、云计算、区块链技术也为跨境电商未来的发展提供了无限可能。

但目前跨境电商面临的压力和挑战也是不容忽视的。经历了 2021 年跨境电商行业的动荡，我们发现平台的风控门槛越来越高，知识产权保护、品牌化、跨境电商人才短缺、独立站运营能力不足，这些痛点逐渐暴露。

此外，中国跨境电商零售长期靠低价格进入海外市场，一定程度上也冲击了当地的零售市场。2021 年跨境电商物流成本暴涨，一定程度上压缩了成本优势。海外仓投资也面临不稳定因素，部分海外国家对于中国跨境电商的政策有趋严的倾向。

◉《规划》解析

《规划》重点支持跨境电商高水平发展，这些政策对于普通跨境电商企业的价值是什么，如何正确理解相关政策表述，我们来做进一步解析。

◎ 鼓励电商平台企业全球化经营，完善仓储、物流、支付、数据等全球电子商务基础设施布局，支持跨境电子商务新业态使用人民币结算

政策解析：目前，跨境电商平台在中国已经进入繁荣发展的阶段，广大传统外贸企业开始从最早期的阿里巴巴国际站、速卖通，转向亚马逊，还有东南亚跨境电商平台 Lazada 和 Shopee 等。这些平台会在《规划》的促进下进一步发展和扩张。对于跨境电商平台来说，这也是一次难得的历史发展机遇。

目前跨境电商的痛点非常多，比如物流、支付系统不完善等，在政策红利的支持下，以平台为渠道的资金、资源投入最终会解决这些行业痛点。比如 2021 年跨境电商物流成本暴涨，阿里巴巴的菜鸟物流发挥其独特优势，助力中小外贸企业出口。此外，亚马逊的云计算服务、支付宝的跨境支付服务都在一定程度上解决了跨境电商企业目前面对的难题。

◎ 培育跨境电商配套服务企业，支撑全球产业链供应链数字化，带动品牌出海

政策解析：一个行业要发展，核心是活跃丰富的生态圈，跨境电商平台的发展，不仅需要政府支持、中小企业参与、高校提供人才，更需要跨境电商服务企业参与。

跨境电商本质上是数据贸易，通过大数据重构传统外贸的整个供应链和产业链，实现出口数据的增量，同时降低成本，最终实现中国外贸的转型升级。跨境电商品牌化一定是大势所趋，目前各大跨境电商平台都在进行品牌化出海，比如亚马逊最早开始品牌化，阿里巴巴国际站、速卖通都引导中小外贸企业品牌化出海。品牌化出海的好处在于，不仅会提升产品的销售价格，实现品牌溢价，还能培养企业的原创开发能力，最终通过品牌积累“粉丝”，实现外贸的高质量发展。

◎ 加快在重点市场海外仓布局，完善全球服务网络

政策解析：海外仓一定是未来跨境电商的必选，海外仓可以让跨境电商的物流成本降低到最合理的水平，并且有效解决物流配送“最后一公里”的难题，提升客户的满意度。

根据商务部的统计数据，目前跨境电商的目标市场包括美国、英国、德国、澳大利亚和巴西，这些国家对于“最后一公里”的配送效率要求比较高。而且随着跨境电商行业的成熟，客户体验和满意度越来越成为平台考核的重点，所以海外仓的前景一定是非常广阔的。

《规划》明确鼓励加快海外仓的布局，海外仓一定会在未来几年迎来大发展。

◎ 加快跨境电商行业组织建设，完善相关标准，强化应对贸易摩擦能力，为中国电子商务企业出海提供保障和支撑措施

政策解析：跨境电商行业目前还是面临很大的问题，比如2021年亚马逊“封号”风波，大量商户的资金被扣押。而且目前跨境电商行业缺少细化的行业规则和行业法律，所以加快建设跨境电商行业组织非常关键。比如全国各地的跨境电商协会，其实在行业发展过程中发挥着巨大的价值和作用。通过这些组织传达行业信息，可以有效缓解行业压力和矛盾。

2021 年亚马逊“封号”风波导致很多跨境电商企业经营受限，商务部一直要求中国企业遵守各国的法律法规，并且尊重当地的风俗习惯，依法合规开展经营，同时商务部也要求广大跨境电商企业进一步提升风控水平，加强与国际经贸规则和标准的对接，维护自身合法权益。

◎ 推动数字领域国际合作走深走实

政策解析：2020 年以后，面向“一带一路”市场的跨境电商外贸出口一直在持续增加，《规划》要求进一步优化和深化与“一带一路”国家和地区的电子商务合作，并且结合 RCEP 的政策红利，进一步推动“一带一路”国家和地区的跨境电商发展。

中小企业一直是中国外贸经济中最活跃的一个群体，也是发展民生经济的核心，《规划》鼓励中小企业通过数据贸易参与全球贸易，通过跨境电商平台发展外贸出口，并且支持数字产业链全球布局，最终促进全球电子商务的发展。

◎ 推进数字领域国际规则构建

提到利用数字化规则推进国际贸易，我们首先想到的就是马云提出的 eWTP（世界电子贸易平台），马云认为无论是 WTO 还是自由贸易协定，更多考虑的是大企业或者大公司，中小企业、个人创业者缺少机会，而随着跨境电商的流行，中小企业的权重在增加。通过数字化规则重新定义国际贸易规则，这是马云在 2017 年提出的观点。

《规划》建议跨境电商平台进一步积极参与以电子商务为核心的数字领域国际规则制定，推动形成以货物贸易数字化为核心、以服务贸易数字化为延伸、以数字基础设施互通和安全为保障的国际规则体系。

◉ 跨境电商企业如何理解《规划》提出“支持跨境电商高水平发展”

对于广大的跨境电商企业来说，最应该关注和理解的就是“支持跨境电商高水平发展”这个政策点。目前跨境电商行业虽然依然高速增长，但也面临着同行越来越密集、消费者更高层级的消费需求等问题。

所以结合《规划》的政策解析来看，未来跨境电商的发展不仅仅是追求销售规模，更要追求高质量发展。品质化、品牌化、良好的客户体验才是跨境电商最应该追求的目标。

中国的跨境电商经历了粗放式的发展，由此产生的货物品质参差不齐、缺少知识产权保护意识、物流体验差等问题，未来都要一一解决，从而实现高质量发展。跨境电商的本质是通过数字化实现传统外贸的转型升级。

目前，中国东部沿海城市的跨境电商比较发达，深圳、广州、杭州、宁波等城市依靠跨境电商新模式实现外贸进出口逆势增长，但是中西部城市、内陆城市的跨境电商发展还处于比较初级的阶段，未来会向区域平衡的方向发展。

对于广大的传统外贸企业来说，面对疫情带来的压力和困难，首先要认清数字化变革的趋势，在观念上接受这样的大变化。同时，传统外贸的数字化不仅仅局限在外贸出口营销环节，更会贯穿于外贸出口的整个过程。各相关企业要利用《规划》中提到的支持政策，加快发展，完善整个行业的生态系统。

除了跨境电商出口，跨境电商进口也是一个非常重要的环节。跨境电商进口会将全球海量的优质商品引入中国市场，满足中国消费者日益增加的消费需求。而且越来越发达的跨境电商进口模式，不仅可以保障产品品质，更会让海淘消费者的权益得到保障。

RCEP 政策和中国跨境电商发展

RCEP 已于 2022 年 1 月生效，中国外贸圈都在热烈讨论 RCEP 的生效会对中国跨境电商有什么深远的影响。为此，我们采访了很多外贸企业家。

我们采访的第一位外贸企业家是浙江宁波的陈总。陈总的公司专业设计、生产、销售针织服装和服装辅料产品，目前整个公司的销售规模大概是2亿元，目标市场除了欧洲和美国，还有RCEP成员，包括日本、韩国、印度尼西亚、菲律宾等。

谈到RCEP对于企业的影响，陈总认为首先是关税的减免带来了利润的增加，他们公司目前4成以上的出口业务面向RCEP成员，随着RCEP带来关税减免优惠红利，他们公司会在未来几年加快在“一带一路”市场和新兴市场的布局。

我们采访的第二位外贸企业家是温州的赵总。赵总的企业主要生产、制造汽车配件，目前最大的目标市场是日本。

RCEP正式落地以后，中国和日本之间的货物贸易有可能实现零关税。中国将对于超过86%的日本产品实行零关税，日本将对于88%的中国产品实行零关税。赵总跟笔者算了一笔账，他们公司的汽车配件不仅仅是出口到日本，同时他们的核心机器设备也通过日本进口，这样一进一出因为关税减免带来的利润是180万元。这对于新冠肺炎疫情后的中国外贸企业是非常有价值的，不仅会推动中国外贸企业开拓日本等RCEP成员的市场份额，也会推动世界经济发展。

我们采访的第三位外贸企业家是浙江海宁的朱总。朱总的公司主要生产、加工羊毛产品。朱总最关心的政策红利是RCEP中的原产地累积原则。

他们工厂的生产模式是这样的，首先从澳大利亚进口羊毛衫原材料，然后制成羊毛衫等成品，最终出口到日本、韩国等国家。原本既要付一笔进口关税又要付一笔出口关税，但是随着RCEP的落实，RCEP成员可以遵循原产地累积原则，无论是从澳大利亚进口还是向日本出口，都享受免税优惠。这样的政策红利对于朱总的公司这样的中小企业是非常大的鼓励，企业获利更有保障，增强了企业的生产信心。

◉ RCEP 的前世今生

RCEP，是由东盟十国发起，邀请中国、日本、韩国、澳大利亚、新西兰共同参加（“10 +5”），通过削减关税及非关税壁垒建立 15 国统一市场的自由贸易协定。

RCEP 早在 2012 年就启动谈判，历经 8 年最终正式签署，因为中国政府的努力，从签署到最终生效只用了 1 年时间，这样的进度完全超出我们的预期，也给中国经济持续复苏带来了巨大的信心和机遇。

首先，RCEP 的落地是多边主义和自由贸易的胜利。美国政府一直推崇贸易保护主义和反全球化，但 2020 年的新冠肺炎疫情使得全球的供应链和贸易格局都发生了根本的变化，我们认为多边主义、贸易自由化、合作和共赢才是未来世界真正的主流。

其次，RCEP 的落地是东亚经济一体化的重要标志。美欧等地疫情形势依然非常严峻，深陷经济衰退的泥潭，而东亚经济，特别是中国经济却实现了强劲复苏，中国也是全球最早摆脱疫情影响、最终实现经济高增长的国家。RCEP 的落地将继续推动区域经济一体化，最终稳定世界经济，推动经济复苏。

随着 RCEP 政策红利的释放，中国在全球的影响力也一定会越来越大，因为中国的消费体量最大，拥有全球最大的消费人群。未来几年，中国市场和中国力量一定是世界舞台上的重要市场和力量。

加快实施自由贸易区战略是中国新一轮开放的重要内容。截至目前，中国对外签署的自由贸易协定达到了 19 个，贸易伙伴达到了 26 个。RCEP 的签署将稳定并推动中国外贸的发展，最终形成以国内大循环为主、国际国内双循环相互促进的良好格局。

◉ RCEP 对于外贸企业的实际利好

RCEP 对于外贸企业的真正实惠还是税收的减免，总结起来有以下三大实际利好。

第一是出口变得更简单。随着 RCEP 的正式实施，区域内国家之间的贸易壁垒削弱，商品的出口难度下降，同时商品的配送、销售也变得更自由，最大的实惠是 90% 的商品有可能享受零关税，这会给中国的外贸出口带来极大的利好。

第二是进口商品的价格变得更便宜。RCEP 的生效，同样让区域内的进口生意变得更流畅、便利和便捷。RCEP 政策红利释放以后，随着关税的减免，成员之间的商品交易会更自由，货物的流通也更便捷。这样必然会使得更多的商品进入中国市场，跨境电商进口商品的价格会变得更便宜，进口商品的购买率也会大大提升。

第三是成本变得更低。大家应该知道，中国制造的很多原材料、核心配件都需要进口，比如羊毛需要从澳大利亚进口，相机配件、汽车配件需要从日本进口，但是随着 RCEP 政策红利的释放，区域内的原材料成本会大大下降，这会使得中国供应商的竞争力大大增加。

◉ RCEP 带来区域内跨境物流效率的提升

跨境电商发展过程中最大的痛点之一就是跨境物流，RCEP 的落地使得跨境物流效率大大提升。我们认真研究了 RCEP 有关货物放行的规定，规定明确表明各成员采取简化的海关程序，最终会使得区域内的跨境物流变得更高效，运输成本会进一步降低。

我们也认真研究了 RCEP 有关物流的政策，RCEP 采用预裁定、抵达前处理、信息技术运用等高效率管理手段，最终简化海关通关手续。这样的好处是简化了物流环节，降低了邮政小包征收关税的风险，降低了海外仓的建设成本，最终让物流企业、海外仓企业、跨境电商企业获得利益。

◉ RCEP 对于贸易便利化的促进

RCEP 最大的价值之一就是促进贸易的便利化。首先，RCEP 统一了区域内的贸易规则。大家都知道，做国际贸易最大的痛点之一就是每个国家的相关政策都不一样，互不认可，而 RCEP 统一了区域内的贸易规则和条款，无论是出口到区域内的国家还是投资到区域内的资本，相关政策更稳定，贸易和投资效率得以提升。其次，RCEP 大力推广无纸化贸易，通过电子形式提交贸易管理文件，最大程度推动了贸易便利化进程。RCEP 还强调电子认证和电子签名的重要性，在区域内认可电子合同、电子签名，大大推动了区域内电子商务的发展。

◉ RCEP 真正推进中国跨境电商的发展

近几年，中国跨境电商发展如火如荼，也是推动中国外贸出口和中国经济发展的最亮眼的一个新模式。我们也专门研究了 RCEP 有关跨境电商的条款，RCEP 中有很多鼓励跨境电商发展的条款，这最终有利于中国进一步推进跨境电商发展，提升中国在世界上的影响力。

最难能可贵的是，RCEP 完善了电子商务的争议解决机制。RCEP 相关条款明确规定，发生电子商务争议的时候，首先善意进行磋商，如果没有达成争议和解，可以提交 RCEP 联合委员会解决。

◉ 优化和稳定 RCEP 区域内的价值链和供应链

笔者做跨境电商国际贸易已经超过 18 年了，对于国际贸易的理解是，它会使得全球资源实现最合理配置。RCEP 政策红利的释放，能让区域内的商品流通产生最佳效益，区域内的人才交流、技术合作等也将带来最大的效益，最大程度创造一体化价值。

对此，我们采访了宁波的一家纺织服装企业，这家企业的销售规模大概是3亿元。对于东南亚市场，这家企业其实早已经布局，早在4年前就在越南和缅甸投资了工厂，但是在RCEP落地之前，企业老板最担心的问题就是政策风险，所以整个投资步伐比较谨慎。RCEP政策红利的释放，最终让他坚定了投资的信心。

我们还调研了另外一家跨境电商企业，这家企业是做东南亚跨境电商的，通过Shopee和Lazada等平台，公司的年销售业绩有4 000多万元。RCEP政策红利的释放，促使这家公司打算到东南亚设立分公司和海外仓，并且在海外招聘运营团队。

◉ RCEP对于品牌化建设的价值

RCEP统一了各成员的相关交易规则，让区域内的交易效率更高、投资更稳定。在这样的大环境下，区域的品牌化也会推进得更快。

与品牌化最为相关的就是知识产权，比如外观设计专利、版权等。RCEP也对知识产权做了非常详细的规范和规定。笔者特意调研了RCEP的知识产权相关章节，内容最多、篇幅最长，这为跨境电商在区域内的发展提供了非常好的保障。这也有利于中国品牌的建设和保护，最终帮助中国外贸企业更好地实现品牌化出海。

◉ RCEP带来的原产地规则和原产地累积规则

对于广大中小外贸出口企业来说，RCEP最大的红利之一应该是原产地规则和原产地累积规则。做外贸的人都应该知道，是否满足原产地规则，很大程度上决定了跨境电商供应链的经济利益。原产地规则又被形象地称为商品的“经济国籍”，RCEP的原产地规则规定，在判定商品原产地时，主要考虑和应用的规则包括税则归类改变标准、区域价值成分标准和区域成分累积规则。

而RCEP的原产地累积规则是指在区域内，一缔约方生产商品所使用的其他缔约方的原产货物或者生产活动可以计入该商品的原产成分。

以我们采访到的一家纺织服装企业为例，这家企业从越南采购原材料，在国内加工以后再出口到日本和韩国，根据原产地累积规则，中国企业从越南进口原材料，在中国加工设计生产，之后出口到韩国、日本，都可以视为一个原产地。

这样的原产地累积规则可以帮助企业大大降低运营成本，因为企业的关税成本下降了，最大程度提升了出口产品的竞争力。同时原产地累积规则促进了区域内原材料、货物和人才的流动，促进产业链分工，推动产业升级。

◉ RCEP对于跨境电商海外仓建设的促进

RCEP政策红利的释放可以推动海外仓的建设。目前，东南亚跨境电商发展得如火如荼，大量的平台型企业前往东南亚等市场建设海外仓，而大家都知道海外仓的建设是需要很大的资本投入的。

中国企业去海外投资最大的担心就是政策不稳定，RCEP规范了投资政策、稳定了投资环境，这样中国企业对于投资RCEP区域内的市场会更有信心，也更有利于海外仓的建设。

而且RCEP的签订使得区域内国家间的资源、商品、技术、资本和人才合作变得更加方便，这些都会推动海外仓的建设。

◉ 对于广大跨境电商企业的建议

RCEP对于广大跨境电商企业的影响是非常巨大的。大家首先应该积极关注和学习，商务部和地方政府都在组织跨境电商企业学习RCEP的相关政策。笔者本人也参与过相关培训，特别是传统外贸公司的老板，一定要加强学习。

其次是加强数字化能力。大家要享受 RCEP 政策红利，就一定要全面认识外贸领域的数字化改革。RCEP 的核心就是推动贸易数字化，降低沟通成本，比如无纸化贸易、电子合同、电子签名等，如果企业还没有数字化，固守传统的外贸思维，是享受不到 RCEP 政策红利的。

外贸数字化的核心不仅仅是销售端的数字化，也包括整个供应链和产业链的数字化。企业要充分运用大数据、人工智能等新技术，在支付、物流等环节都实现数字化，最终提升效率，真正实现外贸的转型升级。

对于外贸企业来说，RCEP 带来的最大实惠就是关税的减免和退税，但是不同国家、不同产品的退税比例是不一样的，所以企业要对 RCEP 和之前的贸易协定进行对比，选择对自己而言最优惠的退税税率，最大程度享受关税减让的市场红利。

围绕原产地规则，企业应该深入了解政策细节，同时结合自身情况，针对不同商品适合的原产地规则，提前做好生产和物流方面的安排，同时加快企业的出口业务系统和管理系统的优化。

最后的建议是企业要针对 RCEP 提前做好产业布局。比如因为出口日本的很多产品的关税会减免，相应地可以加大对于日本的外贸出口。

如何更好地理解“9710”和“9810”模式

在写这部分内容之前，笔者做了大量的调研，发现关于“9710”和“9810”模式的解读普遍都太枯燥了。而且许多跨境电商企业对于这两种模式的认知度不高，更谈不上什么积极性、参与度。所以在这里，想和大家聊聊这两种模式。

◉ 跨境电商 B2B 模式其实是行业主流模式

这几年，跨境电商已经成为最亮眼的外贸出口模式，跨境电商在中国的发展更是如火如荼，但是广大传统企业老板更热衷于类似亚马逊、Wish、速卖通等 C 端平台，甚至很多人不知道跨境电商行业趋势之中，跨境电商 B2B 模式从来都是绝对的主流模式。

其实从政府推动的角度来说，发展跨境电商，B2B 模式一直是重点，因为跨境电商 B2B 模式不仅符合我国外贸稳增长、调结构的需求，有利于降低监管成本、提升通关效率，更重要的是可以让跨境电商的出口数据体现出来，最终让行业走向阳光化、合规化。

从跨境电商出口量级来看，目前跨境电商约占外贸进出口的 17%，其实 90% 的出口都是通过 B2B 模式实现的。

关于跨境电商 B2B 模式的未来发展，我们认为想象空间非常巨大。B2B 模式更符合传统外贸企业转型做跨境电商的需求。而且相对于 B2C 模式运营门槛高、风控压力大，B2B 模式符合外贸出口跑量的核心诉求，而且还可以实现整个外贸供应链的数字化，最终提升效率、降低成本，实现外贸的增量。

◉ 跨境电商 B2B 企业的类型

这里的跨境电商 B2B 企业主要是指我国参与跨境电商出口的企业，主要包括跨境电商企业、出口代理报关公司、跨境电商平台（包括自营平台、第三方平台、境内平台和境外平台），还包括跨境电商物流企业。

◉ 什么是“9710”和“9810”

有了前面的铺垫，再来谈谈跨境电商的“9710”和“9810”模式。2020 年 6 月，中国海关总署发布了 2020 年第 75 号公告《关于开展跨境电子商务企业对企业出口监管试点的公告》，增列海关监管方式代码“9710”和“9810”。该公告于2020年7月1日正式施行。

“9710”全称“跨境电子商务企业对企业直接出口”，主要适合于中国大陆企业通过跨境电商平台和海外客户达成交易后，通过跨境物流直接出口到海外。主流的跨境电商平台代表是阿里巴巴国际站、MIC等。

“9810”全称“跨境电子商务出口海外仓”，主要适用于中国大陆企业先把货物出口到海外仓，通过跨境电商平台实现交易后，再从海外仓发货给境外消费者。典型的跨境电商平台是亚马逊等。

◉ 跨境电商的未来趋势和“9710”“9810”模式

许多跨境电商创业者不重视这两种模式，因为目前大部分的跨境电商卖家都是无数据体现出口，闷声发大财，甚至是在低头单打独斗。但是跨境电商最终的发展方向一定是精细化和合规化，所以如果想要长线经营，一定要认识到这一点，真正了解并使用“9710”“9810”模式。

◉ 关于“9710”模式

◎ “9710”模式的好处

“9710”模式是国家在外贸电商化的大背景下推出的。目前中国外贸企业以中小微企业为主，这类企业在跨境电商B2B平台非常活跃，特别是在新冠肺炎疫情期间，通过跨境电商B2B平台，广大中小微外贸企业表现出了非常强劲的生命力。“9710”模式大大降低了跨境电商的进入门槛。

目前跨境电商B2B模式中，订单的小额化、碎片化越来越流行，“9710”模式更好地顺应了这样的新模式、新趋势。同时也更容易让中小外贸企业拓展新兴市场。其实进入2021年，传统的欧美市场日现疲态，而东南亚、中东、拉美反而成了最具潜力的市场，“9710”模式可以助力中小外贸企业以其灵活和个性化的特点拓展新兴市场。

“9710”模式的价值在于帮助提升跨境电商企业的品牌附加值。现在的跨境电商 B2B 订单，已经不只局限于产品端，而是追求个性化、定制化，“9710”模式能够帮助满足这些需求。

◎ **“9710”模式的申报要求**

申报“9710”模式时，首先需要上传跨境电商平台订单数据截图等电子信息数据，然后准确填写收货人的姓名，以及商品品名、件数、毛重等核心数据，然后提供跨境电商物流信息数据，如果是委托报关代理公司，应该填写委托企业的工商信息，也可以选择添加收款信息。

“9710”模式的参与主体主要包括跨境电商出口企业、跨境电商平台、跨境电商物流企业、外贸综合服务企业和海外采购商等。

◎ **阿里巴巴一达通和“9710”模式**

阿里巴巴国际站目前是全球最大的跨境电商 B2B 平台，深耕跨境电商市场 20 多年了，而阿里巴巴一达通也是最受广大跨境电商中小企业欢迎的外贸综合服务平台。

一达通目前已经是国内出口额排名第一的外贸综合服务平台，它可以为中小外贸企业提供专业、低成本的通关、外汇、退税和配套物流、财税、金融等服务。 “9710”模式落地以后，一达通也开通了针对“9710”模式的新服务模式。

一达通的“9710”模式是这样的，通过一达通的数据优势简化准入流程，一次制单、一键申报，真正提升报关效率。同时基于阿里巴巴国际站的闭环 SaaS 风控系统，帮助中国企业更合法合规地发展跨境电商业务。

除了像阿里巴巴一达通这样的外贸综合服务平台，跨境电商 B2B 企业也可以通过 H2018 通关管理系统办理通关手续。

◉ 关于“9810”模式

◎ “9810”模式的好处

目前跨境电商行业最大的痛点之一就是物流问题。物流的效率、成本和确定性变得越来越重要，而唯一的解决之道应该就是建设海外仓。

通过海外仓模式，跨境电商物流的效率提升了70%，最终提升客户体验。客户体验的改善最终会反映为客户的重复购买率。相关数据显示，海外仓提升客户满意度的比例大概是20%。

海外仓还可以降低跨境电商的物流成本。Wish和速卖通上的很多卖家都是通过直邮模式出口，而海外仓模式是通过海运集装箱将货物运送到目的地，可以享受最低的海运成本。

同时，海外仓未来会承担更丰富的功能，比如现在越来越多的海外仓可以提供售后服务、产品维修服务，甚至二次销售服务。

◎ “9810”模式的申报要求

申报“9810”模式时，首先需要上传海外仓委托服务合同，填写海外仓定仓信息，包括海外仓的地址、委托服务期限等关键信息，出口货物入仓后还需要上传入仓信息，包括入仓商品名称、入仓时间等。此外，还有企业申报的三单信息，三单包括申报清单、物流单、交易订单。

参与“9810”模式的市场主体包括跨境电商出口企业、境内物流企业、外贸综合服务企业、海外仓企业、跨境电商平台、境外物流企业、境外消费者。

◉ 关于“9710”模式和“9810”模式的通关监管

对于单票金额在5 000元以上，涉证、涉检、涉税的出口货物，企业应通过H2018通关管理系统办理通关；对于单票金额5 000元以下，且不涉证、不涉检、不涉税的低值货物，企业可通过H2018通关管理系统或跨境电商出口统一版系统办理通关。

简单介绍一下 H2018 通关管理系统。目前中国海关全面上线 H2018 3.0 版本，更好地满足跨境电商企业的需求，进一步提升通关效率。通过 H2018 通关管理系统通关的基本流程，第一步是电子信息传输，第二步是报关单申报。H2018 通关管理系统的好处是全程信息化、简化申报流程，还能为物流和查验提供便利。

◉ 广大跨境电商企业如何顺应“9710”和“9810”趋势

大家应该理解“9710”模式和“9810”模式对于广大外贸企业的长期价值，只有合规化、阳光化才是跨境电商发展的最终趋势，广大外贸企业应该依据海关对报关单位的有关规定，在试点的企业管理部门注册。

2020 年 7 月 1 日起，海关总署在北京、天津、南京、杭州、宁波、厦门、郑州、广州、深圳、黄埔海关开展跨境电商 B2B 出口监管试点。2020 年 9 月 1 日，新增上海、福州、青岛、重庆、成都、西安等 12 个直属海关开展跨境电商 B2B 出口监管试点。

我们采访了宁波的一家跨境电商企业，这家跨境电商企业通过“9810”模式退税申报，当日审核完成，3 万多美元的订单最终退税 2 万多人民币，真正体验到了政策红利。

◉ 广大跨境电商企业对于“9710”和“9810”的看法

我们采访了一些跨境电商企业，想听听它们对于这两种模式的看法。

第一家企业是宁波的一家做阀门出口的跨境电商企业，企业负责人认为“9710”和“9810”这两种模式肯定是政策红利，让跨境电商行业更正规、更阳光化，真正解决了结汇、退税的问题。但是他同样提出了建议，他希望海关、税务、外汇局联动起来，同时也希望政府给予更大额度的补贴。

另外一家企业也是宁波的跨境电商企业，该企业负责人认为“9710”和“9810”比一般的报关模式更复杂，他希望政府可以简化手续。

◉ 对于“9710”和“9810”的总结

“9710”模式和“9810”模式对于行业带来了真正的利好，通过这样的新模式，跨境电商的管理真正走向了正规化。最重要的是完善了跨境电商的产业数据统计，目前跨境电商的相关数据都是空白，“9710”和“9810”的推行，有助于将跨境电商 B2B 贸易从一般贸易中剥离出去，有利于政府更准确地统计数据、掌握外贸发展趋势，更有利于政府进行宏观趋势调控、增加对跨境电商的支持力度。

线上广交会带来的思考

2020 年 4 月 7 日举行的国务院常务会议决定，第 127 届广交会于 2020 年 6 月中下旬在网上举办。其实在新冠肺炎疫情的影响下，线上广交会在我们的预料之内。

这几年，随着电子商务和跨境电商的蓬勃发展，这已不是广交会第一次触网。早在 2003 年，就首次出现了网上广交会，但当时这种模式仅仅作为传统展会的补充和辅助。如今，线上广交会真正意义上成为主流。

笔者认为线上广交会对中国外贸和世界进出口将会产生以下积极意义。

◎ 从政府层面传递稳外贸的信心

在 2020 年这样一个特殊的历史时期，线上广交会的举办其实是从政府层面向外传递稳外贸的信心。在线的模式不仅可以保证广交会的连续性，避免展会中断带来的客商流失，在促进外贸出口数据的同时，更是给中国出口供应商和海外采购商以信心，在这样一个特殊时期，信心比黄金更重要。

◎ **探索广交会未来的趋势和方向**

在这样一个跨境电商数据贸易时代，传统的线下模式如何顺应时代的发展，也是这几年广交会思考和探索的方向。笔者认为未来广交会一定会是线上和线下结合的模式，广交会在线举办，对于广交会的转向具有非常重要的意义。

◎ **精细化运营是线上广交会的核心**

传统的广交会在很长时间里其实更多是粗放式的跑量，做线下的服务，但是2020年的线上广交会对于数字化提出了更高要求，比如云计算能力、大数据能力，以及工业互联网等基础设施，所以广交会从线下模式转型到线上模式，更应该精细化运营和提升数字化能力。

◎ **代表中国的数字基础设施建设世界领先**

作为中国历史最悠久的传统展会、世界排名前列的著名展会，每届广交会约有210多个国家和地区的20万采购商参会，成交金额更是在2 000亿~3 000亿元。如此体量的广交会在线化，说明目前中国的数字基础设施建设在全球处于领先水平。

◎ **进一步推进跨境电商在中国的发展**

未来几年，跨境电商将成为中国外贸出口的主流模式，为了以新业态助力中国外贸克难前行，除了线上广交会，2020年4月7日的国务院常务会议还决定增设46个跨境电商综合试验区，在区域内提供免征增值税和消费税、企业所得税核定征收等支持政策，并研究将具备条件的综合试验区所在城市纳入跨境电商零售进口试点范围。

◉ 吸引流量依然是线上广交会成功的核心

广交会相对于其他B2B平台含金量更高，经过多年的积淀，参加广交会的采购商大部分非常优质。广大外贸企业要赢在线上广交会，核心还是要吸引流量，这个逻辑跟我们做电商平台的推广是一样的。

如何吸引流量，笔者的建议是，首先应该选择最畅销和吸引人的产品，然后像在电商平台上一样，上传相关的企业资料，最后，最重要的就是设计吸引人的店铺页面，准备视音频资料。另外，广交会上的很多客户应该是过往客户，所以前期的邀约工作也很重要。

◉ 线上广交会参会企业应做好哪些准备

外贸企业想要做好线上广交会，首先还是应该精挑细选企业内部善于电商运营的外贸业务员，比如对于数据分析、店铺推广、引流、店铺装修等有经验的外贸业务员。这些外贸业务员一般具备多年的 B2B 电商平台运营经验。

其次是密切关注广交会官网，了解广交会关于云上培训的相关信息，了解线上广交会的动态信息。

◉ 线上广交会的选品策略

跟电商运营的逻辑一样，成功参与线上广交会的核心和前提还是选品。特别是那些长期侧重线下的传统外贸企业，首先要考虑的问题是自己的产品适不适合在线展示，因为客观地说，某些传统外贸企业的产品未必真的适合在线展示。

企业在选品时应该参考电商平台的数据，选择那些新奇特、爆款、畅销的产品，或者那些有自己专利和技术门槛的产品。

◉ 线上广交会需要准备什么样的宣传资料

首先还是应该密切关注广交会的官方网站。笔者做了一些调研，每个参加线上广交会的企业应该至少准备 10 个展品的宣传材料，每增加一个展位，至少要增加 5 个展品。除了相关宣传资料，还需要准备一个中英文双语宣传视频。

◉ 线上广交会直播运营

对于线上广交会，广大外贸企业最担心的问题还是如何进行直播。很多传统外贸企业从来没有接触过直播模式。对于外贸企业来说，应该做好以下准备。

◎ 直播业务员的选择和培训

一般选择形象气质佳的外贸业务员，而且最好是会中英文双语，如果会小语种更佳。对于直播培训，笔者的建议是，目前直播模式在国内已经非常成熟，抖音、快手等短视频平台都有很多免费的培训视频，外贸业务员可以重点学习一下。也可以找专业公司培训，阿里巴巴国际站目前也有非常多的针对直播营销的免费培训。

◎ 直播展厅的设计和搭建

直播展厅的设计和搭建要符合产品和企业的特征，更要符合目标国家的文化和风俗习惯。

◎ 直播目标的设定

无论是选品，还是直播业务员的选择以及直播展厅的搭建，最终都是为了实现直播的目的，外贸企业应该认真思考是追求流量订单，还是展示品牌价值、企业形象。

◉ 线上广交会帮助外贸企业开拓内贸市场

目前海外疫情形势依然严峻，所以短期内中国外贸出口企业依然会非常难，所以线上广交会也承担着帮助外贸企业对接内贸电商平台的功能。以线上广交会为媒介，对接包括阿里巴巴、拼多多、京东等电商平台，帮助外贸企业加速完成内销。

◉ 中小外贸企业开好线上广交会的难点

笔者认为目前中小外贸企业开好线上广交会的难点包括下面几点。

◎ 线上广交会整体的费用投入是多少

大家都知道，参与线下广交会需要一笔不小的费用，包括摊位费、人员费、车马住宿费等，虽然线上广交会不需要人员到场，但是如果投入费用过高，再加上后期的推广费用，很多中小企业也会望而却步。

◎ 传统大额 B 类产品如何适应 C 类或者小 B 类买家

广交会的供应商很多是长期做大额订单的，但是线上广交会的模式类似于 B2C（小 B），那么一个产品怎么同时满足 B 端和 C 端？如果一个传统的 B 端供应商吸引来的都是 C 端买家，它的生意怎么做？反之也一样，如果一个 C 端供应商吸引了大额采购商，也同样需要面对如何消化客户的问题。

◎ 广交会采购价值是不是会被稀释

在传统的广交会模式下，外国采购商不远千里来到中国广州，付出了巨大的时间和金钱成本，所以采购商的采购目标比较明确，采购意向也非常高，这是广交会的核心价值。如果广交会变成在线模式，还会有多少真正高质量的采购商，这些采购商有多少采购能力、转换率是多少，这都是困扰企业的问题。

◎ 传统的大额采购商是不是适应这样的采购模式

很多参与广交会的采购商也是非常传统的，习惯线下模式，让这些传统的采购商通过在线模式采购，很多未必能适应。而且很多国家的网络基础设施建设相对落后，也会影响采购效率。

◉ 关于广交会未来的思考

最后我们来思考一下广交会的未来。其实这次新冠肺炎疫情仅仅是传统广交会转型的一个导火索，在过去的几年里，传统的广交会模式已经走到了转型的十字路口。

如果线上广交会能够很好地满足企业需要，线下广交会还有存在的必要吗？如果广大的采购商习惯了线上广交会模式，未来采购商对于线下采购的热情还会有多少高？

线上广交会其实跟目前如火如荼的跨境电商平台是类似的，比如阿里巴巴国际站、MIC，甚至是亚马逊等零售平台，未来线上广交会如何与平台形成差异化发展、展示自己独特的价值，这都是广交会应该积极探索和思考的。

国家对于海关、商检和财税的指导意见

近年来，海关总署不断创新优化监管制度，支持跨境电商发展。传统的外贸都是大额订单模式，但跨境电商是小额和多批次模式，过去针对一般贸易的大货监管模式显然不适合跨境电商，因此，海关总署增列了“9810”“9710”“9610”“1210”等监管方式代码，并通过海关总署公告明确了跨境电商进出境货物、物品的监管流程。有了监管方式代码和监管流程指导，各跨境电商试点城市的海关就可以制定具体的操作流程，将海关总署的政策落实下去。

对于商检，国务院要求“完善检验检疫监管政策措施”，于是2013年11月，原国家质检总局出台《关于支持跨境电子商务零售出口的指导意见》；2015年5月，原国家质检总局下发《关于进一步发挥检验检疫职能作用 促进跨境电子商务发展的意见》。

对于财税，国务院要求“明确规范进出口税收政策”。针对出口，财政部和国家税务总局在2013年12月下发《关于跨境电子商务零售出口税收政策的通知》，明确了出口跨境电商企业享受出口退税或免税的条

件。2018年9月，财政部、国家税务总局、商务部、海关总署联合发布《关于跨境电子商务综合试验区零售出口货物税收政策的通知》，对符合条件的货物试行增值税和消费税减免；2021年3月，又发布《关于扩大跨境电商零售进口试点 严格落实监管要求的通知》，进一步扩大试点范围。

鼓励平台做大做强

《关于促进跨境电子商务健康快速发展的指导意见》第二条指出："鼓励有实力的企业做大做强。培育一批影响力较大的公共平台，为更多国内外企业沟通、洽谈提供优质服务；培育一批竞争力较强的外贸综合服务企业，为跨境电子商务企业提供全面配套支持；培育一批知名度较高的自建平台，鼓励企业利用自建平台加快品牌培育，拓展营销渠道。鼓励国内企业与境外电子商务企业强强联合。"这里最应该重视的是对外贸综合服务企业的扶持。中国很多中小企业，无论是服务能力，还是对国际外贸知识的掌握，都是非常欠缺的。对于它们来说，最佳的方式就是通过第三方服务机构解决跨境电商商检、出口、退税等问题。在2013年7月发布的"国六条"中，外贸综合服务首次得到认可；2014年3月，国家税务总局下发《关于外贸综合服务企业出口货物退（免）税有关问题的公告》，解决外贸综合服务平台退税不畅的问题；2014年6月，人民银行下发《关于贯彻落实〈国务院办公厅关于支持外贸稳定增长的若干意见〉的指导意见》，进一步优化外贸结构、改善外贸环境，为广大外贸企业提供了更强有力的保障。

跨境电商综合试验区

中国（杭州）跨境电商综合试验区是中国首个跨境电商综合试验区。

中国跨境电商杭州模式的创新之处包括创新跨境电商监管制度、建立“单一窗口”综合监管服务平台、创新跨境电商金融服务、创新跨境电商物流服务、创新跨境电商信用管理。之后，国家又分5批增设了131个跨境电商综合试验区，促进跨境电商的发展。

第二节　跨境电商时代中国制造业所受的影响

2016年1月6日举行的国务院常务会议指出，要在东中西部选择一些基础条件较好、进出口和电子商务规模较大的城市，新设跨境电商综合试验区。这是中国政府从国家层面释放出的利用新模式加快外贸增长的明确信号，帮助中小企业降低成本，推动创业创新。跨境电商之所以会在这几年成为外贸出口领域最热的话题，本质上是因为传统外贸持续低迷，而跨境电商模式冲击传统外贸市场。根据笔者的经验来看，许多传统大额采购商纷纷通过互联网的小额跨境B2B模式采购，所以传统外贸的商业模式和渠道模式的没落在所难免。

跨境电商3.0时代改变价值链格局

笔者经营着一家拥有25年历史的家族企业，对于中国传统外贸模式的弊端感触颇多。在笔者看来，中国传统外贸出口的增长更多是建立在劳动力红利、生产资料红利的基础上。海外采购商选择中国供应商，更多是因为中国供应商的产品价格低廉，而类似沃尔玛这样的国际采购巨头更是通过超大额的订单把中国供应商的剩余价值压榨到极限，可以说中国传统外贸的利润在很长时间里不是赚出来的，而是省出来的。

最典型的一个案例是 iPhone 的利润分配。苹果公司拿走 iPhone 99% 的利润，而中国供应商劳心劳力，最终赚到的是不到 1% 的微薄利润，同时还面临着随时被越南等劳动力更低廉的市场取代的风险。其根源就是中国传统外贸出口长期处于价值链的最底层。

在传统外贸出口时代，很多优质的外贸企业开始进行品牌化和海外渠道拓展，但是都付出了高昂的成本，因为在海外品牌运作、海外本土市场拓展中，中国的中小外贸企业在人才、资本和资源方面处于劣势。而跨境电商在一定程度上打破了这样的瓶颈，中国供应商可以直接对接海外零售终端客户，进行互联网营销，建立推广自己的品牌，开拓自己的市场。通过参与价值链的前端销售环节，中国供应商不仅可以赚到生产利润、销售利润，而且可以赚到个性化定制、品牌溢价带来的增值利润。

外贸销售流程的变革

在传统外贸出口模式下，外贸出口流程是“中国供应商—进口商—进口批发商—进口分销商—终端零售商—消费者”。这样的外贸出口流程存在着效率低下、利润被层层盘剥的劣势，中国供应商又处在价值链的最底层，所以海外终端零售价格比出口价格高出几十倍。这样的模式在世界经济持续低迷的现在也面临着挑战和转型，因为对于采购商来说，大额采购模式资金投入比较高，而且世界经济不景气也使它们面临着卖不掉、卖不快的市场风险，对其经营和资金回流都产生了巨大压力。跨境电商的销售流程效率更高且扁平化，在跨境电商平台上，中国供应商可以直接跟海外采购商对接，这大大提升了效率，减少了流通环节带来的利润损耗。而采购商采用小额订单、高频率的模式，既可以减轻资金压力，又可以根据客户的需求定制个性化商品。

商业模式的颠覆

相对于传统外贸出口模式，跨境电商具有多模式、多渠道的优点。跨境电商企业可以根据自己的企业特征选择符合自己发展利益的商业模式。目前，跨境电商的主流商业模式有跨境电商 B2B 模式、跨境电商 B2C 模式、跨境电商 O2O 模式、跨境电商 B2B2C 模式、跨境电商 C2B 模式等。商业模式的丰富让跨境电商企业在市场竞争中更加灵活，更能展现出自己的优势，这样才真正有利于跨境电商企业的发展和成长。

倒逼中的创新和变革

在传统外贸出口模式下，中国制造企业更多选择的是 OEM 模式，笔者经营的家族企业就是如此。在 OEM 模式下，中国供应商几乎不需要思考，海外客户带来样品，中国供应商仿照样品生产制造，再廉价出口，这使得中国很多外贸出口企业长期缺乏创新和变革意识，最终导致企业生命力脆弱，国际市场一有风吹草动，很多中小企业就被淘汰出局。而在跨境电商模式下，中国供应商直接跟海外终端零售客户对接，如何更好地满足客户持续的需求、如何更好地提升客户的体验感是跨境电商企业每天必须思考的问题，因为只有满足需求，订单才可以增加，企业才可以发展，所以这样的模式会倒逼中国制造企业去创新、去研发。而在跨境电商时代，中小企业研发创新的环境更好，因为可以利用大数据的优势，在做产品设计时更多考虑用户的感受和需求，这样设计出来的产品更具竞争力。

小而美取代规模化

在传统外贸出口模式下，供应商要追求更大的利润，唯一的途径就是扩大生产，建更大的工厂、招募更多的员工，通过更大规模的生产把生产成本降到最低，从而获取最大的利润。但是这样的模式在近几年已被证明彻底过时，因为在外贸市场不景气的背景下，最终倒闭的往往是这类企业。大规模的工厂已经彻底失去了其在传统外贸黄金时代的核心优势，因为中国的劳动力价格每年都在增长，而且劳动力变得越来越稀缺，各地经常爆出用工荒，同时生产资料成本不断攀升，政府对于制造企业用工、环境保护、综合管理的监控力度也越来越大。从企业经营的角度来说，大规模的生产企业往往资金链比较紧张，而目前银行对于企业融资更加谨慎，所以近几年我们看到许多规模化外贸出口企业倒闭。

对于中国制造的未来，笔者认为小而美的模式会越来越流行。小而美的公司的特征，首先就是轻资产，不需要靠生产规模去营利，通过跨境电商可以实现国际化、全球化的销售，而且产品的科技门槛较高。同时，小而美的公司更多专注于满足客户的个性化和定制化需求，通过营销、通过产品研发创新、通过提高客户满意度、通过产品品牌附加值赚钱。这样小而美的模式才是中国制造未来的发展之路。

跨境电商拉动服务贸易发展

2016 年 3 月 30 日，阿里巴巴一达通以出口规模超过 150 亿美元成为全球最大的跨境电商综合类服务平台。一达通通过外贸全交易链在线化、数字化的方式建立了一个外贸出口的生态圈，随着这个生态圈越来越繁荣，它会提供越来越多的市场机会和就业岗位。目前，一达通的服务内容涵盖跨境物流在线体系、跨境金融服务、跨境电商培训、跨境电商运营、知识产权保护、客户成长服务等。这个生态圈的发展会使中国外贸更加繁荣、效率更高，而且会衍生出更多基于跨境电商的服务品类，最终推动中国外贸出口繁荣增长。

中国制造的2.0时代

对于中国制造的未来，笔者是充满信心和遐想的。笔者理解的中国制造的未来模式应该有这样几个关键词：互联网、全球化、智能化、品牌化、个性化定制。互联网给中国制造带来的绝对不仅仅是营销模式的变化，互联网还会冲击传统的销售模式、商业模式，从而革新中国的制造业。特别是互联网模式下的大数据运用，依托大数据，中国制造可以在线实现C2B模式，通过定制满足个性化需求，实现利润的增长和企业的成长。而跨境电商给中国制造带来的是全球化的机会和资源，通过跨境电商，中国的商品可以以零售的方式畅销全球。智能化是对中国制造产业升级的全面要求，在互联网和跨境电商的驱动下，中国制造企业的规模会更小、体量会更轻，但是研发能力和产品门槛会更高。通过跨境电商进行全球化营销推广，中国制造的品牌在海外会变得越来越知名，最终通过品牌化战略助力企业实现腾飞。

“蚂蚁”和“大象”共舞

通过跨境电商模式，中国制造的未来应该是“蚂蚁”和“大象”共同繁荣。品牌企业更多靠的是客户体验，通过海外仓、目的地本土化运营和品牌化战略让企业越来越强大，而小而美的创业公司会更关注海外市场的个性化需求，更关注高门槛的科技项目。也许这就是生生不息的外贸生态系统。在这个生态系统里，既会有小而美的公司，也会有超级强大的品牌企业，彼此共荣，共同发展，生生不息，繁荣昌盛！

第三节　中国制造业应对跨境电商时代的锦囊妙计

世界经济持续低迷，再加上移动互联网的冲击，传统的外贸模式已经进入淘汰和转型期。在传统外贸时代成长发展起来的，依靠廉价优势、规模优势的低端制造企业，会不可逆转地被市场抛弃，而跨境电商依靠互联网优势会逐渐崛起，最终成为中国外贸出口的核心增长动力。

跨境电商相对于传统外贸的优势是什么

跨境电商作为新兴的外贸出口模式，它的优势会越来越全面地体现出来。

◉ 跨境电商交易模式的扁平化

传统外贸的整个交易链非常长，一般要经过生产制造商、出口商、进口商、渠道商、批发商、零售商，最终才会到终端的零售客户，这就是传统外贸时代 OEM 大单追求廉价模式下的渠道特点。随着世界经济持续低迷，再加上互联网电商平台的冲击，传统的大额采购商已经逐渐放弃原有的外贸采购渠道。而跨境电商的优势在于，可以让中国制造商跳过传统外贸冗长的交易链，直接对接终端消费者。

◉ 分享终端销售的利润

通过跨境电商模式，中国的出口企业走向了交易链的上游。对于很多中国制造企业来说，改革开放30多年外贸生产的历练让它们拥有了强大的生产制造能力，但是传统模式有其局限性，高耗能、高污染且利润极其微薄。而跨境电商通过互联网平台使中国供应商直接面对终端消费者，不仅扩大了利润，并且通过满足客户的个性化需求、逐渐建立品牌取得了持续性的利润增长，这样的增长才真正有利于中国外贸企业的成长。

◉ C2B模式带来产品设计的变化

长期以来，海外客户对于中国制造的印象停留在廉价和低质量的阶段，其实这是对中国生产能力的极大误解。作为中国传统制造业的一名从业者，笔者深刻地体会到，从制造能力来说，我们可以生产出任何层级的商品，但是很长时间内，因为传统外贸模式下的OEM生产，大额采购商大幅地压低价格，中国供应商只能生产符合采购价格利益的商品，在这样的模式下，生产出来的产品质量自然不稳定。而跨境电商时代，中国制造商通过在线模式直接面对终端客户，通过跟客户的密切交流，挖掘客户的需求，再结合大数据，生产出满足客户特定需求的产品，这在互联网时代被称为C2B模式。在C2B模式下，终端消费者成为主导，生产制造企业完全根据消费者的需求打造产品，最终提升利润率。

◉ 营销模式的变化

在传统的外贸模式下，营销推广成本是很高昂的。传统展会模式的交易效果日益变差，而跨境电商1.0时代的信息整合平台年费同样高得惊人，传统的B2B电子商务平台环球资源网年费高达几十万元，这对于传统中小外贸企业来说是一笔巨大的资金投入。在跨境电商3.0时代，互联网营销模式更便捷、更廉价、更高效。跨境电商平台的收费模式也从单纯的年费模式转变为根据成交效果付款的扣点模式。在跨境电商的海外市场营销推广中，以内容营销为主导的社交媒体推广成为主流模式，视频推广以及全媒体、全渠道推广成为常态。

◉ 客户体验为王

在跨境电商时代，通过在线零售，中国的外贸企业拥有了合理的利润，生产企业可以持续研发、提升品牌溢价，同时持续改善零售客户的交易体验。跨境电商时代客户的体验为王，各个企业都在全面升级转型，物流、支付、售后等环节都有质的提升，以此提升客户的忠诚度和黏性。

◉ 阿里巴巴信用保障服务提升交易效率、扩大交易规模

阿里巴巴信用保障服务的价值在于，通过阿里巴巴的信用背书，可以完成原本因为交易信用不能达成合作的订单。从这个角度来说，阿里巴巴的一达通和信用保障服务其实是在帮助扩大中国外贸的交易份额，最终也会有越来越多的中小外贸企业受益。

传统制造企业如何转型做跨境电商

经常有传统制造企业经营者问笔者如何从传统外贸转型到跨境电商，如何做好跨境电商。作为一个做跨境电商多年的传统制造企业经营者，笔者有以下几点经验和大家分享。

◉ 传统制造企业有比较强大的产品研发能力

传统制造企业长年经受OEM接单模式的历练，都具备非常强大的产

品研发能力，但长期跟国外终端零售市场脱节，对于市场和一线消费者的体验感不强。传统制造企业通过跨境电商的新渠道，可以跟终端零售市场紧密结合，多做一些有关产品性能、客户体验的调研，很容易做出爆款产品，取得非常好的市场回报。

◉ 传统制造企业的产品价格优势非常明显

在 OEM 模式下，传统制造企业本质上拼的是价格。中国制造企业最有能力生产出物美价廉的商品，通过跨境电商出口模式，如果选择正确的市场，很容易赚取非常可观的回报。一般跨境零售出口的利润率保持在零售价格的5 ~ 10 倍。

◉ 传统制造企业的转型之路

从 2014 年开始，由于国家政策的推动和跨境电商平台的交易量飙升，已经有很多传统制造企业转战跨境电商市场。至于运营效果，每个企业都有自己的真实体验，有做得成功的企业，但更多传统制造企业的跨境之路还在探索之中。笔者认为，传统制造企业转型做跨境电商需要注意以下 8 个核心点。

◎ 跨境电商平台的选择

传统制造企业想转型做好跨境电商的第一步就是选择跨境电商平台。目前，普遍的做法有两种：自建网站和选择第三方平台。笔者认为，对于刚刚进入跨境电商出口市场的普通外贸企业来说，第三方平台是一个不错的选择。因为第三方平台无论是运营成本还是资金投入，都比较适合初创团队。

目前，主流的跨境电商出口平台有亚马逊、eBay、速卖通、Wish、敦煌网等。各个平台特点不同，市场定位不同，产品品类不同，优势也不同。笔者建议大家在选择平台的时候，多做一些产品目标市场、竞争产品情况、国内外竞争对手情况、产品短板、产品卖点，以及售后服务等方面的市场调研。

笔者的建议是，有外贸出口经验的企业选择亚马逊和 eBay 这样的跨境出口平台，用西方人的思维去运营。当然，国内的速卖通和敦煌网也做得不错。大家应该从自己产品和企业实际的特点出发。

◎ **跨境电商产品的选择**

选完平台之后就要选择产品。想要正确地选品，应该要先了解自己企业的产品优势、了解产品目标客户群体、了解现有竞争对手、了解产品的盈利能力和产品的售后服务等一系列问题。选择产品之前，需要做好非常细致且严谨的市场调研工作。一般来说，我们可以根据下面几点来做跨境电商产品的选择。

* 产品的利润率

虽然现在跨境电商市场的利润率已经远远不如前几年，但是笔者认为跨境产品的利润率还是应该保持在 30% ~50% 。因为商业的核心是盈利，只有不断盈利才可以带来持续的发展。产品毛利润 = 零售价格 - 产品进价 - 国外物流费用 - 其他综合成本，如果产品的综合毛利率低于 30% ，建议大家谨慎。

* 符合国际物流运输标准

做跨境电商 B2C，选择产品时一定要看它适不适合国际物流运输。一些体积巨大、容易破碎的产品是不合适做跨境远程运输的。

* 核心是爆款产品的选择

这个思路跟国内淘宝系的玩法是一模一样的，爆款产品是一个店铺引流和现金流的核心。笔者认为店铺的产品不需要太多，核心就是做爆款产品，以单品取胜，爆款产品也是未来跨境电商品牌之路的基础。

爆款产品的选择策略就是运用数据工具调研出哪些是行业里最热、成长最迅猛的产品，通过单品的市场调研、竞争对手的市场分析、目标市场客户的消费热度等数据分析，最终确定爆款。选择爆款产品时主要看以下核心数据：产品的盈利能力、产品的点击率和转化能力、产品的客户价值。

选择好爆款产品以后就应该投入最大的心力去做，从库存备货、美工设计、运营推广到视觉设计等，最终通过爆款产品提高店铺的持续盈利能力。

* 没有法律风险并且符合平台规则

跨境电商平台对于产品的知识产权、盗版侵权都有严格规定，大家应该熟悉各大平台的规则，并且熟悉平台的方针政策，避免因为违规而给自己的经营带来损失。

◎ **跨境支付安全**

跨境电商发展到现在，应该说已经到了规范和成熟的阶段，新模式下的跨境支付有以下 3 点注意事项。

* 收汇

目前，跨境电商的收汇主要通过信用卡、PayPal、国际版支付宝等渠道实现。我们应该结合风险、结汇的成功率和运营成本等因素选择跨境电商的收汇方式。

* 报关

很多跨境出口企业，特别是小额卖家，往往不通过正规报关模式出口，这样的发展模式未来会遇到法律风险，不利于店铺和企业的成长。

* 结汇

我国跨境电商第三方支付业务有两个通道：第一是跨境电商第三方外汇支付业务试点，第二是人民币跨境业务。

◎ **跨境物流、海外仓及目的地本土服务**

跨境电商发展最大的痛点就是国际物流成本高。很多超重、超大件产品无法安全、高效地到达目的地，而且国际件到达目的地以后，往往需要中转很多站，经过非常耗时和复杂的过程才能到达消费者手中，丢件、少件、破损的情况经常发生，严重影响国际消费者的购物体验。而普通卖家遇到物流问题往往都是贴钱解决，这不是长远之计。如果物流痛点不解决，最终会阻碍中国跨境电商的发展。解决跨境物流痛点的主要方法有以下几点。

* 海外仓的建设

中国卖家先把货物通过集装箱的形式海运到目的地的仓库存储，国外客户下单以后直接从当地的仓库发货，这样无论从配送效率还是客户体验来说，都是最佳的。中小卖家可以选择一家符合自己实际情况的第三方海外仓。目前第三方平台都有类似的服务，跨境物流企业也在积极建设海外仓。虽然海外仓需要一定的投入，但从长远发展来看是更好的选择。

* 目的地本土化运营

这里分享一个实际案例。我们几年前收购了一个美国公司，它以前是我们的客户。这家公司在美国有自己的销售渠道，包括 Google、eBay、亚马逊等，也有自己的运营团队和仓储。现在，我们每个月有 3 个集装箱发往美国仓库，在线销售和售后服务由美国团队来做，这样无论从客户体验和市场定位来说，都是最为精准的。当然，目的地本土化运营需要非常多的资金和雄厚的实力，但笔者认为这应该是跨境电商未来发展的必然趋势。

◎ **跨境电商店铺的营销推广**

跨境电商店铺营销推广的主流方式有这样几种：Google 推广；平台内付费流量推广，比如速卖通的直通车；社交媒体推广，如 Facebook 等；邮件推广；目标市场媒体推广等。

对于普通创业者，传统的 Google 推广是必需的，因为欧美消费者还是习惯通过搜索引擎搜索，而且大家以前做传统外贸 B2B 也经常接触 Google 推广，只要找对合适的第三方服务机构，操作起来就会比较简单。

大家也可以利用平台本身的推广方式，比如速卖通的直通车和营销联盟等。阿里系的产品特点是服务好，非常适合中国卖家快速上手。而对于 Facebook 等社交媒体推广，笔者认为核心还是要持之以恒，分享有价值、个性化的内容，从而吸引目标用户。

◎ 一定要做品牌

大家都经历了淘宝的发展，也见证了天猫的成功，对于跨境零售出口，笔者认为中国供应商一定要有做品牌的理念。中国供应商长期做 OEM，为产品研发积累了丰富的经验，通过互联网和终端消费者接触，通过调研数据和消费行为习惯分析，很容易做出真正流行的爆款产品。

其实海外消费者更愿意付出比较合理的价格，买到符合个性且优质的产品。建立品牌不仅可以让企业的产品利润率大幅提升，而且可以增加用户黏性。当然，品牌的建立不是一朝一夕的，更多地要靠用户口碑的积累，但是我们应该有这样的意识，最终靠品牌取胜。

◎ 利用好跨境电商综合试验区

对于很多规模化的跨境电商企业来说，无论是做跨境出口还是跨境进口，跨境电商综合试验区是目前较好的选择。杭州跨境电商试验区已经做得非常成功了，通过政策扶持和通关便捷化，很多跨境企业得到了发展。目前，中国已有 132 个跨境电商综合试验区。

◎ 移动端是跨境电商未来大趋势

Wish 的发展和成功证明了移动端跨境电商巨大的蓝海市场和强大的生命力，大家应该多做一些移动互联网的营销推广。

第四节　大数据时代在线信用体系建设

大数据时代来临

2014 年 9 月 19 日，阿里巴巴集团在美国纽交所上市，同时宣布未来公司三大核心方向：农村电商、大数据和跨境电商。阿里巴巴上市后，笔者曾经跟一个资深媒体人探讨过一个很有意思的话题——阿里巴巴究竟是一个什么样的公司，最终我们的结论是阿里巴巴本质上就是一家大数据公司。之所以把阿里巴巴定义为一家大数据公司，是因为我们认为未来世界的商业基础就是大数据，未来的商业竞争本质上就是一场大数据的博弈！

对于数据大家从来不陌生，因为电商的运营过程本质上就是数据的处理、跟进过程。随着 B 类电商持续发展，以阿里巴巴为代表的电商平台也在数据价值方面做了大量的探索和尝试，从最原始的企业真实经营信息的验证，到建立全球中小企业诚信数据系统，从单纯的商业信息的传递，到现在的整合供应链、跨境物流、金融支付、人才企业成长的全交易链，大数据越来越成为中小企业成功运营的核心因素。

作为中国第一代跨境电商从业者，笔者真实经历了中国跨境电商发展的 3 个阶段。在这 3 个阶段中，数据扮演的角色越来越重要。

◉ 跨境电商 1.0 时代

以更低的成本轻松地找到国际买家和优质的供应商，这就是跨境电商的原始价值。对于客户询盘的处理就是最原始的跨境电商数据处理，优秀的跨境电商人可以通过客户询盘数据判定客户的国别、采购量、诚信度、续单能力，但是那时对这些数据的处理还是比较简单和初级的，更多的是凭经验和直觉判断。当时已经有一些第三方数据机构了，比如中国出口信用保险公司，但是收费高昂、交流不畅，跟中小微外贸企业距离遥远。

◉ 跨境电商 2.0 时代

随着跨境电商的发展，跨境电商平台结合外贸领域的业务实践，不断导入互联网海外营销、国际支付、跨境支付、海外物流、金融等服务。传统外贸的交易特征是金额大、周期长，再加上汇率波动等风险，这个时期的在线支付、金融、物流模式应用不多，因为传统外贸的形势良好，更多的传统外贸企业还是选择传统的国际贸易流程，通过线下的出口代理公司、报关公司、物流公司完成外贸交易后的整体流程。但是这个时期跨境电商平台的跨境支付、金融、物流等服务已经慢慢浸透到传统外贸领域，并且开始发挥越来越大的作用和功效。同时，随着跨境电商平台对于这些数据的积累，一个基于跨境电商数据的生态圈逐步形成，为跨境电商 3.0 时代的到来打下了扎实的基础，数据时代呼之欲出。

◉ 跨境电商 3.0 时代

2014 年开始，随着国际市场外需疲软，国内劳动力、生产资料和汇率情况发生变化，传统的外贸模式已经越来越显出疲态，跨境电商似乎在一夜之间成为最具发展潜力的业态，传统外贸的工厂、供应商、制造企业纷纷入局跨境电商。而随着跨境电商时代的来临，中小微外贸企业对于数据的应用和需求达到了空前的状态，因为在跨境电商时代，只有有效运用数据才有可能经营好跨境电商企业。

大数据就是生产力

笔者对于跨境电商平台的理解，就是协助外贸企业完成交易流程，并提供信息流、资金流、交易数据、国际物流和会员成长数据的综合平台。在跨境电商时代，以阿里巴巴为代表的跨境电商平台正在让这些数据形成一个生态链，成为生产资料，最终帮助中小外贸企业成长。关于跨境电商对于大数据的应用，我们从阿里巴巴的大数据应用说起。

◉ 外贸数据生产力之信息流

阿里巴巴旗下的一达通已经发展成为一家提供外贸数据综合解决方案的公司，它从一开始为中小企业提供通关、物流、外汇、退税、金融等进出口贸易基础服务，到现在发展为积累、运营外贸大数据的综合服务商。2014 年，一达通正式成为阿里巴巴的全资子公司，利用阿里巴巴庞大的客户数据基础、资本实力，一达通突飞猛进地发展。2014 年 5 月 13 日，一达通宣布中小外贸企业通过一达通外贸出口不需要支付传统意义上的出口代理费，而且每出口 1 美元还能获得最高 3 分钱人民币的补贴。做外贸的人都知道，传统的出口代理公司一定会收取出口代理费，因为做单证、报关、通关操作会产生一定的人工费和手续费，传统的出口代理公司的手续费已经非常廉价，但是阿里巴巴一达通不仅免费还倒送钱，这一市场策略反映了阿里巴巴从传统的信息平台到信息交易平台的质的转变，也为跨境电商 B2B 时代的来临打下了坚实的数据基础。

◉ 大数据下的精准需求对接

传统的跨境电商平台，其价值更多的是传递信息，但是随着平台信息变多，高效精准地找到有价值的商业信息变得越来越难。从卖家的角度，同行竞争越来越激烈，单纯的低价策略下不仅订单难接而且利润很低；从采购商的角度，如何高效地找到符合自己要求的供应商，特别是针对有个性化需求的订单，也变得越来越复杂。这个时候大数据就发挥了重要的作用。

中小企业通过阿里巴巴一达通做外贸出口，这使一达通积累了大量的买家和卖家的外贸数据。比如某个美国采购商长期采购浙江东阳的相框工艺品，不仅订单量大，而且交易稳定，信用非常良好；同样，某浙江东阳的工艺品供应商长期出口欧美市场，出口量稳定，而且每次交易都非常顺畅，这表明企业的质量稳定、管理高效。基于这样的交易数据，当这个美国采购商有采购需求的时候，平台就会优先匹配这家高质量、高信誉的供应商给他，反之也一样。通过这样的精准交易匹配，无论是卖家还是买家，都提升了交易效率、降低了交易成本。再比如一个中国供应商通过一达通进行海外出口时经常会有交易纠纷，甚至会有客户投诉产品质量，久而久之，阿里巴巴的大数据系统就会提出预警，并且对于这类供应商进行降权，甚至列入黑名单。同样的道理，比如某个采购商恶意拖款，不履行交易承诺，甚至不按照交易合同提货，这样的数据也会被记录在案，最终限制交易。这样的交易模式只有通过跨境电商的大数据才可以实现。

◉ 阿里巴巴信用保障服务

笔者认为阿里巴巴信用保障服务的推出是中国外贸的一次创新和飞跃，也是外贸领域对大数据最大胆和最前沿的应用，阿里巴巴信用保障服务的发展非常有可能终结拥有百年历史的信用证。

其实从国际贸易开始之日起，交易信用就是最大的问题。传统的国际贸易交易额大、交易手续复杂、交易环节多，于是信用证应运而生。信用证的本质就是利用银行的信用背书开展国际贸易，以银行为中介，货款的取得需要满足信用证规定的单据条件。在很长时间里，信用证解决了国际贸易中付款时的信用问题。但是信用证在交易实践中也暴露了它的弊端，收费高、外贸专业性强，令中小微外贸企业望而却步。

阿里巴巴信用保障服务则是通过一达通大量的外贸交易数据，建立起中小企业的风控数据模型，根据不同的风控数据模型给阿里巴巴的中小企业会员授信额度，并且利用阿里巴巴强大的品牌和影响力为企业背书，向世界采购商承诺，在阿里巴巴授信额度内的生意，如果有违约，阿里巴巴会先行赔付。通过这样创新的大数据信用模式，基本解决了B2B在线交易中网络信用缺失的大问题。

◉ 对于海外买家数据的采集

通过阿里巴巴信用保障服务，买家的每一笔真实采购的信息都会被记录，包括采购的数量、质量，甚至是未来采购的趋势。通过对买家采购行为模式的分析和研究，可以比对出买家的规模、采购实力，还有信用度。就海外市场现状来说，买方市场会持续一段时间，所以阿里巴巴积累的这些海外买家数据未来会产生巨大的价值。它不仅可以帮助中国供应商找到最优质的采购商，而且可以利用这些买家信息精准地把握海外市场的盛衰、世界经济的走势，甚至判断一个行业的命运。此外，随着数据越来越多、越来越系统化，阿里巴巴可以开发出更多针对性更强的会员产品和服务，或单纯的商业分析和咨询服务。

◉ 大数据下的平台买家服务

因为掌握了大量真实的数据，阿里巴巴已经参与海外买家的交易环节，比如采购信息的匹配、交易信用的背书，甚至是对买家的融资服务。其实大部分海外采购商也是中小企业，融资也是它们非常急需的服务。目前，阿里巴巴针对国际中小买家的融资服务有赊销模式，它是基于买家的采购数据，核算出风控比例，然后在这个范围内给买家一定的赊销额度，在这个额度内如果采购出现问题，由阿里巴巴先行赔付。这在很大程度上解决了海外中小买家的融资问题。同时，阿里巴巴利用大数据跟海外银行合作，给海外买家提供信贷服务。后期阿里巴巴也会利用大数据为海外买家提供包括验厂、交易保险等服务，这一切都是基于大数据的积累和运用。

◉ 外贸大数据之会员成长生态圈

对于广大外贸企业来说，外贸人才、跨境电商人才一直是企业发展的核心因素，阿里巴巴组建外贸圈社区为会员提供大量的服务，帮助社区内的外贸人成长。通过社区的建立，阿里巴巴也积累了会员的数据资料，比如阿里巴巴会收集会员参与社区交流的活跃度、学习帖子的点击率、学习视频的点播数量等数据。后期阿里巴巴也可以利用这些数据向会员推荐学习成长型内容产品，比如外贸培训课程。未来外贸类培训和外贸类教育会是阿里巴巴外贸生态系统的主打产品，市场前景广阔。

◉ 基于外贸大数据的综合服务生态系统

目前阿里巴巴拥有全球最大的外贸数据库，利用这个庞大的数据库，阿里巴巴正在打造外贸综合服务生态系统，既有传统的外贸咨询培训、外贸金融、外贸物流海运服务，又延伸出形形色色的综合类外贸服务，比如口语在线翻译、图片美工处理、海外人才猎头、海外物流建设、海外本土推广等。

◉ 外贸大数据改变世界

笔者在本书的很多章节中都提到过阿里巴巴的 eWTO 猜想，2016 年马云又对这个理论进行了升级，提出了 eWTP 理论。阿里巴巴的目标是通过跨境电商平台积累的数据，最终在世界范围内建立一个在线的贸易中心、交易中心、物流中心和数据中心。通过大数据，阿里巴巴已经具备服务世界中小企业的能力和水平，并且会在未来建立起基于平台规则的国际贸易新规则，以平台的跨境市场实践为基础形成平台网规，最终服务于世界范围内的中小企业。

互联网时代，一个企业要发展成长，唯一的工具和武器就是大数据。通过对大数据的运营，再结合自己的生产实践，才可能走出一条属于自己的成功之路，所以未来的外贸之路，大数据是根本、是核心。

大数据就是财富

中小企业对于融资的需求非常急切，而传统银行也非常想参与中小企业融资这个巨大的商业市场，但是在实际的操作过程中，中小企业生命周期短、抵抗经营风险能力差，经常出现贷款追溯困难的问题，所以对于那些没有足够抵押品的中小企业，银行也很难为其提供贷款。

对于中小企业金融供应链，阿里巴巴一直在努力探索。根据笔者的了解，早在2007年阿里巴巴就和中国工商银行、中国建设银行合作，推出基于中小企业经营数据的信用融资担保服务，但是这个项目于2010年停止。因为2007年中小企业的B类业务更多通过线下操作，平台根本无法获得中小企业真实的交易数据，从而无法判定中小企业的信用情况，发生了很多中小企业跑贷的情况。

时间推移，随着大数据时代的到来，阿里巴巴一达通再次联合商业银行推出基于平台外贸大数据系统的无抵押纯信用贷款。根据阿里巴巴的官方数据，对于信用良好的中小企业，阿里巴巴最高给予1 000万元的纯信用融资贷款，通过一达通出口的企业，每出口1美元的商品可以拿到1元人民币的贷款。相对于2007年初级的网商贷，一达通利用大数据对中小企业的交易动态进行更为精准的跟踪，确保贷款的可控性，降低风险。

◉ 大数据时代网络融资和传统银行融资的区别

◎ 外贸大数据取代尽职调查

传统的中小企业融资，主要问题是对于中小企业真实的信用情况和资金能力无法掌控，而且在实际操作中，很多中小企业也无法提供规范的融资能力证明，这就需要进行大量的线下尽职调查工作。但线下尽职调查的问题在于，首先效率低下，其次单纯凭调研员的个人经验分析，缺乏客观性。

而在跨境电商 B2B 时代，中小外贸企业的整个交易都通过在线实现，一达通精准掌握了包括采购、通关、退税、收结汇、海运等过程的真实情况，最终掌控了外贸企业的资金流情况。从某种程度上说，通过对于大数据的掌握和分析，一达通会比经营者本身更熟悉了解这家中小外贸企业的发展和前景。

◉ 大数据的价值被商业银行认可

一达通推出无抵押纯信用贷款，也是整个社会，特别是传统银行对于商业大数据价值认可的表现。在以前的一达通金融贷款业务中，银行仅仅授信给一达通，一达通再通过风控的方式贷款给中小外贸企业，如果出现坏账，需要一达通自己承担。随着大数据等同于财富的理念深入人心，现在的模式已经彻底改变，银行直接贷款给中小外贸企业，而一达通仅仅作为真实外贸数据的提供商。

◉ 大数据变现

一达通推出了一个针对中小外贸企业的补贴政策，通过一达通出口的企业，每出口1美元可以获得最高3分钱人民币的补贴。通过这样的商业模式，一达通可以实现两个利益点：首先，可以吸引大量中小外贸企业；其次，表面上看出口代理不仅不收手续费还倒贴3分钱是笔赔本的生意，但是一达通的真正目的是积累外贸数据，通过这些外贸数据的积累精准地掌握中小外贸企业的运营和资金走向，提高大数据变现能力。企业的出口数据越好，一达通后期授信给它的现金额度就越高。

◉ 大数据对于采购商的融资服务

自从阿里巴巴在美国纽交所上市以后，它就已经不仅仅是一家中国的互联网企业，它服务的客户也不局限于中国的企业。一达通对于买卖双方的数据记录是一致的，采购商通过一达通实现的采购数据同样会被详细地记录。很多中小采购商也有融资的需求，阿里巴巴几年前就和世界领先的在线借贷平台 Lending Club 建立合作，向海外采购商提供先采购后付款的服务，这使得海外采购商非常容易就可以从中国供应商那里采购商品，等一部分产品销售后，再回款确认。根据阿里巴巴的规则，海外采购商最多可以贷款30万美元，偿付期限为1~6个月，而且海外采购商可以在几分钟内在线完成融资和赊销保。这些服务得以实现完全是基于阿里巴巴庞大的数据积累。

◉ 阿里巴巴一达通的赊销保服务

大数据等于财富最直接的表现就是一达通的赊销保业务，这项业务的核心就是基于大数据向海外采购商提供授信额度，海外采购商可直接在一达通申请，也可以由国内的代理商申请。

◉ 利用大数据授信的意义

2016年以来，世界经济持续低迷，需求不振。在这样的大环境下，通过大数据提高外贸交易的效率、降低成本，把以前想做而因为信用、沟通、信任没做起来的生意做起来，并且做大，意义是非常重大的。供应商因为经济下行不敢生产，采购商因为信心不足和资金压力不敢采购，而外贸大数据解决了这个两难问题。

◉ 数据物流创造财富

外贸领域的国际物流很长时间里是低效率、高成本的，而且客户体验非常差。阿里巴巴的云物流利用数据把物流整合起来，任何一个中小外贸企业都可以面向全球的供应商和采购商。不仅是物流，外汇结算、退税结算、金融服务，甚至包括通关检测、码头拖车、国际集装箱等，所有这些服务环节都可以通过跨境电商平台解决，真正帮助中小外贸企业提升效率、创造价值。

跨境电商的大数据信用体系建设

在本书的上一版中，笔者对于跨境电商的定义是大数据贸易，其本质就是通过数字化的方式重构整个外贸供应链，降低成本、提升效率，最终扩大外贸的整体增量。

2020 年因为一场疫情，跨境电商得到了历史性的发展。不仅仅是销售数据成倍增长，更有一大批跨境电商头部平台在疫情下真正展现了数字化平台的价值，帮助广大外贸企业数字化出海，最典型的代表应该是阿里巴巴国际站。

根据阿里巴巴的统计数据，2020 年阿里巴巴国际站实收交易额美元计价增长 101%，订单数量翻倍，2020 年上半年国际站跨境物流订单数量同比增长 113%。

阿里巴巴对于跨境电商信用体系的建立，最早可以追溯到 2015 年阿里巴巴国际站的信用保障体系。所谓的信用保障体系，就是阿里巴巴国际站根据每一个站内商家的基本信息，以及交易额等核心数据综合评定，给予其一定的信用保障额度，帮助卖家向海外买家提供跨境贸易安全保障。除了展示信用保障额度的金盾外，完成交易以后还有类似淘宝天猫的客户满意度评价，用来证明企业信用和实力。

追溯电子商务在中国的发展，会发现阿里巴巴之所以能在中国的电商领域成为领导者，核心就是阿里巴巴早年在国内建立了一套基于互联网的信用体系，现在阿里巴巴国际站的信用逻辑也是类似的。采购商可以在阿里巴巴国际站的显著位置看到供应商的信用、客户评价，还有阿里巴巴提供的信用保障额度，最高额度是 100 万美元。这等于以阿里巴巴官方的信用担保商家的履约能力，万一发生纠纷，客户可以发起在线投诉，阿里巴巴会根据仲裁结果在 7 个工作日内先行向客户垫付资金。

◉ 2020 年阿里巴巴国际站提供多元的支付方式

阿里巴巴国际站发布的数据显示，疫情改变了海外个人消费者和企业采购商的支付方式。在疫情之前，欧美采购商主流的付款方式是现金、电汇、信用卡和银行信用证等。但是疫情持续下，在线销售成为主流模式，与此匹配的在线支付方式也在海外大行其道，PayPal、Apple Pay、国际版支付宝等在 2020 年开始成为海外跨境电商主流的在线支付方式。

为此，阿里巴巴在传统支付方式电汇、信用证、信用卡的基础上，新增在线支付方式 Apple Pay、Google Pay，极大地给中国供应商在 2020 年出海提供了便利。

除了便利性，我们认为阿里巴巴国际站还提供了资金的安全保障。对于阿里巴巴国际站的商家来说，很多中小企业国际贸易操作经验并不丰富，比如海外客户的信用卡经常会遇到拒付的问题，国际站提供拒付保障服务，保障中国供应商的资金安全。

◉ 阿里巴巴国际站信用保障体系再升级——外贸操作系统

如果说阿里巴巴信用保障体系是国际站搭建国际在线信用体系的 1.0 模式，那么 2019 年推出的外贸操作系统就应该是国际在线信用体系的 2.0 模式。2019 年阿里巴巴国际站正式宣布打造新外贸操作系统，全面帮助中小外贸企业数字化出海。

升级版的外贸操作系统是以大数据为基础，帮助买卖双方实现精准匹配，并提供品牌营销、信用担保、支付金融、基础物流和跨境供应链的全链路服务，通过数字化完成对“人货场”的重构。

阿里巴巴国际站的外贸操作系统，除了阿里巴巴国际站本身，更聚合了蚂蚁、菜鸟、阿里云、钉钉、达摩院等整个阿里生态系统的力量。

通过这样一套外贸操作系统，阿里巴巴面对全球的消费者和商家，构建了一套以数字化“人货场”为内环、以数字化交易履约为外环、以数字化信用资产为纽带的全新布局。

◎ 如何理解阿里巴巴国际站的数字化“人货场”

在这个数字化商业系统中，我们认为最核心的就是数字化“人货场”模式。首先来聊聊“人”。数字赋能的“人”就是阿里巴巴国际站帮助商家实现数字化信用，比如交易额、客户评价以及信用保障的额度，这些信用数据会成为商家参与国际市场竞争的核心价值和优势之一。同时阿里巴巴国际站帮助商家进行数字化的客户管理，这些都可以帮助中小外贸企业高效率出海。

再来看“货”。跨境电商 3.0 时代，订单的碎片化、小单化、在线化成为主流，订单的获取方式也发生了变化，从单纯的搜索模式转变为订单的匹配模式。阿里巴巴国际站利用平台庞大的中国供应商数据，把商家的产品设计、生产工艺不断展示出来，根据客户的点击、浏览、购买数据，最终进行精准的匹配。这对于广大中国供应商来说，是实实在在的数字化红利。

最后来看“场”。阿里巴巴国际站通过数字化的方式让买家和卖家在线进行互动对接，保障服务的确定性的同时，完善包括信用保障、外贸综合服务平台、国际物流、国际快递、金融服务、支付结算在内的整个跨境电商供应链。通过这样一套全新的外贸操作系统，阿里巴巴国际站帮助外贸企业数字化出海。

◉ 阿里巴巴一达通的数字化建设

谈到阿里巴巴在线信用体系的建设，我们就不得不聊聊阿里巴巴一达通。阿里巴巴一达通是阿里巴巴国际站面向广大外贸企业以及国际站入驻商家推出的一个数字化外贸综合服务平台，一达通为企业提供一站式、低成本的通关、收汇、退税、物流服务，全面解决外贸企业在流通环节专业性不足、资金实力不够的难题。

获得出口服务准入的商家只需要提前 3～5 个工作日在阿里巴巴国际站后台下单，通过数字化的方式进行海关报关、贸易背景申报等，然后就可以等待收款。一达通的成本也是最低的，每单只收取出口金额 1.5%的基础服务费，比传统代理公司便宜非常多。

◎ 一达通和“9710”模式

2020 年 6 月，海关总署发布了《关于开展跨境电子商务企业对企业出口监管试点的公告》，增列“9710”海关监管代码，适用于跨境电商 B2B 直接出口的货物。跨境电商企业可以享受一次性登记、一点接入、优先查验等通关便利化措施。这不仅充分考虑到企业的出口实际需求，更有助于企业的长远发展。2020 年开始，一达通正式上线基于“9710”模式的一站式数字化报关和出口履约服务。

2021 年 7 月 28 日，一个美国商家在阿里巴巴国际站向一家名为“永祥手袋”的中国供应商下单 1.1 万美元的化妆包。订单在阿里巴巴国际站生成以后，数据直接传到义乌跨境电商综合服务平台，通过一达通的综合服务平台转化为“9710”报关单，之后在上海完成通过放行，发往美国。这也是义乌市场通过一达通实现的第一单跨境电商“9710”业务。

◉ 地方政府的跨境电商数字化诚信体系建设

中国的跨境电商发展如火如荼，除了平台的大力参与，更有政府的积极推进。比如杭州跨境电商综合试验区通过上线大数据平台，针对不同细分行业的特点进行信用模型构建，推出了适用于杭州跨境电商信用评级的指标体系。

杭州跨境电商诚信体系建设过程主要分为采信、评信、用信 3 个环节，前期通过杭州政府部门传输数据至平台数据仓库，在评信过程中匹配政府部门提供的企业“黑白样本”，再依据企业资信、信用历史、履约能力等 5 个方面标准，对于企业进行数字化评价和信用建立。

根据指标体系，平台将杭州跨境电商企业划分为 AAA、AA、A、BBB、BB 5 个等级，据此提供差异化的服务，比如对诚信企业开通绿色通道、提供物流账期延长、对接资本等优质资源等服务。

杭州的跨境电商发展一直领先于全国，也给全国的跨境电商发展带来了非常丰富的前沿经验。比如“六体系两平台”就是由杭州跨境电商综合试验园区构建的。其中，“六体系”是指信息共享服务体系、电商信用体系、金融服务体系、统计监测体系、智能物流体系以及风险防控体系，“两平台”是指线上“单一窗口”平台和线下“综合园区”平台。搭建跨境电商诚信体系更利于破解跨境电商在发展过程中的矛盾和体制难题。

大数据时代海关数据的应用

如今，外贸大数据的应用变得越来越广泛，外贸交易的效率和成功率也变得越来越高，而作为外贸大数据时代核心环节的海关数据的价值也越来越被广大中小外贸企业认识到。

◉ Piers 的海关数据

20 世纪 70 年代，美国的一家名为“Piers”的公司对外贸交易中的进出口贸易提单数据进行了精确的汇总和记录，并且加以分析，然后把这些数据信息卖给了船运公司。后来大家发现这类海关数据价值比较大，于是将其慢慢地运用到国际贸易、金融贷款、国际物流等领域，提升了国际贸易的效率和国际投资的准确率。

随着业务规模的扩大，Piers 在中国香港设立了分公司，随后在 2001 年进入中国内地。随着中国跨境电商的发展，海关数据在中国的应用越来越广泛，很多跨境电商人士把通过 B2B 电商平台结合海关数据提升订单成交率、判断客户的真正价值视作外贸素质和能力的体现。经过多年的市场竞争，目前在中国内地从事海关数据研究并且具备良好口碑的企业已经有很多。进入跨境电商 3.0 时代，企业对于海关数据高度提炼和精准匹配的需求会越来越大。

◉ 什么是海关数据

先来阐述一下什么是传统定义上的海关数据。传统定义上，海关数据是指世界各国海关的货物进出口交易数据，主要来源于报关单、提单、商检等真实的单证记录，核心的特点是权威、准确、及时和详尽。根据笔者的经验，目前中国市场上可以提供的海关数据，根据目标市场不同主要分为下面几类。

◎ 北美海关数据

北美海关数据包括美国、加拿大、墨西哥和其他北美国家的海关数据。通过系统可以查询到全球出口到美国等国的每一笔提单的数据情况，包括出口商、采购商、产品描述、集装箱数量等。因为很多中小外贸企业的出口目标市场都在欧美，企业也可以通过这些数据进行客户开发，结合 B2B 网站的客户询盘对于客户的价值、信用度等进行有效的调研。购买海关数据后，还可以用产品作为关键词，查看采购商的名称、提单号、国家等。

◎ **非北美海关数据**

非北美海关数据包括南美海关数据、欧洲海关数据、亚洲海关数据等，这些海关数据对于外贸公司寻找新客户、进行行业调研都有比较高的价值。

海关数据最开始出现时主要用于调研外贸市场、分析行业走势，在此基础上做出投资判断。但是海关数据进入中国市场后功能发生了一些转变，这与中国外贸企业强大的海外客户开发需求非常契合，而且海关数据的推广过程正好遇到了中国跨境电商市场的蓬勃发展，所以对于很多中小微外贸企业来说，海关数据的功能已经简化为海外市场的开拓工具。

◉ 海关数据商业化是否符合中国法律

对于这个问题，笔者在很长时间里也有过疑惑，为此笔者专门咨询了相关法律人士和资深学者。对于海关数据的使用是否合法，我们可以通过下面两点进行判断：第一，数据公开是否合法；第二，数据的使用是否合法。对于数据公开是否合法这一点，律师给笔者的意见是销售海关数据的第三方数据公司应该保证数据来自合法并且主流、合理的渠道。对于运用海关数据进行海外客户开发，就目前中国的法律来说，还没有相关的禁止条款，而且从国家鼓励外贸出口、帮助中小外贸企业发展的角度来说，我们还是可以有效地利用海关数据的。

◉ 如何选择海关数据

目前，市场上的海关数据分为收费和免费两种，很多海关数据公司声称自己开发了一套免费的海关数据系统，但其实还是为了吸引流量，进行二次营销。对于海关数据，个人建议还是花钱购买。购买海关数据应该遵守以下原则：首先，选择行业口碑比较好的海关数据提供商，最好是朋友或者合作伙伴推荐的；其次，对于海关数据的价格，大家可以多方比较；最后，对于海关数据公司提供的数据，大家应该有判断能力，选择自己真正需要的海关数据。

◉ 普通的中小外贸企业需要什么样的海关数据

目前，中国的中小外贸企业主要将海关数据用于海外客户的开发，所以海关数据提供商就以真实交易作为卖点，也就是说通过单证证明采购商针对某类产品发生过真实采购行为。

目前，市场上的海关数据主要分为以下几种：第一，提单，从提单可以知道供应商和采购商的真实信息，包括采购的产品关键词、采购的体积和数量等；第二，报关单，这个单证最有价值，因为它所含信息价值更大；第三，统计数据，比如进出口量；第四，采购商黄页，这是由行业协会和商会提供的买家名录和黄页。

笔者认为真实采购行为的信息对于海外客户的开发才有价值，所以普通的中小微外贸企业应该购买第一、第二类海关数据，其他海关数据更多的是用于商业统计和调研。

◉ 如何判断海关数据的真实性

使用海关数据的前提是数据是真实的，因为只有发生过真实采购交易并且及时向海关申报产生的海关数据，才有可能对海外市场的开拓有价值。判断海关数据的真实性，笔者有下面两点经验。

◎ **海关数据初步判断**

首先要确定采购的数据内容，假如产品关键词是“wooden ship model”（木制船模型），则需要数据供应商提供过去6个月至1年相关产品的交易量。可以多咨询几家，将结果与中国海关的公开数据进行对比，从而判断数据的真实性。

◎ **用自己的提单确认数据的真实性**

在采购海关数据之前，可以用自己正在做的一笔真实的订单确认数据的真实性。找出一张近期的真实海运提单，把提单号告诉数据提供商，让它查询客户的采购信息，看看是否与事实相符，据此判断海关数据的真实性、可靠性。

还有一种方法是让数据提供商查询本公司的交易记录，看看是否与事实相符，这样就可以非常清楚地判断海关数据的真实性。或者可以查询熟悉的同行公司的交易记录，比较之后就可以判断出海关数据的真实性。

◉ 精细化的海关数据产品调研

很多中小外贸企业购买海关数据是为了进行客户开发，而海关数据的费用从几千元到几万元不等，目前中小企业经营困难，所以每笔投入都应该精打细算。

对于海关数据这样的产品，购买之前应该进行比较细致的市场调研，调研的内容应包括以下几点：首先，行业口碑，最直接的办法就是询问同行，最好是与这家数据供应商合作过的企业；其次，上门实地调研，主要调研数据供应商的规模、专业性、成立时间等；最后，很多付费的海关数据服务都会有试用环节，购买之前可以多试用几家。

◉ **根据目标市场定制海关数据**

很多数据公司提供不同目的地的数据服务，而且很多以打包的形式提供。很多业务员贪图多和全，直接购买全球市场的海关数据，但是笔者认为真正有价值的是聚焦和细分的数据。每个产品都有自己的目标市场，比如我们的产品目标市场是欧美，我们就只选择欧美市场的海关数据，这样的采购成本更低，而且效果更好。

◉ **数据时段尽量短，功能模块尽量简单**

海关数据推销员总是希望外贸企业购买年数长、查询功能模块多的数据，但是对于普通的中小外贸企业来说，很多功能并不需要。对于查询时限，笔者的建议是6个月至1年，因为海关数据会及时更新。对于数据更新的问题，笔者在这里也简单说几句，很多数据供应商宣称数据日日更新、月月革新，从而抬高价格，但做外贸的人都知道，客户的采购周期一般是4~6个月，所以海关数据日日更新的价值不大。中小企业的一切投入都应该从实际出发。

如何进行商业数据的分析

在跨境电商B2B时代，外贸交易实现了在线化，而海关数据的应用价值也变得越来越大。无论来源于阿里巴巴一达通，还是第三方数据提供商，如何应用这些海关数据才是关键。

◉ **中国外贸企业数据应用现状**

外贸行业对于大数据的应用从来不陌生，笔者在上一个小节中就提到了，美国的进出口企业早在20世纪70年代就通过积累应用这些海关数据分析行业走向，以此做出投资决策。而中国的中小企业对于大数据的应用一直比较陌生，国外有家著名的调研公司曾对中国中小企业外贸数据应用做过一次调研，下面是这家公司得出的结论：

1. 对于本企业出口产品在国际目的地的终端零售价格，75.9%的中小出口企业不清楚；

2. 对于国际市场同类产品的生产工艺，72.9%的企业不清楚；

3. 对于国际市场同类产品的市场价格，90.4%的企业不清楚；

4. 对于国际市场同类产品生产数量、需求变化，90%的中小企业不清楚。

这就是中国改革开放40多年来，中国外贸企业长期依靠OEM订单进行规模化生产，赚取微薄利润的真实写照。进入跨境电商3.0时代，中小外贸企业对于数据的应用能力会越来越强，也会通过对大数据的应用提高企业竞争力。

◉ 对于提单数据的分析

中国外贸市场的海关数据供应商已经发展得比较成熟了，它们的优势在于整合了中国41个口岸出口到全球224个国家或地区，以及中国41个口岸从全球224个国家或地区进口的动态贸易数据，并通过在线查询的方式向外贸企业提供市场分析以及海外客户拓展方案。下面笔者就展示一下我们公司是如何对海关数据中的核心单证——进出口提单进行精细化分析，从而判断海外市场的走势、研发新产品、扩展海外新客户的。

我们通过海关数据供应商购买了海关数据，对我们产品相关的关键词下近一年的提单数据进行精细化分析。大家通过下面的案例就会立即明白最简单、最普通的海关数据里面蕴含的巨大商业价值。

◉ SHIPPER（发货单位）= 行业竞争对手分析 + 行业调研 + 潜在客户开发

◎ 通过 SHIPPER 调研行业竞争对手

网商们经常会咨询笔者这样一个问题：同行越来越密集，竞争越来越激烈，如何才能提升询盘的命中率？笔者的答案是基于大数据分析，就可以非常精准地调研行业竞争对手，再结合自己的核心竞争优势，提高订单的成交率。通过海关提单数据中的 SHIPPER，可以清楚地了解到行业竞争对手的出口数据，而且这些数据是真实的、动态的。通过查询 SHIPPER，可以清楚地了解到行业竞争对手究竟是哪几家，再通过精细化的调研确定竞争对手是制造商还是贸易商，之后还可以通过其他渠道调研出竞争对手的价格水平、产品优势等，然后对这些数据不断地分析和筛选，结合企业的特征得出自己的核心竞争力，最终在采购商的产品报价、企业的生产定制中发挥自己特有的优势。

◎ 通过 SHIPPER 判断行业的整体趋势

2016 年传统外贸经济整体陷入疲态，对于出口企业的经营者来说，对自己所在行业进行精细化调研显得非常重要。比如通过对 SHIPPER 的调研可以得知行业内有多少新加入的企业，或者行业内有多少退出的企业。如果通过海关数据的精细化调研发现一个行业以一年为周期涌入大量的竞争者，说明这个行业市场潜力非常大，同时利润率高，反之就表明这个行业进入低迷期。对于企业经营者来说，数据分析的价值非常大，直接关系到采购投资、项目建设。

以笔者所在的行业来说，通过对近一年的提单中 SHIPPER 数据的调研，笔者发现大量同行退出市场，这就意味着整个行业不景气。于是我们在人才引进、原材料采购、机器采购等方面的投入采取谨慎态度，同时加大力度开拓新老客户，争夺因为产能减少而腾出来的市场空间。

◎ 通过 SHIPPER 发展潜在客户

凭借对提单数据的精细化分析，我们成功开发出过国内贸易商客户。通过提单中 SHIPPER 数据的精细化调研，我们发现这家公司貌似是一家贸易商，于是我们跟他们取得了联系，并且给出了最具竞争力的价格，最终该公司成为我们的优质客户。很多中国供应商会在 SHIPPER 一栏填写采购商的信息，而提单中的 CONSIGNEE（收货单位）一栏就是真正的买家，NOTIFY PARTY（通知方）一栏可以是代理商或贸易商，这些信息都是可以开发和利用的。

◉ 通过装货港判断竞争对手的成本构成

对于目前的中国外贸出口企业来说，价格永远是竞争的关键，通过提单中的装货港基本可以判断竞争对手的成本构成。笔者用一个实际案例来说明，通过提单数据我们分析出一家核心竞争对手的装货港在宁波，通过对于宁波周边原材料价格、劳动力成本的调研和了解，我们基本可以估算出这家供应商的价格成本，这样我们在报价的时候就会有一定的优势。

◉ 通过交货时间判断采购周期

通过提单中的交货时间，可以精准地判断出采购商的采购周期和采购习惯，这对于那些季节性明显的出口产品尤为重要，比如圣诞节礼品。分析出采购商的采购周期，这样在下一个采购周期来临的时候就可以投入更多的精力开发这个客户，这样订单更容易成交。

◉ 卸货港的数据价值

对于提单中卸货港相关信息的价值，很多中小企业往往不够重视，其实这是分析目标市场的最佳数据。通过对卸货港的分析，可以找到行业利润最大、需求最大的目标市场，然后以此为基础有针对性地进行市场开发，比如有针对性地参加海外市场展会。

◉ CONSIGNEE = 买家判断 + 买家类别 + 客户忠诚度

对于中国的海关数据供应商来说，提单中的 CONSIGNEE 一栏是最大的卖点之一，因为通过精细化的数据调研和分析，可以清楚看到采购商动态的采购行为，结合上面的分析就可以有针对性地开发客户，通过自己的核心竞争力吸引客户下单。下面笔者就通过我们公司的一个真实案例来说明。

某天我们通过 B2B 平台收到了一家美国进口商 30 多万美元的外贸出口询盘信息，客户在询盘信中表示希望我们报出最具竞争力的价格。与其他外贸业务公司的区别是，我们没有着急报价，而是首先进行了精细化的数据调研分析。

调研时需要搞清楚下面几个核心问题：

1. 它是不是一个成熟的礼品采购商，它在中国的采购历史是多久，它在中国有多少个供应商？

2. 它的潜力有多大，它采购的产品在美国本土的终端零售价格是多少，它大概的采购价格是多少，同类供应商的价格是多少，影响报价的因素是什么？

首先，我们是通过 B2B 平台获得的采购商询盘信息，我们有客户详细的公司名称、官方网站地址和联系方式。然后，我们进入我们的海关数据库，通过关键词查询这个客户近几年在中国的采购数据，通过数据查询我们了解到客户的采购量稳定，基本每两个月走 5 ~ 6 个集装箱。而且通过提单数据我们查询到这个客户稳定的供应商信息，得到供应商的英文名称后，我们就可以对其核心信息进行调研，方法很简单，通过阿里巴巴、百度、MIC 等平台进入对方企业网站就可以，我们发现这些供应商不是生产企业而是外贸公司。根据供应商的网站信息，我们判断海洋系列工艺礼品不是核心产品，在价格和专业度上并不是特别有优势，所以我们做了非常详细的产品报价和定位策略。调研完了对手供应商信息，我们又对客户做了初级的调研，首先我们找到客户的官方网站，并且通过 Google 和 Facebook 搜索客户的公司信息，我们发现客户成立于 1998 年，是一家非常老牌的公司，而且官方网站显示客户的主打产品就是海洋系列工艺礼品。同时我们在 Google 地图中输入客户的公司地址，卫星图片显示客户是一家规模非常大的企业，有很大的仓库和办公区。对于这样的客户，我们集中优势资源进行跟进，寄送免费样品，甚至一年后专程去美国拜访客户，最终这家公司成为我们的核心客户之一，每年有非常稳定的进口量。

这就是笔者反复强调的，未来的外贸竞争本质上就是数据运营能力的竞争。

运营软件决胜大数据

之前笔者详细介绍了在跨境电商 3.0 时代，外贸企业如何通过海关数据分析客户、开拓海外市场。相对于跨境 B2B 对外贸大数据的应用，跨境 B2C 更成熟和领先，因为跨境 B2C 更早地建立了成熟的包括在线营销推广、在线支付、在线物流、在线售后服务等全交易链的大数据体系。跨境 B2C 对大数据的利用还会结合专业的运营软件。笔者在 10 多年前就开始运营跨境 B2C，笔者认为要做好跨境 B2C 就应该清楚地了解店铺的几个核心数据。

◉ 营销推广和流量成本

店铺运营的前提就是流量，流量可以说就是店铺的血液，而现在店铺流量的获取成本越来越高，所以精准地分析流量数据，精打细算，保持较高的投入产出比才是根本。

我们可以借助软件了解店铺一天的访客是多少、吸引流量的成本是多少、转化率是多少，对于这些数据都应该了如指掌。

◎ **Channel Advisor（简称畅路销）**

对于这个软件，笔者相信很多跨境 B2C 从业人员接触得不多。畅路销总部位于美国北卡罗来纳州，是一家专业的跨境电商平台解决方案提供商，是全球网络零售 500 强寻求解决方案的第一选择，也是亚马逊和 eBay 重要的软件提供商。2013 年，畅路销在香港和上海设立办事处，正式进入中国市场，兰亭集势、七匹狼等著名企业已经开始使用它们的软件。畅路销可以无缝对接全球十大跨境电商平台，比如亚马逊、eBay、新蛋等，对平台进行统一的营销管理，并通过系统化的运营帮助店铺吸引流量、管理产品、检测流量成本等。随着电商流量成本增加，通过软件进行精细化运作成为必然趋势，而数据营销是最重要的引流工具，畅路销可以支持 Google、Bing、Yahoo 等搜索引擎和 Shopzilla. com 等上百个比较购物引擎，分析优化营销数据，提高投入产出比。

◉ 未付款完成的订单

跨境电商的引流成本越高，流量的转化就变得越重要。对于店铺运营者来说，有一个核心数据一定要通过软件工具分析清楚，那就是未付款完成的订单，这个数据对于挖掘客户和发现产品缺陷，都有非常重要的价值和意义。根据一项数据统计，在电商零售最发达的美国，每年有近 4 万亿美元的订单被丢弃在购物车；而在英国，10 个网络零售消费者中有 7 个会放弃最终付款，不去点击结算。在精细化流量管理的大趋势下，对于这类客户资源进行挖掘开发的价值远远超过对于新客户的获取。未付款完成订单的客户其实已经对于产品和店铺产生了兴趣，并且打算下单，但是因为某种原因停止或者暂停下单。

◎ **Ve Interactive(简称 VI)**

VI 是一家专门为跨境电商订单转化率而存在的科技公司，根据官方的统计，这家公司每天追踪大概 1.2 万亿次网购消费者的购买行为，挽回全球近 15% 的消费者。这家公司也是在 2013 年正式进入中国市场，目前已经和众多中国电商企业达成了合作。从全球的零售客户进入网站开始，VI 就能通过不同手段挽回客户，主要方式包括定制化的邮件营销行为、与客户互动、给予付款优惠、及时跟客户反馈等。

◉ Google 工具在跨境电商领域的应用

Google 作为全球最重要的搜索引擎，对跨境电商的运营有着非常重要的价值，Google 的引流和数据分析能力应该说是全球领先。

Google AdWords 是跨境电商国际推广的常规的付费方式之一，无论是跨境 B2B 还是 B2C，都可以通过 Google AdWords 进行国际客户开发，我认为它是目前最具性价比的海外推广付费工具。Keyword Spy（http：//www. keywordspy. com/）是做 Google AdWords 必须用的工具，主要是监控自己以及竞争对手的关键词排名情况。

除了 Google AdWords 还有 SEO，SEO 是非常专业的推广工具，很多外贸企业都在用。这里给大家推荐一个 SEO 的关键词查询工具，Seobook Keyword Tool（http：//tools. seobook. com/keyword－tools/seobook/），目前中国做 SEO 的外贸企业都用这个软件监控关键词的价格、竞争度等。

关于 Google 的更多搜索引擎工具，笔者整理了一下网上的资料，具体如下。

关键词查询工具：

1. Google Search Suggest（http：//www. google. com/webhp? complete =1）。

2. MSN Adcenter Keyword Tools（http：//adlab. msn. com/Keyword-Research. aspx）。

3. Google Sets（http：//labs. google. com/sets）。

4. Google Related Keywords（http：//www. gorank. com/seotools/ontology/index. php）。

5. Keyword Research Tool（http：//www. webmaster-toolkit. com/keyword-research-tool. shtml）。

6. Keyword Data Miner Tool（http：//www. seocompany. ca/tool/keyword-find/）。

关键词趋势类工具：

1. eBay Pulse（http：//pulse. ebay. com/）。

2. Yahoo！Buzz（http：//buzz. yahoo. com/overall/）。

3. Google Hot Trends（http：//www. google. com/trends/hottrends）。

4. Google Trends（http：//www. google. com/trends）。

5. Google Zeitgeist（http：//www. google. com/press/zeitgeist. html）。

6. AOL Search Hot Searches（http：//hot. aol. com/）。

7. PPydt Trends（http：//www. pp9pp9. cn/）。

8. Ask Jeeves Interesting Queries（http：//sp. ask. com/docs/about/jeevesiq. html）。

9. Lycos Hot 50（http：//50. lycos. com/）。

◉ 跨境电商平台监测管理软件

◎ 速卖通的数据纵横和实时风暴

速卖通作为阿里系的跨境 B2C 电商平台，是大家最为熟悉的。笔者相信很多人都会用到速卖通的数据纵横，通过这个基础的数据工具可以直接看到店铺的交易和流量情况，周期可以是 7 天、30 天、90 天，还可以看到店铺访客的区域分布。基于这些数据调整关键词，可以更为精准地找到目标客户。数据纵横的操作其实非常简单。对于这些数据工具，笔者的建议是每天去浏览和研究，并且养成习惯，因为数据是店铺成功的基础，也是店铺盈利的前提。

数据纵横的实时风暴板块可以 24 小时实时更新数据，包括曝光、浏览、访客行为等数据，主要的价值是在选择 P4P 推广的时候帮助控制推广成本，同时监控店铺和平台推广活动的效果，以及客户对于爆款产品的点击量，如图 2－1 所示。实时风暴是成本控制最基础的监测工具。

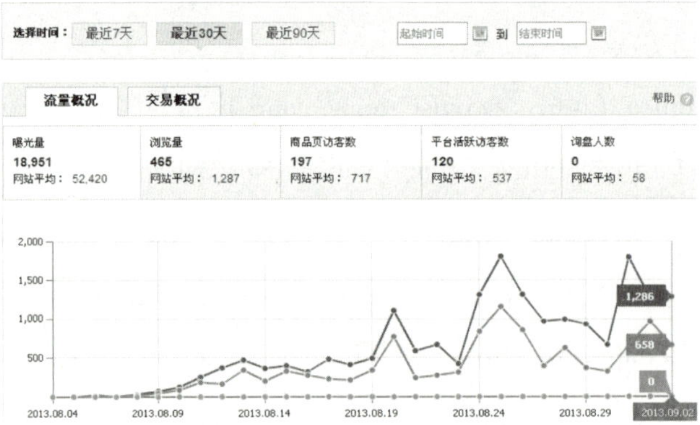

图 2－1　实时风暴页面截图

◉ 跨境电商的 ERP 软件

ERP 软件作为电商软件中最为成熟和完善的软件，随着跨境电商的发展，已经越来越体现出它的价值。ERP 软件的服务基本涵盖了商品管理、采购管理、库存管理、订单管理、营销管理和数据统计分析等方面。其中，商品管理包括商品信息的导出、Excel 文件的导入导出、图片上传、报关信息管理等。ERP 软件也有一些数据统计分析功能，包括销售统计、财务统计、物流统计等。跨境电商的运营一定要结合 ERP 软件，目前主流的跨境电商 ERP 软件包括马帮、通途、赛兔、ECPP。

关于这些 ERP 软件的具体功能，笔者就不一一展开了，它们通过对卖家品类和订单等的管理，辅以推广优化功能等，最终提升了效率，特别是 ECPP，可以对推广运营成本进行精细化核算。通过对这些软件的应用，可以提高效率、降低成本，最终让店铺盈利。

相对于国内成熟的 ERP 软件市场，跨境电商的 ERP 软件其实还处于起步阶段，但是跨境电商的 ERP 软件市场空间非常大，亚马逊、敦煌网、eBay、速卖通等主流互联网电商平台都已经开通了 ERP 相关的应用程序编程接口。

◉ 跨境物流软件

跨境电商的核心环节是跨境物流，所以通过跨境物流软件对跨境物流数据进行统计就显得非常重要。国内的跨境物流服务平台主要是递四方（4PX），递四方是一个为客户提供一站式电子商务综合服务的平台。递四方是做跨境物流起家的，一开始是做跨境香港小包，随着业务的增长，最终成为跨境电商综合服务解决平台。递四方最值得一提的是它的全球仓储一体化系统，跨境电商物流、海外仓和目的地本土化运营是其主要方向，主要功能包括跨境电商前端的采购管理、销售管理、仓库管理等全供应链功能管理。最重要的是，递四方的全球仓储一体化系统不限区域、不限国界，不管企业在何地建立海外仓，都可以通过这个系统有效管理，为跨境电商企业提供了方便。

除了递四方，常用的跨境物流软件还有 eTower。

◉ 做好跨境电商 B2C 的其他工具

做好跨境电商 B2C 还有其他工具，如用于争抢亚马逊黄金购物车的结绳记事，它可以根据不同的竞争对手进行系统出价，实时智能调价。此外还有产品分析工具，例如针对 Wish 的 MallLib、针对速卖通的 VOTO-

BO。最后，还有基于货源的综合性服务平台，比如中国邮政的海卖宝等。

◉ 针对移动端和社交媒体的软件

从2014年开始，跨境电商B2C领域最抢眼平台的就是Wish，Wish的核心优势是它的渠道——移动互联网端，所以想要做好跨境电商，熟悉移动互联网的数据也非常重要，通过社交媒体进行营销推广已成为主流模式。下面简单介绍几个针对移动端和社交媒体的软件。

◎ BuzzSumo

BuzzSumo是一个社交媒体监听工具，用户可以利用这个工具追踪意见领袖的活动，创建报告，总结效果。它可以监控多个主要社交平台，包括Twitter、Facebook、LinkedIn、Google+和Pinterest。

◎ Social Mention

Social Mention是一款社交媒体的数据监控软件，通过这个软件可以监控博客、微博、图片、视频等，还可以查询一个公司的品牌名称和产品在社交媒体上的传播情况。

有关跨境电商B2C的软件还有很多，笔者希望通过本小节的简单介绍告诉大家，在大数据时代，做好跨境电商的核心就是数据运营。

大数据时代的未来

目前国家在政策层面大力倡导跨境电商的发展，长三角和珠三角地区已经涌现了很多跨境电商企业，通过跨境B2C和跨境B2B转变经营模式，直接跟终端消费者对接，研发符合消费者个性化需求的产品，最终实现品牌化运作，提升产品利润。

2016年跨境电商的发展迎来了3.0时代，这个时代的关键词是大数据、精准匹配、客户体验、云计算等。跨境电商3.0时代，网络让市场变得便捷和透明，通过互联网进行采购和供应已经成了主流模式，一达通等跨境电商平台的海量外贸数据使国际贸易中买卖双方的匹配变得更简单容易。通过社交媒体进行的海外推广成为主流，Facebook、LinkedIn成为开拓海外客户的核心渠道，而且以Google为代表的国际搜索引擎的功能会越来越强大。未来，传统的展会也会更多地和互联网结合，采用O2O模式，传统B2B电商平台也会加速变革，但是这一切才刚刚开始。

◉ 跨境电商3.0时代注重的是效率和客户体验

跨境电商进入3.0时代是跨境电商发展的必然趋势，以前外贸业务员更像店小二，或者电商运营经理，而跨境电商3.0时代关注的是效率和客户体验，通过大数据运营，买卖双方的匹配会变得更加便捷和高效，同时采购商会更注重用户体验，所以供应商要从店铺页面设计、购物和物流服务、售后服务等方面为采购商提供最佳的体验。

◉ 跨境电商3.0时代营销推广的全数据化

在跨境电商3.0时代，外贸企业会采用Google AdWords、SEO、社交媒体营销、电子邮件营销、视频营销等全数字化的营销手段。通过这些营销渠道可以积累大量的数据，进而对数据进行精准分析，优化调整营销策略和方案，最终高效率地获取优质的海外客户资源。同时，品牌化会成为一种必需，通过品牌化，企业可以提升产品价值和利润率。

◉ 跨境电商3.0时代B2B收费模式的变化

传统的B2B电商平台的收费模式是年费制，这种模式有很多不科学的地方，而且很多中小企业对于P4P的推广投入也没有明细表。随着大数据时代的来临，传统的年费模式会被慢慢淘汰。最终，根据效果付费会成为主流模式，因为大数据不仅会带来流量，更重要的是会带来精准的匹配和更高的转化率。

第五节　跨境电商为什么要选择新兴市场

说到跨境电商开拓新兴市场，首先来说一下什么是新兴市场。一般来说，新兴市场指的是相对欧美发达国家而言正处于发展中的国家和地区，比如被称为“金砖国家”的中国、印度、俄罗斯、巴西、南非，也包括越南和土耳其等国家。作为一个江浙地区传统制造业的跨境电商运营者，从笔者自身的角度来思考为什么新兴市场会成为跨境电商发展的新蓝海，核心理由有下面几点。

新兴市场的轻工业不发达跟中国制造的产业特征互补

目前，中国跨境出口的产品品类主要是物美价廉的轻工业产品。轻工业一直是中国制造的最强项，特别是江浙一带的传统制造企业，它们长期参与 OEM 的外贸市场竞争，品质非常高，而且价格低廉。世界经济低迷，传统外贸渠道受挫，而通过跨境电商 B2C 模式，正好可以满足新兴市场对于轻工业产品旺盛的需求。阿里巴巴速卖通的核心市场就是俄罗斯和巴西，尽管俄罗斯的网购人群不足总人口的 25%，但是速卖通占了 35% 的市场份额，超过 eBay 成为在俄罗斯占主导地位的跨境电商平台，而最受俄罗斯人民欢迎的就是中国价廉物美的轻工业产品，比如服装、装饰品。俄罗斯对于中国轻工业产品需求的爆发式增长，非常典型地说明了新兴市场轻工业产品缺少和中国制造充分供给的互补性。

新兴市场的先机优势

对于很多跨境电商创业者来说，决定跨境电商竞争激烈程度的不是世界经济的繁荣和目标市场的广泛，有时候竞争的关键仅仅在于平台的竞争是否进入白热化、产品的竞争优势是否明显。在很多传统的跨境电商平台，跨境卖家遭遇的恰恰是高度密集的同行竞争，这有点类似于淘宝和阿里巴巴的发展趋势。新兴市场的跨境电商平台，应该是很多跨境电商创业者的选择，因为新兴市场的跨境电商平台知道的人还不多，真正参与竞争的对手更少，如果能够快速精准进入新兴市场的跨境电商平台就可以抓住新兴市场的先机优势。目前表现强劲的新兴市场跨境电商平台有下面几个。

◉ 东南亚的 Lazada

之前大家并没有真正关注过东南亚的电商市场。东盟六大主要经济体包括新加坡、马来西亚、印度尼西亚、泰国、菲律宾和越南，在跨境电商刚刚开始发展的 2008 年，这些国家的销售业绩就高达 345 亿美元。现在电商的核心渠道已经从传统的 PC 端转移到移动端，而东盟目前是世界上最大的智能手机市场之一，这为移动电商的发展和繁荣打下了扎实的基础。

但是东盟跨境电商的发展有一个特点，传统的跨境电商平台类似亚马逊、eBay 的发展并不是特别抢眼，反而本土的跨境电商平台由于采用本土的支付系统、了解本土市场，发展一直遥遥领先。目前，Lazada 是东南亚最大且最受欢迎的跨境电商平台，Lazada 的总部设在新加坡，业务核心是东南亚市场，早在 2014 年，Lazada 的年营收已经达到 1.543 亿美元。2016 年，Lazada 被阿里巴巴收购。

◎ **中国跨境电商创业者如何运用 Lazada**

⋆ 差异化的政策、语言、支付、物流解决方案

东南亚市场最大的特征之一就是国家和民族众多，政策、语言和支付、物流体系复杂烦琐。目前，大部分的中国跨境卖家是从传统外贸转型做跨境电商，而且很多传统外贸人的目标市场长期在欧美，语言仅仅会英语，所以要在 Lazada 这样的东南亚跨境电商平台做好运营，也面临不少问题。目前，Lazada 已经在政策、语言、支付、物流等方面开发了针对中国卖家的服务系统。

- 支付系统

在东南亚地区，因为历史原因，信用卡的普及率非常低，而类似支付宝和 PayPal 等第三方支付工具也并不流行，目前东南亚地区的主要支付方式是货到付款。不过 Lazada 已经推出了一个名为 helloPay 的在线支付平台，被阿里巴巴收购后并入蚂蚁金服，Lazada 也新增了支付宝收付款选项。

- 物流系统

东南亚的物流系统相对于中国的物流系统应该说是比较滞后的，本土的物流公司发展参差不齐，跨境电商卖家经常遇到丢件破损的情况。而 Lazada 的解决方案是鼓励跨境卖家找到自己的解决方案，并且向其提供最后一英里运送服务。因为 Lazada 的跨境运营团队成员来自不同国家，他们会利用自己的语言优势帮助卖家解决一系列支付和物流上的问题。

⋆ 找到东南亚当地的合作商才是解决之道

其实传统外贸转型做跨境电商，了解、融入当地市场的方法非常简单，那就是找到一个本土的合作商。这一点也不难，大家可以留意以前做传统外贸时的东南亚客户，跟他们谈一下合作的条件，请他们帮忙做本土化运营。

◉ 新加坡的 Qoo10（www. Qoo10. com）

◎ 国人不熟悉的新加坡电商市场

Ricky Ho 是笔者的一个香港客户，多年的生意往来使我们成为非常好的朋友。这几年香港的中间贸易生意慢慢变得不景气，Ricky 就把重心转向跨境零售市场。因为他有朋友在新加坡，在朋友的介绍下 Ricky 注册了一个 Qoo10 的店铺，专门销售服装和装饰品。大概用了 2 年时间，Ricky 的 Qoo10 店铺的年销售额已经做到了 300 多万美元，完成了从单纯的香港贸易商到跨境零售的成功转型。Qoo10 会员数量超过1 750万，大部分都是中小跨境零售创业者。对于中国跨境电商卖家来说，新加坡市场是充满吸引力和神秘感的，相信 Qoo10 凭借激增的用户数量、手机端的社交媒体、丰富的平台促销资源、领先的平台服务，会越来越受到中国跨境电商创业者的关注和青睐。

◉ 速卖通的新兴市场策略

作为中国跨境电商卖家最为熟悉的跨境电商平台，速卖通这几年的发展一直很亮眼。速卖通最大的目标是新兴市场的开拓，重点是俄罗斯和巴西。

先来说一下速卖通为什么一直瞄准新兴市场。其实速卖通相对于其他跨境电商平台是后来者，从资历上来说，不仅比不过传统的亚马逊和 eBay，甚至在中国境内也晚于敦煌网。但是速卖通最大的优势是具备阿里系电商生态圈的所有资源，同时战略定位一直是差异化的，选择性价比更高、更平民化的产品，瞄准俄罗斯、中东、东欧等新兴市场，而俄罗斯和巴西一直是速卖通重点发展的跨境电商市场。

◎ **巴西市场**

⋆ 巴西市场的特征

巴西是世界人口大国之一，有巨大的消费市场。巴西买家的购物特点是：主要需求在于服装配饰、箱包玩具等轻工业产品，这是因为巴西的轻工业不发达；另外，在巴西，通过社交媒体分享购物体验是一个趋势，所以如果跨境卖家注重品质和客户体验，店铺的回头客会非常多。

⋆ 速卖通在巴西市场的核心竞争力

- 阿里巴巴在电商领域丰富的资源和运营经验

阿里巴巴在电商领域丰富的资源和运营经验是它在海外市场的核心竞争力，比如简洁的页面、高度重视客户体验的理念、国际版支付宝的支付体系、菜鸟的跨境物流体系和海外仓计划等。巴西的电商市场规模逐年扩大，而且网络消费激增，所以阿里巴巴对巴西市场表现出了非常浓厚的兴趣。阿里巴巴对于巴西会投入越来越多的市场资源，也会在巴西发挥越来越大的市场影响力。

- 满足轻工产品的旺盛需求

速卖通的大部分卖家来自阿里巴巴的电商生态系统，其中很多是淘宝卖家，这些人高度聚集在浙江、广东、江苏等轻工业产业集群地，那里拥有丰富的轻工业产品，并且价廉物美。而巴西的轻工业不发达，所以速卖通在巴西大行其道，非常精准地满足了当地的市场需求。

- 劳动力成本高、交通运输成本高，跨境平台发展机会大

因为某些历史原因，巴西国内的人工工资、交通运输成本一直非常高，直接的表现是巴西本土的商品价格居高不下，比如一款在美国售价400 美元的游戏机在巴西售价高达 1 800 美元，所以很多巴西人选择通过跨境电商平台购买价廉物美的商品，这也使得速卖通凭借低廉的价格、丰富的产品品类成为巴西最受欢迎的网站之一。

• 巴西市场的产品品类选择

巴西市场的产品品类选择一定是速卖通精准的市场调研的结果。速卖通针对巴西市场主要的产品品类，第一是服装，大概占比 40%，第二是运动类，第三是电子产品、手机、平板电脑类。依靠这样的选品，速卖通在巴西市场牢牢抓住了商机。

◎ **俄罗斯市场**

* 俄罗斯市场的特征

这几年俄罗斯一直遭受经济危机的影响，但是经济危机恰恰促进了电子商务，特别是跨境电商的发展。因为经济低迷，收入减少的俄罗斯人急需通过跨境电商平台选购价廉物美的商品。俄罗斯跟中国的贸易交往源远流长，到了跨境电商时代，速卖通的价值和意义更是举足轻重，速卖通已经成长为俄罗斯最受欢迎的跨境电商平台。

2016 年速卖通转型做跨境 B2C 以后，除了更注重产品品质以外，对于新兴市场的开拓力度也开始加大，而俄罗斯一直是速卖通的主要目标市场。

* 速卖通在俄罗斯市场的组合拳

• 速卖通在俄罗斯的移动端策略

现在主流的电商销售渠道已经从 PC 端转移到移动端，这几年俄罗斯的移动端也发展得非常快，俄罗斯的安卓用户可以在 Google Play 上免费下载速卖通 App。为了让俄罗斯消费者更好地熟悉速卖通，速卖通官方还定制了一个视频上传到 YouTube。当下电商市场的争夺焦点在于移动端，速卖通在俄罗斯联合四大手机运营商，推出话费支付的活动，让俄罗斯最偏远地区的居民也可以用手机进行跨境购物，从而进一步提升 App 的下载量，使速卖通在俄罗斯越来越受到欢迎。

• 俄罗斯的跨境物流

2013 年速卖通在俄罗斯举行促销活动导致大规模爆仓，造成了非常不好的客户体验，之后速卖通和俄罗斯邮政进行了沟通合作，并且于2014年完成了数据对接，大幅提升了清关效率。2015年3月，速卖通联合俄罗斯快递服务商SPSR，改善速卖通卖家在俄罗斯本土的配送服务。此外，阿里巴巴旗下的菜鸟也开始了俄罗斯海外仓的建设之路，未来俄罗斯的跨境物流会更加高效、快捷。

- 从低价格产品到品牌产品的转变

长期以来，速卖通靠着低价格参与俄罗斯市场的竞争，发展了这么多年并没有进入高端零售市场。俄罗斯电商交易最大的类目是家电、家居等高价值商品，但中国跨境电商企业对这类商品的参与度几乎为零，低价格不再是优势。中国的跨境电商卖家应该借助速卖通建立自己的品牌，提升客户体验和服务，不断改善中国商品在俄罗斯消费者心中的形象，最终取得品牌溢价和稳定忠实的客户群。

在跨境电商3.0时代，中国的跨境电商企业要顺应时代的变化，不断调整市场策略，瞄准新兴市场，同时建立品牌、提升客户体验，最终真正赢得跨境商机！

“一带一路”和中国跨境电商的发展

2015年3月28日，习近平主席在博鳌亚洲论坛发表主题演讲，指出“一带一路”的建设将给沿线国家和地区带来实实在在的利益。当天下午，国家发改委、外交部、商务部联合发布《推动共建丝绸之路经济带和21世纪海上丝绸之路的愿景与行动》。

为了把“一带一路”和跨境电商的关系讲得更平易近人，笔者首先给大家讲一个故事。2015年12月，在某财经媒体举行的年会论坛上，笔者听了敦煌网创始人王树彤讲自己的创业历程。18年前，王树彤作为中国跨境电商的开拓者，开创了外贸在线交易这样的新模式，并且将其网站取名敦煌网，寓意网上的丝绸之路。敦煌网见证了跨境电商在中国的发展。中国的出口跨境电商发展得最早，直接面向海外 200 多个国家和地区，其间面临各种贸易保护策略，而“一带一路”倡议为中国跨境电商的发展带来了契机。

对于“一带一路”和中国跨境电商的发展，笔者查阅了资料并且采访了阿里研究院以及中国国际电子商务研究中心的专家学者，现将观点总结如下。

◉ “一带一路”在贸易大环境上给跨境电商带来了机遇

笔者曾参与杭州的一次跨境电商高峰论坛，论坛有一项议题是“跨境电商发展会不会伤害进口国的利益”，这是一个非常有价值的选题。这几年中国跨境电商迅猛发展，面对中国海量的跨境小包裹的冲击，越来越多的进口国开始调整应对政策，而且各国政府监管政策各不相同，甚至有些国家频繁调整对中国跨境电商的政策，一会儿把税额往上调，一会儿又往下降，监管时而放松，时而严格。其实对于中国跨境电商大量的小包裹涌入是否会影响当地的经济和就业、是否会冲击当地的零售体系、是否会摧毁当地的产业，各国政府也没有定论。

目前跨境电商已经发展到了升级换代的阶段，大家谈的是本土化和海外仓运营，这直接带来的就是在目标市场的巨额投资，而目标市场对于中国跨境电商的态度直接影响着中国跨境电商企业的海外投资。“一带一路”倡议为跨境电商的发展提供了难得的机会，比如“一带一路”提出的“五通”包括政策沟通、设施联通、贸易畅通、资金融通、民心相通，不论在宏观政策层面还是在实战操作层面都给跨境电商企业带来了历史机遇。

◉ “一带一路”沿线国家和地区跨境贸易市场潜力巨大

“一带一路”沿线总人口大概是44亿，经济总量超过21万亿美元，将会惠及65个国家和地区，而这些国家和地区市场潜力巨大，为中国跨境电商发展带来有利契机。

◉ 新兴市场的崛起促进跨境电商发展

2016年跨境电商进入升级调整状态，除了廉价模式被品牌化取代以外，目标市场也从传统的欧美市场转向更具前景的新兴市场。相对于欧美市场的跨境电商，新兴市场的跨境电商还处在发展的早期，而且对于中国轻工商品的需求巨大。中东跨境网购客单价是其他地区的两倍，发展速度也是其他地区的两倍；西班牙语和阿拉伯语等跨境电商平台几乎处于未开垦的状态；而在南美，跨境电商更是以每年135%的速度增长，其中巴西已经成为世界上最具价值的目标市场。新兴市场的崛起会给中国的跨境电商创业者带来更多发展机会和空间。

◉ “一带一路”沿线国家和地区让中国的品牌化战略优势明显

中国的跨境电商已经逐渐进入品牌化时代，但是品牌产品在欧美成熟市场还需要推进，因为欧美市场电商发展成熟，品牌化理念更是根深蒂固，而长期以来中国制造在欧美市场留下的印象是廉价、品质不稳定。而在“一带一路”沿线国家和地区，因为电商发展得相对缓慢，在线购物刚刚兴起，再加上发展中国家政治经济不稳定，所以当地消费者急需价廉物美的中国制造产品。在新兴市场，通过跨境电商企业的品牌营销和包装，中国品牌跟欧美品牌是站在同一起跑线上的，但是因为中国的产品有价格优势，在俄罗斯和巴西，消费者更愿意选择中国品牌。如果中国跨境电商企业做好品牌营销，注重商品品质，提升客户体验，品牌化战略会在新兴市场取得成功。

第六节　为什么大家都想在保税区“大展拳脚”

随着中国的跨境电商竞争进入白热化阶段，各大跨境电商平台都参与这个市场，出口跨境电商发展如火如荼的同时，进口跨境电商市场的争夺也很激烈。而在跨境电商蓬勃发展的背后，有一个词总是频繁出现，那就是“保税区”。诞生于传统外贸时代的保税区对于发展得如日中天的跨境电商究竟意味着什么，对于跨境电商未来的发展有什么样的决定性作用，我们在这一节和大家一起探讨一下。

保税区和中国外贸的发展

保税区这个词诞生于传统外贸时代，保税区的设立本来是为了更好地吸引外资，促进所在地的外贸发展，同时更好地服务外贸企业，降本增效。作为中国外贸发展的一个改革创新之举，中国保税区不仅参考了国际自由贸易区的做法，而且结合了中国外贸的实际。当中国迎来了跨境电商3.0时代，保税区又起到了改革创新的作用。

要说清楚保税区对于跨境电商的真正意义，需要先了解中国跨境电商的核心模式。目前，中国跨境电商进口的主流模式有下面几种。

◉ “保税进口+海外直邮”模式

天猫国际作为阿里系重要的跨境电商平台，通过跟各地保税区合作，设立了多个保税区物流仓库，这样做的好处是规避跨境电商的法律风险，大大提升国内消费者采购跨境商品的体验感。通过保税区进口，无论是发货速度、物流体验，还是售后服务等，都是传统的直邮模式不能相比的。

◉ “直营＋招商”模式

所谓直营模式就是跨境电商企业直接参与商品采购、跨境物流、销售、支付、售后等跨境电商全流程。招商模式就是跨境电商平台通过平台的影响力招募全球商用资源。“直营＋招商”模式的代表就是苏宁国际，这个模式的优势在于前期发挥了苏宁作为传统企业的供应链优势，后期又通过招商来弥补商用资源的缺乏。

◉ 直营模式

这种模式最为典型的代表就是聚美优品。聚美优品将河南保税区物流中心作为跨境物流仓，进口货物日处理能力可以达到 8 万包。保税区物流模式提升了客户海外购物的满意度，聚美优品的海外购周期最短可以是 3 天，并且全程物流可以查询，售后服务也很周到。

中国的跨境电商进口还有很多模式，这里就不一一列举了。笔者认为企业要在中国市场做好跨境电商，需要做到以下几点：第一，物流方便，通关便利；第二，争取政策扶持；第三，借力税收和通关创新。而想获取这些便利就要争夺保税区资源。对于保税区物流、政策、税收监管等资源的争夺已经是中国跨境电商企业除了供应链之外最重要的任务了。

保税区对于跨境电商企业的价值在哪里

◉ “境内关外”政策

保税区的“境内关外”政策给中国跨境电商企业带来了最直接的利好。海外货物进入保税区不视同进口，只有从保税区再进口到国内才等同于进口。笔者的一个朋友是宁波最早做跨境电商的那批人，他的公司主要进口尿不湿等婴儿用品。传统外贸时代，如果从澳大利亚进口尿不湿到国内，需要交关税、消费税和企业增值税，这样算下来成本很高；而先把海外产品进口到保税区，根据“境内关外”政策，可以先不交税，同时通过跨境电商平台同步销售，客户下单了发货到国内再交行邮税，如果遇到产品滞销的情况，还可以退货到海外原产国，不算作出口。

◉ 保税区的展示功能

保税区的展示功能是指从国外运输到中国的海外商品可以在保税区的展馆中进行展示。目前跨境电商发展最大的问题是体验感差，售后服务跟不上，而跨境电商 O2O 就是非常好的解决之道。根据苏宁创始人张近东的设想，未来的跨境电商 O2O 模式，首先要建立更多的海外购专区的线下体验店，其次要创新清关和口岸服务模式，实现店内网络清关。

◉ 物流发达、通关便利

以前中国消费者购买海外商品，只能通过代购，不仅消费体验差，还有政策风险，而且没有售后保障。而新型的跨境电商模式都是从保税区发货，这样做的最直接好处是国际物流成本大大降低，并且直接体现在跨境商品的价格上面，平均一单便宜 100 ~ 200 元，而且发货效率提高，客户体验非常好。与传统的海淘和海外代购相比，保税区模式因为有政府的大力推动和监督参与，产品品质有保证，购物体验更佳，采购成本更低。

◉ 对于保税区模式的思考

跨境电商的集货模式主要有海外直邮、集货直邮、保税三种，就目前中国跨境电商的发展而言，保税模式越来越显现出它的优越性和便利性。通过大数据分析，提前把热卖的跨境商品放在国内保税区，然后从保税区发货，这无论从客户体验，还是效率成本来说，都是最佳的。但是保税区的跨境电商模式也一直饱受争议，里面也存在一些值得探讨的领域。

◎ 进驻保税区的仅仅是少数大规模企业

保税区对于跨境电商的发展已经越来越重要，但是目前进入保税区的跨境电商企业更多是大规模，甚至是超大规模的有上市背景的企业，大部分中小微跨境电商企业并没有实力、资源和能力享受到保税区的政策红利。跨境电商如果要在中国真正发展繁荣，更多要靠大多数普通跨境电商企业，政策更应该惠及的是最普通的中小微跨境电商企业。

◎ 对于传统外贸模式的强大冲击

目前，传统外贸日显疲态，而跨境电商却发展得如火如荼，一个重要的原因是政策的倾斜。跨境电商相对传统外贸的优势在于，通过保税区进入仓库的货物，会减免增值税和消费税，这对于传统外贸来说影响和冲击很大，必然会使得更多的传统外贸企业涌入跨境电商行业。当前跨境电商仅仅是中国外贸的一小部分，要想成为支柱还需要时间，而传统外贸作为中国出口的主流模式会在很长时间里存在，仍然需要扶持。

中国跨境电商综合试验区的发展和畅想

普通的跨境电商创业者平时关注最多的应该是平台、物流、供应商等环节，但对于跨境电商综合试验区的关注度不是特别高。

其实大家要想做好跨境电商，应该多去关注中国持续推进的跨境电商综合试验区，综合试验区的很多政策代表着中国跨境电商未来的趋势和走向，了解了政策红利，就能为自己的跨境电商创业赢得先机。这一节我们详细讲讲中国的跨境电商综合试验区。

◉ 什么是跨境电商综合试验区

跨境电商综合试验区是由国务院批准设立的跨境电子商务贸易试验区域，是指划出部分城市区域并在所划区域内对跨越中国内地的电子商务贸易活动采用特定的管理模式、给予特殊的政策优惠，以实现更为便利化的跨境电子商务贸易。各地的跨境电商综合试验区以城市名命名为“中国（城市名）跨境电子商务综合试验区”。

其实笔者对于跨境电商综合试验区的理解就是，政府跨境电商政策的先行试验区。最近几年政府对于跨境电商这样一种新的外贸出口模式非常重视，但是行业发展迅速，趋势变幻莫测，所以通过综合试验区释放政策红利，对于中国的跨境电商交易、支付、物流、退税、结汇等环节的技术标准、业务流程、监管模式、信息化建设等进行探索创新，先行先试，积累政策经验，之后将优秀经验扩大复制到全国，最终全面推进中国跨境电商蓬勃发展。

◉ 杭州跨境电商综合试验区的“六体系两平台”

中国第一个跨境电商综合试验区位于浙江杭州，2016 年国务院常务会议决定将先行试点的中国（杭州）跨境电商综合试验区初步探索出的相关政策体系和管理制度向更大范围推广。其中最主要的就是“六体系两平台”。

所谓的“六体系两平台”，就是信息共享、金融服务、智能物流、电商信用、统计监测和风险防控等六大体系，以及线上“单一窗口”和线下“综合园区”两大平台。

其实当年国务院对于杭州跨境电商综合试验区的认可，主要也是认可这两点最宝贵的经验，本质上也是杭州跨境电商综合试验区的核心架构。杭州在“六体系两平台”的构建过程中，进行了很多监管模式的创新，比如杭州海关争取海关总署同意出台杭州跨境电商综合试验区海关监管方案，初步建立跨境电商 B2C 和 B2B 监管模式和通关作业流程，启动建设跨境电子商务商品质量安全风险国家监测中心，确保退税额度，推行出口退税无纸化管理等等。

从 2015 年 3 月杭州跨境电商综合试验区设立以来，我们国家先后分 5 批，设立了 131 个跨境电商综合试验区。

◉ 跨境电商综合试验区的政策优势

其实跨境电商综合试验区的政策优势是非常明显的。对于进入综合试验区的跨境电商企业来说，首先就是减免增值税，此外还有允许电商企业和个人开立个人外汇结算账号，凭合同或运单直接在银行办理跨境电子商务涉及的外汇收支而不受 5 万美元个人结售汇年度额度限制，同时简化申报，实现集中纳税、代扣代缴、允许批量转关、创新退换货方面的流程、提供税款担保等服务。跨境电商综合试验区对于广大跨境电商企业的政策优势还包括下面几点。

◎ “清单核放”效率高、成本低

跨境电商企业将商品信息、物流信息、支付信息推送到“单一窗口”，海关对于“清单”进行审核并且办理放行手续，通关效率大大提升，成本大大下降。

◎ **“汇总统计”提升报关效率**

对于符合条件的跨境电商出口商品，跨境电商企业不再进行汇总申报，按照申报清单汇报统计，经直属海关审核后直接报海关总署，大大提升报关效率。

◎ **简化申报流程**

对于不涉及出口退税、进口退税、许可证管理，单票金额在 5 000 元人民币以内的跨境电商 B2B 出口商品，电商企业根据进出口税则 4 位税号申报。

◎ **允许跨境电商企业出口退货**

允许通过跨境电商渠道办理出口退货手续的模式包括综合试验区内的跨境电商一般出口模式，这解决了跨境电商企业进口退货难的问题。

◉ 跨境电商“9710”和“9810”模式

近两年，广大跨境电商企业最应该了解的政策就是“9710”和“9810”模式。首先要跟大家强调的一个核心观点是，在中国的跨境电商市场上，跨境电商 B2B 模式还是占主流。

所谓跨境电商 B2B 出口，是指中国境内企业通过跨境电商物流发货到境外或者海外仓，并且通过跨境电商平台完成交易的贸易形式。其主要分为两个模式：第一，跨境电商 B2B 直接出口，对应“9710”；第二，海外仓出口，对应“9810”。

◉ “9710”和“9810”模式的海关便利措施是什么

1. 对于不涉及出口退税的 B2B 出口低值货物，跨境电商综合试验区注册企业可以通过“单一窗口”，按照 6 位 HS 编码简化申报模式向海关申报电子清单。

2. 海关对于跨境电商 B2B 出口货物优先检查。

3. 跨境电商 B2B 出口货物适用全国通关一体化，关区内企业可以选择向属地海关进行申报，货物在口岸海关进行验放。

4. 跨境电商 B2B 出口货物和退货货物可按照“跨境电商”类型进行转关。

◉《“十四五”对外贸易高质量发展规划》与跨境电商综合试验区

2021 年 11 月 23 日，商务部印发《“十四五”对外贸易高质量发展规划》（以下简称《规划》），明确要求下一步要继续推进跨境电商综合试验区建设，加强跨境电商企业能力建设。此外，还要培育一批优秀的海外仓企业，推进海外智慧物流平台建设，推动海外仓标准建设，推广建立全国性或区域性离岸贸易行业组织。

《规划》还特别强调，创新是引领外贸发展的第一动力，要继续深化外贸领域的科技创新、制度创新、业态和模式创新。

综合试验区对于跨境电商的推动作用非常关键，特别是疫情以后。2021 年，虽然依然面临疫情压力，但是 2021 年我国的进出口额是 39.1 万亿元，同比增长 21.4%，其中跨境电商进出口 1.98 万亿元，同比增长 15%，海外仓数量超过 2 000 个。

2022 年 1 月 13 日，商务部发言人在例行新闻发布会上表示，下一步，商务部将按照《国务院办公厅关于加快发展外贸新业态新模式的意见》要求，不断完善政策体系，营造良好环境，提升服务水平，重点做好以下工作：一是扎实推进跨境电商综合试验区建设，会同有关部门做好新一批综合试验区扩围工作；二是提升市场采购贸易方式便利化水平，完善市场采购贸易方式试点动态调整机制；三是培育一批优秀海外仓企业，完善便利服务各贸易市场的海外仓网络；四是稳步推进外贸综合服务企业、保税维修与离岸贸易发展。

◉ 宁波跨境电商综合试验区

笔者是一个土生土长的宁波人，也是千千万万普通的宁波跨境电商创业者之一。笔者对宁波这座城市充满深刻的感情，作为一个 18 年的跨境电商创业者，笔者也见证了宁波跨境电商综合试验区的发展。

宁波跨境电商综合试验区设立比较早，2016 年国务院下发《关于同意在天津等 12 个城市设立跨境电子商务综合试验区的批复》，同意在宁波等 12 个城市设立跨境电商综合试验区，宁波也由此成为杭州之后浙江省内第二个跨境电商综合试验区。

其实宁波的跨境电商发展具备非常深厚的基础和外贸背景。首先，宁波是中国外贸最发达的城市之一，在传统外贸时代，宁波一直是中国外贸的领先者。同时，宁波具备非常丰富的供应链和产业链基础。

而且宁波这个城市在跨境电商发展方面一直具备先发优势，宁波早在 1992 年 11 月就经国务院批准设立了宁波保税区，而宁波保税区是宁波跨境电商先行试点区域和发展核心区域，位于宁波跨境电商格局的中心位置。宁波跨境电商综合试验区获批以来，宁波保税区也开始逐步转型，融入跨境电商试验区的建设中，进一步推动宁波跨境电商的发展。

目前，宁波跨境电商综合试验区已经成为全国跨境电商转型升级的引领区域，还是跨境电商监管服务创新示范区和跨境电商仓储物流集散示范区。

◉ 宁波跨境电商进口的先发优势和宁波进口模式

宁波的跨境电商最早是从跨境电商进口做起来的，而且宁波跨境电商的进口模式一直在全国遥遥领先。2021 年 11 月，根据宁波跨境综合服务平台统计，宁波跨境电商零售进口累积金额突破 1 000 亿元，宁波也正式成为全国首个跨境电商零售进口破千亿的城市。

其实宁波跨境电商零售进口破千亿一直在预期之中，因为2016年宁波跨境电商综合试验区获批以后，宁波的跨境电商进口就取得了爆发式的增长。根据宁波海关的数据统计，2018—2020年，宁波跨境电商网购保税进口交易量和交易金额连续3年位于全国首位。

宁波跨境电商进口的发展，首先也是因为宁波保税区进口发展得很早。目前跨境电商网购保税进口已经成为宁波跨境电商零售进口的绝对主体，形成了“一核多级”的良好发展格局，即以宁波保税区为核心，宁波前湾综合保税区、栎社保税物流中心（B型）和梅山综合保税区错位发展，共计建设跨境电商进口保税仓110万平方米。

宁波的跨境电商进口商品来源于澳大利亚、美国、德国、日本、韩国、新西兰，目前最热门的品类包括美妆用品、保健品、母婴玩具。随着2022年RCEP政策红利的释放，笔者认为宁波的跨境电商进口会迎来更大的历史性发展机遇，继续引领中国，甚至领先全球。

◉ 宁波跨境电商的海外仓模式

作为跨境电商创业者和财经作家，笔者坚持认为跨境电商未来发展的核心趋势之一就是海外仓模式。目前全球跨境电商的核心市场是美国、英国、德国、澳大利亚和巴西，随着跨境电商越来越成熟和规范，消费者对于购物体验的要求越越高，而海外仓在客户体验、退换货、海外客户售后方面都发挥着无可比拟的价值和作用。

宁波的海外仓建设在全国一直是遥遥领先的。目前宁波的乐歌、美航、遨森、豪雅、中基、捷时及八爪鱼供应链都是海外仓领域的佼佼者。宁波的海外仓建设领先于全国，首先还是因为宁波在传统外贸时代深厚的积淀。其实自建海外仓是需要企业有非常雄厚的资金实力的。比如在美国建设海外仓，首先场地租金贵，美国海外仓年租金是100～120美元每平方米；其次人力成本也很高，美国仓库工人的最低时薪是 14 ~ 15 美元。同时建仓的手续也非常复杂。

在中国外贸市场，也只有一些在外贸领域长期积累的头部跨境电商企业才有能力建设运营海外仓。而宁波的头部跨境电商企业真正具备这样的实力，目前浙江省优质海外仓榜单的 13 个席位中，宁波的公司就占了 7 席。

◉《宁波市支持跨境电子商务高质量发展的若干政策意见》

为了进一步发展宁波的跨境电商，宁波跨境电商综合试验区领导小组办公室在 2021 年 6 月发布《宁波市支持跨境电子商务高质量发展的若干政策意见》。让我们来解读一下这个政策意见。

◎ 支持跨境电子商务产业聚集

支持线下综合园区建设和“跨境电商 + 产业集群”建设。其实一个城市的跨境电商发展，园区起到关键作用，建立跨境电商产业园区、物流园区，能够带来非常大的规模和集聚效应。

◎ 支持跨境电子商务平台发展

支持宁波跨境电商综合试验区线上综合服务平台建设。这是一个官方的跨境电商综合服务平台。

◎ 支持跨境电子商务主体培育

支持各类经营主体开展跨境电子商务应用，支持跨境电子商务企业发展壮大，支持跨境电子商务龙头企业引进。

◎ 支持跨境电子商务仓储建设

支持建设跨境电商境内保税仓和集货仓，支持跨境电商海外仓建设和应用。对企业取得海外仓项目贷款的，给予企业相应支持。鼓励企业积极申报省级公共海外仓，给予相应支持。

◎ **支持跨境电子商务物流建设**

支持跨境电子商务快递物流企业发展。鼓励邮政、快递等物流企业根据宁波跨境电商综合试验区业务需求，创新发展国际小包、国际专线等跨境寄递服务。

◎ **支持跨境电子商务金融支撑**

支持跨境电子商务企业融资渠道拓宽，支持跨境电子商务企业投保出口信用保险。

◎ **支持跨境电子商务人才引育**

支持跨境电子商务专业人才引进和培育。跨境电商要发展，人才是核心和基础，目前宁波的跨境电商高校教育是全国领先的，比如浙江万里学院是中国首批设立跨境电子商务本科专业的高校。高校和企业合作、高校和平台合作，真正带动了宁波跨境电商人才教育的发展。

◎ **支持跨境电子商务发展氛围营造**

支持跨境电子商务企业品牌培育，支持跨境电子商务行业标准创新，支持跨境电子商务交流活动举办。关于跨境电商生态圈的建设，我们最有体会，其实一个城市的跨境电商繁荣，核心是靠生态圈的繁荣，这几年宁波在跨境电商生态圈打造方面的表现也可圈可点。

◎ **优化跨境电子商务配套监管政策**

优化海关服务，推广“两步申报”通关模式，实行“先入区、后报关”。优化税务服务，对出口退（免）税管理类别为一类、二类和三类的跨境电子商务出口企业全面推行出口退税无纸化申报。优化外汇服务，支持银行在满足客户身份识别、交易电子信息采集、真实性审核等条件下，凭交易电子信息为跨境电子商务市场主体提供结售汇及相关资金收付服务。

本节的最后，对于广大跨境电商创业者，我们建议既要低头做事，更应该抬头看天，希望大家从今天开始，多去关注综合试验区的政策发展，理解综合试验区的政策趋势，为自己的跨境电商创业赢得先机。

第七节 跨境电商的红海在哪里

中国跨境电商第一股的没落

在前面的章节中，我们提到过兰亭集势曾经的辉煌。2016 年 3 月 17 日，卓尔集团宣布入股兰亭集势，成为兰亭集势第一大股东。对于兰亭集势被并购，中国的财经媒体评论各异，但是笔者认为这个事件标志着以兰亭集势为代表的第一代跨境电商企业进入调整期。兰亭集势的危机在 2015 年就已经非常明显了，当时中国的几家财经媒体就专门报道过兰亭集势陷入资金困境、离职人数高达 500 人的新闻。

◉ 兰亭集势陷入困境的原因

对于中国跨境电商第一股的没落，笔者分析原因如下。

◎ 跨境电商低价格模式的终结

兰亭集势作为跨境电商 1.0 时代的典型代表，最早依靠价格优势吸引客户，但是这几年随着中国生产资料、劳动力成本等的上升，中国制造的价格优势很难继续维持。兰亭集势上市以后运营成本居高不下，在国内供应链方面并没有特别大的优势，甚至还比不过国内其他电商平台和外贸采购公司。单纯的低价只会吸引价格敏感型客户，而这类客户的特征是忠诚度不高，最终随着价格优势的丧失，企业难以持续发展。

◎ **第一代跨境电商企业产品同质化严重**

在笔者看来，兰亭集势的产品品类跟大部分跨境电商企业高度同质化，这是兰亭集势最大的问题。兰亭集势的核心品类是婚纱，但在跨境电商平台火爆以后，几乎80%以上的跨境出口卖家都参与到婚纱这个领域的竞争，压力巨大。而产品的高度同质化又进一步导致价格战，恶性循环带来了高额的流量成本，兰亭集势靠打广告拼流量，进一步丧失价格优势。后期兰亭集势大力扩展新品类，包括成衣、配件等，但为时已晚。

◎ **兰亭集势未建立行业壁垒**

虽然号称中国跨境电商第一股，但在很长时间里兰亭集势的发展模式都是粗放型，非常简单。在市场上站稳脚跟后，兰亭集势没有建立行业壁垒，其他跨境电商企业可以轻易地复制其发展模式并与其竞争，最终导致了兰亭集势的没落。

● 跨境电商出口企业的成长困境

兰亭集势的一个高层曾对于跨境电商出口发表了这样的看法："就目前跨境电商出口的发展模式来说，第一代的跨境电商已经进入'红海'时代。"对于中国跨境电商出口企业的成长困境，笔者有如下几个观点。

◎ **跨境电商出口企业的物流仓储困局**

跨境电商出口的物流仓储目前有两种模式，中国境内小包裹和海外仓。目前来说，这两种物流仓储模式都有一定的风险和弱点。中国境内小包裹的跨境物流成本高，国际物流成本甚至超过商品成本的五成，而且物流效率非常低，经常出现丢件、少件、破损问题，偏远地区的收货时间甚至超过30天。目前，海外仓是改善跨境物流体验最佳的方式，但是海外仓的问题也非常明显，首先设立和运营海外仓需要巨大的资金投入，其次提前发运到海外仓，一旦货物滞销将带来巨大库存压力，这些都让许多中小跨境电商企业望而却步。

◎ **跨境电商出口企业的选品困局**

目前跨境电商出口企业的选品更多集中在电子产品、服装等传统品类。在跨境电商出口的开拓期，因为市场竞争不充分，这些品类在市场上有刚需，而且凭借市场推广策略结合产品的价格优势赢得了市场的认可，同时这类产品体积小，适合跨境物流包装，很多跨境电商出口企业在此时期收获颇丰。但是随着跨境电商的持续发展，参与跨境电商的公司越来越多，越是标准化的产品竞争越激烈，越是标准化的产品红海越严重。因而，在跨境电商 3.0 时代，选择合适的品类甚至直接决定着店铺的生存和发展。就笔者个人的经验来说，非标品、满足客户个性化需求的产品往往更有市场，也更符合跨境电商销售未来的趋势。跨境电商的终端消费者来自世界各地，各个国家的消费者有不同的喜好，要挑选出真正优质的跨境电商品类并非易事。

◎ **跨境电商出口企业的客户体验及售后服务困局**

对于跨境电商出口企业而言，目前最大的困局是客户体验不好、售后服务跟不上。目前国内大部分跨境电商出口企业通过小包裹模式出口，物流周期长、时效性差，同时国内跨境电商出口企业在售后体系上没建立一套标准模式，文化差异、语言不通等问题导致售后体验非常差，即使中国的跨境电商卖家愿意积极配合客户做好售后服务，也有心无力。目前解决这一问题的方法是目的地本土化运营和海外仓建设，但是这都需要大量资本和资源，大部分中小跨境电商出口企业力不从心。但如果不能解决用户体验和售后服务问题，跨境电商出口难以获得长足发展。

◎ **跨境电商出口企业的合规困局**

中国的跨境电商发展一日千里，政府对于跨境电商的监管一直处于探索阶段，例如保税区、自贸区的建立，还有海关持续推出的针对跨境电商的专项政策文件等。但是客观地说，目前中国绝大部分中小跨境电商出口企业都存在着一定的法律风险。

品牌化和性价比高才是跨境电商的王道

跨境电商的品牌化战略已经提了很多年了，在跨境电商 3.0 时代，品牌的意义和价值尤为突出。传统制造企业转型做跨境电商，如何建立、定义自己的品牌，并且通过品牌实现产品溢价，会是跨境电商运营的一个关键点。

2016 年是传统制造企业转型做跨境电商的高峰期，对于跨境电商品牌的建立，很多传统制造企业都感觉很高深莫测。通过传统渠道建立品牌对中小企业来说或许是遥不可及的，但是在互联网时代，特别是移动互联网时代，传统制造企业想建立一个互联网品牌其实不难。对于品牌的建设，我们采访了几家跨境电商出口企业，它们都是从传统制造企业转型做跨境电商，笔者发现了一个有意思的现象，相对于江浙一带的中小企业，深圳、广州的制造企业对于品牌建立更加热衷，那里的很多企业很早就建立了自己的品牌，拥有了自己的个性化包装。笔者认为出现这种局面的主要原因是广州、深圳在电商运营，特别是跨境电商运营上面占了先机。

◉ 关于产品品牌和渠道品牌的思考

笔者曾参与一次跨境电商的分享论坛，主题是跨境电商做品牌应该做渠道品牌还是产品品牌，专家和跨境卖家在论坛上争论不休，但是笔者认为这应该根据跨境电商实际情况而定。一般来说，传统制造企业转型做跨境电商建议选择做产品品牌，贸易型、销售型跨境电商企业建议选择做渠道品牌。

传统制造企业转型做品牌，前提是拥有优质的、差异化的产品，并且已经通过跨境电商平台形成了很大的销售量，建立了很好的市场口碑，这样就可以开始打造跨境电商互联网品牌。首先，注册一个商标，记住不是在国内注册商标，而是在目标市场注册商标。关于产品商标注册的建议是，选择国内可靠的国际商标注册代理机构，这样的机构在中国发展得已经非常成熟了，而且价格也非常合理。其次，在注册完产品商标后还需设计一整套的 VI（视觉识别）系统，记得要符合目标市场的消费习惯、迎合目标市场客户的喜好。最后，加大力度进行品牌宣传。长此以往，品牌会随着客户体验的改善和口碑的积累最终建立。

至于渠道品牌，笔者认为更适合于那些资本密集型的大平台，因为这需要投入比较多的资源和资金，建议普通中小跨境电商企业谨慎选择。

◉ 品牌带来的产品差异最终实现产品溢价

笔者经营的企业生产过一款帆船模型，在各大跨境电商平台有超过50家的跨境电商分销商，但是笔者发现同样是这款产品，每个跨境电商分销商的销售情况差别非常大，好的一天能出300单，而差的甚至3个月出不了1单。为此，笔者专门采访了深圳的一个跨境分销商。他是跨境电商品牌化的受益者，他告诉我从我们工厂进货以后，首先他会进行二次包装，加上自己在海外注册的商标，产品包装都是经过调研分析后请专业的设计公司设计的，而且还在图片拍摄、产品描述上下大功夫，对于每单交易都用心经营，如果遇到消费纠纷甚至愿意贴钱维护客户的利益，最终链接权重越来越高，口碑也越来越好，积累了一批忠实的老客户。其实他们的产品售价比其他没有品牌的分销商贵10%。对于跨境电商品牌的理解，笔者的这个深圳分销商的回答非常精辟，他认为品牌就是效率的提升，品牌就意味着信任、意味着可持续发展。

◉ 传统外贸企业建立跨境电商品牌实操建议

对于传统外贸企业，跨境电商品牌的建立并没有很高的门槛，跨境电商品牌的建立跟传统意义上联想、华为、老干妈等品牌的建立有区别。中小跨境电商企业建立品牌的初衷非常简单和直接，就是合理利润下多卖货，只要这个目标实现了，跨境电商品牌就是成功的。根据笔者的经验，跨境电商品牌建立的一般操作如下。

1. 选择优质的产品，产品质量经得起市场和消费者的考验，这是品牌建立的基础。

2. 在目标市场注册品牌，费用大概 800 多美元，目前国内有很多海外品牌注册代理机构。

3. 取一个响亮的海外品牌名，好的名称往往会有事半功倍的效果。品牌名的选择里面学问很多，比如结合海外消费者的喜好，在这里不详细展开，建议多跟代理机构沟通。

4. 口碑和体验是品牌的基石，品牌的建立非常简单，比如你的链接经过推广有 5 万人浏览、1 万人下单、5 000 人评价描述，通过好的产品品质提供好的客户体验，形成好的市场口碑，提高客户黏性，这样货才会卖得越来越好，利润才会越来越高。

5. 当线上品牌的口碑、“粉丝”量、影响力积累到一定程度，就可以考虑线下品牌的建设。线下品牌的建设投入门槛非常高，但是线下品牌对于企业的品牌升级会有立竿见影的作用。有实力的企业可以选择与优秀的海外市场品牌营销服务机构合作，通过海外市场宣传、品牌推广，在海外消费者心中留下印象。

6. 传统中小外贸企业建立跨境电商品牌应该更符合企业实际，因为中小外贸企业的核心目标是卖货，而且从本质上说它们的品牌并不具备类似联想、华为这些品牌的绝对的市场影响力，中小外贸企业建立品牌的目的就是获得口碑和信任，更好、更快地卖货。所以保证合理利润的前提下，性价比非常重要，特别是在互联网渠道。在同等利润的情况下，能给客户带来更多价值、价格更容易接受的产品自然更受欢迎，但是一定要注意性价比和廉价有明显的区别。

客户体验的取胜法宝

谈到客户体验，我们从 Wish 跟中国跨境电商卖家的纠纷说起。有一个跟 Wish 发生纠纷的跨境电商卖家跟笔者说，他实在想不明白，为什么平时跟他关系融洽的 Wish 中国的招商经理在他和买家发生纠纷时会偏向买家。2016 年 Wish 针对商户的新政又在跨境电商行业引起了轰动，它在商品价格及运费、延迟汇款直至交易完成、客户争议和赔偿冻结应付账款等方面的规定更偏向于买家。对于 Wish 的新政，很多中国卖家理解不了，甚至有一定的抵触情绪。笔者认为 Wish 能在短短几年内依靠移动互联网迅速崛起，核心原因就是高度重视客户体验和维护买家利益，这正是美国互联网公司的核心价值观。

◉ 用户体验和廉价产品之间的选择

Wish 短时间内迅速蹿红，最大的功臣就是中国的跨境电商卖家。但是，卖家数量和商品数量短时间内暴增也带来了很多问题，客户体验也越来越差，所以 Wish 的转型就是在服务和产品上进行升级，通过改善客户体验维持平台的发展。

◉ 低价格带来的客户利益损失

很长时间里，Wish 上的中国中小卖家借助价格优势吸引客户，为了参与竞争、吸引流量，甚至销售劣质产品和侵犯知识产权的产品，所以平台通过不断调整政策维护客户利益。

◉ 低价模式下的低效物流

低价模式下，中国的跨境电商卖家更多选择成本比较低的平邮，但是这类物流往往没有订单追踪系统，而且周期长、时效性非常差，经常发生破件、丢件的情况，严重影响客户体验。所以 Wish 在新政里规定“无法确认是否发货以及无法确认交易是否完成的订单如不符合付款政策，Wish 可以单方面决定延迟汇款并扣留应支付商户的付款或本协议下其他到期款项，直至确认交易完成”，通过新政迫使卖家在物流方面不断改善客户体验。

广大跨境电商创业者应该认识到，跨境电商的真正价值是给用户创造优质的体验。

◉ 普通跨境电商运营者改善客户体验的最佳方式

前文提及目的地本土化运营和海外仓建设不适合中小跨境电商企业，那么对于普通跨境电商运营者来说，改善客户体验的方法有哪些？

◎ 店铺的页面设计

第一步应该从视觉做起，店铺的页面是客户最先看到的，所以笔者的建议是店铺的页面设计要符合目标市场消费者的审美和风俗习惯。建议多做这方面的调研和学习，跟专业海外咨询公司多沟通。页面设置应该一目了然，并且让客户喜欢你的页面，乐意点击你的店铺。独立网站应该注意选择合适的服务器，确保网站浏览顺畅。

◎ 优质的支付服务

支付是跨境电商消费过程中最重要的一个环节。为了使客户获得良好的体验，应该选择多种支付方式，比如支付宝、PayPal、信用卡等，特别是对于新兴市场，要关注消费者个性化、差异化的支付需求，这点非常重要。

◎ **改善物流体验**

对于跨境电商的物流，笔者在书中不断提起，对于有实力的企业建议建设海外仓，对于没有实力的普通跨境电商卖家建议尽量选择可靠的跨境物流公司，记得包裹一定要可以查询。

◎ **克服语言文化障碍**

目前跨境电商平台主流语言是英文，但是在跨境电商 3.0 时代，新兴市场的开拓更加重要，俄罗斯、巴西市场的潜力更大。所以应该设置多语言页面，让俄罗斯客户、巴西客户等非英语类的客户可以便利地进入页面点击下单。在页面描述上，还应该注意目标市场的风俗习惯，特别要注意那些禁止销售的产品。

◎ **体验感的核心是跟客户的沟通和互动**

海外客户在跨境电商平台消费购物，不像在国内的淘宝、天猫上那样，通过聊天软件跟卖家长时间地聊天，海外客户更喜欢看完描述直接下单。要提升客户的消费体验，关键是跟海外客户进行互动沟通。方法也很简单，可以留下即时通信软件的号码，或者公布 Facebook 账号，也可以给客户发邮件，特别是在遇到消费纠纷、消费争议的时候。互联网就是互动、参与、分享，跨境电商更是如此，跟客户沟通不仅可以提升客户体验，更重要的是可以帮助你更好地理解市场和用户，研发更优质的产品，具备更强的竞争力。

第八节　资本市场青睐哪些类型的跨境电商

2020 年开始，资本入局跨境电商成为行业最大的热点话题之一，资本入局跨境电商必然会对跨境电商行业产生深刻影响。

从融资规模来说，跨境电商出口企业对于资本的接触还不多。数据显示，2019 年跨境电商领域投融资金额 214.7 亿元，其中出口电商 41.46 亿元，占比 19.3%；进口电商 169.97 亿元，占比 79.2%；跨境服务商 3.29 亿元，占比 1.5%。所以很长时间里中国跨境电商出口企业更多是在“单打独斗”。很多头部大卖家在 2020 年之前享受着行业的红利，利润高涨，现金流充沛，不会主动接触投融资机构。很多创业者也缺少渠道去接触投融资机构，甚至不清楚企业发展到什么阶段需要融资、融资需要做什么样的准备。

2020 年跨境电商行业的标志性事件

2020 年 8 月 24 日这一天必然会被记入跨境电商行业发展的史册，因为在这一天发生了一件标志性事件：中国海外品牌领军者、亚马逊头部大卖家安克创新正式在深交所创业板上市。

安克创新上市三个月市值突破 700 亿，这不仅鼓励了迷茫的跨境电商行业卖家，也让更多的投资机构关注到跨境电商这个领域。2021 年资本关注跨境电商形成一股热潮，行业成功融资的案例频频传出，更多热钱涌入跨境电商行业。

资本入局跨境电商的趋势是什么

根据我们的市场调研和数据分析，未来资本入局跨境电商会有下面几大趋势。

◉ 跨境电商的服务市场和生态市场会受到资本的关注

数据显示，到2021年年底，资本关注跨境电商的领域已经扩张到跨境电商的整个生态链，比如跨境电商的物流、软件、支付、营销推广、SaaS等，这也进一步反映了跨境电商生态圈的繁荣和发展。

我们预测资本最关注的跨境电商生态行业应该是跨境物流，理由是2021年跨境物流成为行业发展最大的痛点之一，价格贵而且效率低下。但是跨境物流行业是一个重资产的行业，前期投入非常大，回报周期长，关注这个行业的应该是大体量的私募股权投资人。

资本关注的第二个跨境电商生态行业应该是跨境电商软件服务，这个行业不需要像跨境物流那样的重度资产投入，这个领域已经有了很多成功的融资案例。

◉ 跨境电商优质卖家会受到资本的关注

虽然很多深圳头部卖家通过铺货模式已经做得很大了，而且利润也不低，但是我们发现资本对于这类卖家表现得并不是特别积极。比如很多做亚马逊的卖家，虽然业务规模比较大，但是销售业绩属于不同店铺，甚至不同的店铺分属于不同的公司，而且这些公司之间没有股权关联，这对于投资人来说是最忌讳的，因为风险很大。

所以我们认为独立站会更受资本关注，独立站最大的优势在于数据集中，并且最容易把品牌做起来。比如SHEIN就是典型的独立站型跨境电商卖家，SHEIN的优势在于打造了专属的独立品牌，因此获得了众多投资机构的青睐，完成了多轮融资。所以跨境电商卖家吸引资本关注的前提是真正具备品牌优势。

跨境电商卖家应该积极拥抱资本市场

我们走访调研了一些头部的跨境电商卖家，发现很多跨境电商卖家因为创业时间不长，或者对于资本市场的理解不足，对于资本的态度不是很积极。

但笔者希望大家可以积极拥抱资本，因为资本对于跨境电商卖家和企业带来的好处是全方位的，不仅仅是资金的注入。资金当然很重要，有了足够的资金，企业才能做大做强。但除了资金，其实好的投融资机构更会给跨境电商企业带来各种各样的资源，比如先进的管理理念和人才。

而且头部资本的参与本身对于企业来说就是一次无形的信誉提升。比如当年今日资本参与投资京东，京东因为有了今日资本的信誉背书，在开展其他业务或与其他企业开展重要合作时，往往具备其他企业无法比拟的优势和先机。

还有一些头部的投融资机构会有投资战略布局，比如它会投资整个跨境电商生态链，如果可以跟这样的头部投融资机构接触并获得融资，等于融入了它的整个跨境电商生态系统，这对于未来的发展是很有利的。

对于跨境电商头部卖家，笔者建议不仅要去接触资本和投融资机构，更可以选择抱团、组团的方式去融资，这样更容易获得核心资源，取得事半功倍的效果。

◉ 跨境电商企业如何接触投融资机构

这也是很多跨境电商创业者最关心的一个问题。其实对于这个问题，最好的回答就是让自己成为行业头部品牌企业，让自己足够优秀，这样资本就会主动联系你。

当然，更多的创业者需要自己主动去对接投融资机构。一般来说，创业者接触投融资机构的渠道和方式有下面几点。

◎ 通过政府接触头部投融资机构

目前跨境电商行业发展得如火如荼，政府对于跨境电商企业非常重视，特别是头部优质企业，政府更是提供关怀式服务，其中一个重要的部分就是与资本的对接。笔者周围的很多跨境电商企业都是通过政府对接获得了投资。

◎ 通过大型创投活动和峰会寻找投资人

目前跨境电商行业有非常多的大型创投活动和峰会，有政府组织的，有媒体组织的，创业者可以通过参与这样的活动主动接触投资人。

◎ 通过专业媒体和社群寻找投资

比如亿邦动力、网经社电子商务研究中心、雨果网、36 氪都提供专业的融资对接服务。

◎ 通过中间人推荐投资人

这是目前跨境电商行业最靠谱的认识投资人的方式之一。比如你认识的一家跨境电商企业已经获得融资，大家在一个圈子，彼此熟悉并且信任，可以请企业负责人帮助推荐投融资机构。

◎ 通过 FA（融资顾问）主动约见投资人

因为跨境电商融资的火热，现在 FA 行业也非常火爆，类似于资本市场的中介，这类机构在北京、深圳、广州非常多。通过 FA 接触投资人也是非常好的一种方式。

◎ 直接拜访投融资机构

如果对于自己的跨境电商创业项目非常有信心，甚至可以直接上门拜访投融资机构，只要你足够有价值、足够优秀，就有可能获得资本的青睐。

◉ 资本的另外一面——对赌协议不能碰

我们回顾历史会发现，跨境电商企业和资本的接触过程中也发生过不愉快，最著名的案例就是价之链和浔兴股份之间的对赌。

2018 年福建浔兴股份（申请人）发布公告称，将向深圳价之链跨境电商有限公司（被申请人）的相关负责人以及深圳市共同梦想科技企业索要超 10 亿元的业绩补偿款。浔兴股份发起仲裁的原因主要是浔兴股份与价之链于 2017 年 7 月 7 日签订了《股权转让协议》及《盈利补偿协议》《股权转让协议》，也就是双方之间的对赌条款。

这个案例对于整个跨境电商融资圈的警示意义是巨大的。中国的投融资机构最早出现于 2015 年、2016 年，对赌协议也是从这个时候开始流行的。当时资本市场在中国萌芽，有些创业者急于获得资金，所以面对资本方的很多无理甚至奇葩要求，往往最终签下对赌协议，但这样做是要承担很大风险的，甚至可能“赔了夫人又折兵”。所以跨境电商创业者选择投融资机构的时候一定要谨慎，要多去了解资本方的背景，以及往期投资案例。同时要还要注意下面几点。

◎ 千万不要签对赌协议

在对赌协议中，投资方会给予非常吸引人的投资金额和相对宽松的投资条款，但是协议会要求被投资企业完成一个指标，比如多少时间内营收要达到多少、利润率要达到多少。从目前的市场环境来说，不确定因素很多，比如 2021 年的亚马逊“封号”事件、跨境物流价格暴涨等，能否完成指标存在很大的不确定性。

除了不稳定因素，单纯考核销售额或者业绩利润对于一个企业的长期健康发展也是不利的。

◎ 企业方要掌握企业的控制权

国内企业融资失败的案例很多，甚至企业创始人被资本方踢出公司的情况也经常发生。所以企业创始人一定要掌握企业的控制权，同时不能让资本过多地参与企业的经营管理，这会严重制约企业发展。

◉ 投资方与企业寻求共赢

投资方的目标是从企业的高质量发展中分得一杯羹，企业高质量发展也正是企业创始人的最大目标，所以企业和资本应该求同存异，合作共赢。

第三章

资深跨境电商的微观视角

——做跨境电商必知的几个问题

第一节　跨境电商平台如何进行风控

2021 年亚马逊“封号”风波带来的思考

这应该是跨境电商发展历史上一次惨痛的平台风控事件。从 2021 年 4 月开始，跨境电商第一平台亚马逊掀起了一波平台“封号”潮。根据深圳跨境电商协会的数据统计，亚马逊平台上因为违规被封店或扣押款项的中国卖家超过 5 万家，预计可能造成的行业损失金额超过千亿人民币。经历这次平台风控事件的，除了传统意义上的跨境电商中小卖家，更有深圳的头部品牌大卖家，比如帕拓逊、傲基、有棵树等。

对于封店理由，亚马逊给出的官方解释是，部分卖家不当操纵评论、在商品中放礼品卡索评、在社交媒体上使用现金等方式索取虚假评论。而在 2021 年 9 月 17 日的一次活动中，亚马逊全球副总裁、亚马逊全球开店亚太区执行总裁戴竫斐表示，在过去的 5 个月，亚马逊关闭了约 600 个中国内地品牌的销售权限，涉及卖家账号约 3 000 个，这些账号均有多次反复滥用评论的行为，部分品牌甚至涉嫌行贿。

回顾历史，其实这已经是亚马逊平台第六次大规模封杀中国卖家的店铺，以往的封店理由包括婚纱知识产权和图片侵权、平衡车知识产权侵权、移动电源和 U 盘质量问题，以及 2020 年疫情暴发初期医用口罩的资质问题。

以往的平台风控事件更多是因为侵犯消费者权益，并且更多集中于小微卖家，而这次平台风控主要是因为违反平台规则，直接导致大量中国卖家的店铺被封，申诉无望，包括品牌关联店铺都受到牵连，最严重的影响是扣押店铺的资金款项，深圳某跨境电商卖家被扣押的资金款项甚至超过一个亿，跨境电商行业遭受了严重的冲击。

此次平台风控事件不仅持续时间长、影响深远，在中国卖家圈产生了很大的影响，甚至引起了中国商务部的关注。2021 年 9 月 30 日，中国商务部发言人就亚马逊“封号”事件发表观点：“商务部持续关注个别国外电商平台对中国部分平台企业所采取的举措，已经采取积极措施，帮助和指导企业有效应对。”商务部指导深圳等地出台支持措施，进行法律援助，并且推动国外电商平台为中国企业提供后续服务，开展跨境电商专题培训，帮助企业更好地熟悉平台规则等。

◉ 卖家应该更合规，平台应该更规范

对于这次事件，作为一个资深跨境电商创业者和财经评论作家，笔者在媒体上发表了很多观点。整个事件的核心还是中国出海企业和跨境电商卖家对于平台规则、法律规则的不适应。其实跨境电商发展到 2021 年，早就已经过了粗放式的发展阶段，合规化一定是行业的大势所趋，主动顺应海外市场和跨境电商平台的规则是所有出海企业的必修课。亚马逊根据平台的相关规定，对于违反平台规则的卖家进行处罚，维护平台的规则和利益，从出发点来说是正确的。

无论是跨境电商还是国内电商，诚信、公平、真实一定是基本原则。虚假评价不仅损害者消费者的权益，最终也会影响平台的生存。

但反过来说，纵观亚马逊在此次事件中的表现，亚马逊也存在着一

定可以提升的地方。

虽然亚马逊的出发点是保护良好的交易环境，但是除了封店，扣押商家资金款项的做法一直存在争议，这也是亚马逊在这次事件中最为人诟病的地方。亚马逊作为一个商业公司，对于违规的商家确实有权利处罚，但是仅限于降权、删除链接、封店铺，商家的资金款项应该受到保护并且不能被挪用。而且整个事件中亚马逊官方更多保持着一种不应对、听之任之的姿态，并没有给广大卖家、公众和媒体沟通的机会。再者，亚马逊的申诉渠道也不够公平公正。

◉ 亚马逊“封号”风波以后的冷思考

作为资深的跨境电商创业者，经历这次事件之后，笔者一直在进行思考和反思。平台风控一直是跨境电商行业最大的痛点之一，其实平台风控问题的背后，最终反映的还是行业法律法规的缺失，以及平台监控的不成熟。

笔者认为针对跨境电商行业应该推出更完善的法律法规，对于平台进行规范和监管。跨境电商目前在中国的发展已经是如火如荼，对于资金安全和平台风控，行业和相关职能部门也应该有一定的监督。同时加强培训，从政府层面、平台层面、企业层面提升企业适应海外规则的能力，并且支持企业通过法律途径在海外维护自己的正当权利，为其提供法律服务和法律支持。

◉ 跨境电商代表未来，但传统外贸依然具有长期价值

其实从长远来看，这次事件未必是一件坏事，因为这可以促使平台和卖家反思自己，最终推动行业发展。

对于广大跨境电商卖家来说，经历了这样一次行业风波，未来的路怎么走，如何进行企业定位，是值得认真思考的问题。

笔者认为跨境电商是未来，但是传统外贸的价值也会长期存在。跨境电商发展最快速的时间应该是2020年，但是2021年，特别是2021年下半年，除了平台规则，很多疫情带来的一次性需求正在消失。而传统外贸的数据在持续提升。

阿里巴巴的数据显示，2021年上半年阿里巴巴国际站交易额同比增长111%；根据中国海关的数据统计，2021年上半年我国货物贸易进出口总值18.07万亿元人民币，同比增长27.1%。所以在广大外贸企业积极入局跨境电商的同时，传统外贸依然具有长期价值，但是传统外贸也应该从OEM转型到ODM（Original Design Manufacturer，原始设计制造商），并且提升品牌和科技含量。

◉ 跨境电商B2B模式依然是跨境电商的主流模式

目前跨境电商主要分B2B模式和B2C模式，其中跨境电商B2B模式的价值一直在提升。对于广大传统外贸出口企业来说，B2B模式可操作性更强，因为B2B模式往往定位于大额订单的OEM和ODM模式，以大宗市场为主，并且以垂直领域为重点，而B2C模式强调小订单和社交属性。

很多跨境电商创业者不了解的一个核心数据是，在跨境电商的总交易额中，跨境电商B2B模式约占90%，而B2C模式占的份额很小。经历了这次亚马逊“封号”风波以后，多条腿走路一定是大家的首选，而跨境电商B2B模式一定是重点。比如阿里巴巴国际站，既拥有超过22年的平台经验，又具备服务中国消费者的能力，值得信任！

◉ 多渠道、多元化、垂直平台布局成为行业趋势

做跨境电商，亚马逊一直是众多卖家的首选，但经历这次事件之后，广大卖家明白了一个道理，永远不要把鸡蛋放在一个篮子里。所以更多

垂直平台迎来发展期。比如美国的新蛋、Wish，中国的速卖通，韩国的Coupang，东南亚的Shopee和Lazada，俄罗斯的Joom，以及专业的家具电商平台Wayfair等。同时就目前的行业趋势而言，东南亚市场、“一带一路”市场、新兴市场的电商平台应该是未来的重点。2021年，很多做单一平台的卖家已经完成了多平台布局，让自己的出海更稳健和多元化。

◉ 关于转型独立站的冷思考

经历亚马逊“封号”风波以后，可能会有更多的卖家转做独立站。选择独立站的理由也非常简单：第一，独立站卖家可以控制的范围更大，自主性更高；第二，独立站的扣点是最低的，相对于亚马逊和Wish等平台15%的扣点，独立站显然更实惠；第三，独立站最容易建立起品牌，而品牌是未来跨境电商发展的最大的方向。

对于普通传统外贸企业转型做跨境电商，笔者一般不推荐过分侧重于独立站。其实独立站不是一个新鲜概念，在传统外贸时代，最早出现的外贸出海模式就是独立站或者叫企业海外官网，一般选择通过Google进行推广，但很多独立站最终不了了之。近些年，因为有了社交媒体，独立站又再度流行。

客观地说，独立站是一种运营门槛非常高的模式，需要非常高的建站、引流、转化、留存、售后服务能力，大部分中小外贸企业未必具备这样的能力。还有一个核心的问题是库存和现金流问题，独立站的投入周期比较长，引流能力要求比较高，需要比较长的变现周期，库存压力也比较大。独立站其实更适用于科技型、贸易型的跨境电商企业。

跨境电商的痛点——海外知识产权

2021年的跨境电商平台风控事件，其实暴露了行业的很多问题和痛点。目前，除了刷单、虚假评价等，跨境电商行业的另外一个痛点就是知识产权风险。2020 年跨境电商迎来爆发式增长，大量传统外贸制造企业涌向跨境电商行业，但是传统外贸制造企业在知识产权领域也存在一些不足。

很多传统外贸制造企业是做低端的 OEM 外贸出口起家的，长期靠价格优势参与国际市场竞争。目前一部分传统外贸制造企业缺少知识产权保护意识，知识产权风控意识不强，经常遭遇知识产权法律风险和恶意钓鱼事件。

2021 年，大家对于亚马逊因为虚假评价而大量查封中国卖家的店铺并冻结资金感到震惊，其实追溯历史，之前亚马逊就因为知识产权侵权对相关店铺进行过处罚，涉及金额也很高。

◉ 亚马逊著名的平衡车知识产权侵权案例

时间回到 2015 年，根据媒体报道，当年中国外贸企业出口平衡车的数量已经超过 1 000 万台。这个产品最早是深圳的亚马逊卖家在亚马逊上卖起来的，并且成了当年的一个高利润的爆款产品，吸引了大量中国卖家跟卖。但是海外的知识产权权利人最终委托专业律师投诉到亚马逊平台，也是在几乎一夜之间，所有侵权的中国卖家的产品被下架，涉及金额大概 4 亿美元，冻结资金超过 2 亿美元，相关外贸公司和外贸工厂因为平衡车事件无法正常运作的损失超过 5 亿元人民币，直接或者间接影响外贸行业从业者超过 10 万人。这应该是跨境电商历史上最为严重的一个知识产权侵权案例，但是因为时间久远，已经很少被人提起。

◉ 亚马逊的知识产权风控

亚马逊是目前传统企业转型做跨境电商的首选平台，很多企业因为知识产权侵权在亚马逊上也吃了很多苦头。

亚马逊的知识产权保护包括对版权、商标权、发明专利权和外观设计专利权的保护。很多做亚马逊的新人可能不知道，历史上，许多中国卖家都是因为知识产权侵权而被亚马逊封店铺、扣押资金。

亚马逊针对卖家的条款中，有一条非常明确地告知卖家需要避免非法制造、剽窃、销售仿品和假货。而新人在亚马逊上做的最容易触犯知识产权风险的事情就是跟卖爆款产品，笔者的很多学生都或多或少经历过。比如看到亚马逊上某个爆款产品，不经过专业知识产权代理机构的风险排查就轻易跟卖，并且委托第三方小供应商生产仿制产品。但其实今天大部分的亚马逊爆款产品都有知识产权保护，所以结果就是被对手投诉，店铺被封，甚至款项被扣押。

◉ 传统制造企业转型跨境电商的知识产权风控流程

广大传统制造企业转型跨境电商，平台风控是高压线，其中知识产权风控应该是首要。传统制造企业经营者首先应该在观念和理念上重视知识产权。

◎ 知识产权保护第一步之商标和品牌保护

2021 年整个跨境电商行业的大趋势是品牌化出海，很多平台的入驻前提就是要品牌化，比如速卖通、Wish 等。所以传统制造企业转型跨境电商，注册品牌和商标是第一步，这个步骤一般委托商标注册代理机构实现。因为跨境电商的蓬勃发展，商标注册代理机构已经非常成熟，价格也非常有优势，服务也非常全面。除了注册国内商标，跨境电商企业更应该在主要目标市场注册国际商标。

◎ 知识产权保护第二步之专利保护

在传统外贸时代，中小企业缺少知识产权保护意识，但在跨境电商时代，一定要紧跟时代趋势。产品专利保护是跨境电商知识产权保护最重要的一环，企业可以委托专业的专利代理商实现。这里我们要强调几点。

* 专利真正鼓励的是原创性

保护专利本质上是鼓励产品的原创性，但在实际中，很多企业对爆款产品进行二次加工，然后申请专利保护，其实这也是不合规的。首先，这样的所谓“专利”申请通过率不高，因为它没有真正满足专利的新颖性、创造性，一般会被驳回。哪怕真的通过专利申请，后期一旦原创方申请专利仲裁，也非常有可能被驳回。

* 新产品上架之前一定要排查专利风险

传统制造企业转型做跨境电商，首先应该聘请一个专业的知识产权代理机构和相关律师。以我们公司为例，我们每一个产品上架之前，第一件事情就是请法务和知识产权律师在全网做系统化的风险排查，确定产品有没有知识产权风险、是不是应该进行知识产权保护，从商标风险、产权风险、关键词品牌风险、版权风险等方面做一个系统的总结，最终再决定上不上这个产品。切忌不经过任何知识产权风险排查就盲目上架风险产品，这样会给自己埋下一个定时炸弹。

* 专利申请一定要在新产品发布之前

在实际中，很多工厂会先推产品，发现产品确实卖得非常好，最终才决定去申请专利。这样的流程其实是错误的，申请专利的最佳时间点是在产品没有公布之前。没有专利的产品在平台热销，本质上就意味着产品设计已经全网公开，哪怕确实是你自己的设计，再去申请专利保护意义也不大。

◎ **知识产权保护之版权保护**

版权保护是目前跨境电商领域非常流行的一种做法，特别是在2021年。版权保护的特点是保护速度快，费用相对来说最低。版权保护的范围包括图片、产品设计、商标设计甚至字体设计等。

本质上，产品和作品出现之时就具备版权价值，但版权是需要经过合理有效的登记的，只有拥有版权登记证书才能真正保护版权。企业可以委托专业代理机构办理版权登记。目前版权也分为国内版权和国际版权，中国区域的版权维权效果相对于专利更弱一点，国际版权的价值更高。

◉ 如果知识产权侵权了怎么应急处理

目前跨境电商零售最大的痛点之一就是知识产权侵权，要解决知识产权侵权，最佳的方式应该是提前预防，就像之前所写的，建立完善的知识产权风控体系，在每个新品上架之前进行知识产权风险排查。

如果你真的非常不幸，遇到知识产权侵权投诉和举报，首先要做的是积极应对。在实际中，很多中国卖家对投诉和举报置之不理，最终结果是面临平台处罚甚至是侵权诉讼。

遇到侵权投诉，还是应该委托专业的知识产权律师去处理，但前提是企业的知识产权风控系统要完善。一般专业的知识产权代理机构通过查询专利号基本上就可以判断是否侵权，如果确实已经侵权，应该第一时间下架产品并且与对方取得联系。

◉ 知识产权侵权后，与维权方的沟通技巧非常重要

目前知识产权维权方基本分为两种。第一种是拥有专利的工厂，它们在亚马逊等平台发现侵权后投诉到平台。这种情况下，首先要委托专业的律师和知识产品代理机构调研这个工厂的背景，这类工厂一般都有一定的沟通空间，因为毕竟大家都是做正当生意的，很多维权方的第一需求仅仅是下架侵权产品，不对它的销售产生冲击。如果态度诚恳，第一时间消除影响，并且给予合理的补偿，基本就可以解决维权纠纷。

第二种是职业知识产权敲诈机构，目前在美国部分城市已经出现了专门针对中国卖家的钓鱼律师。遇到这样的情况，首先应该联合律师认

真排查分析风险，如果对方是恶意敲诈并且你的违规行为很轻微，你停止侵权行为以后不仅可以向平台投诉，甚至可以用法律保护自己的权利。

◉ 跨境电商贸易型企业如何防范知识产权风险

很多跨境电商企业是贸易型企业，这类企业最容易受知识产权侵权困扰。对于这类企业，笔者的建议如下。

◎ 选择靠谱的供应商

选择供应商时一定要做全面的背景调研，不要一味追求价格便宜，跨境电商零售的玩法跟传统外贸完全不一样。对于产品，需要让供应商提供合法的专利证书、品牌授权证书等。

◎ 规范采购交易

很多企业习惯通过1688网拍采购，但真正规范的采购应该是签订正式的采购合同，公对公付款，供应商开发票并出具进货单。一旦发生知识产权纠纷，这些都是最有力的证据。

◎ 贸易型企业应该拥有自己的品牌

拥有自主品牌和自主设计是贸易型企业防范知识产权风险最保险的方式。同时，在平台发布商品时尽量避免出现违禁词，比如“迪士尼”“加勒比海盗”等。不要发布未经授权的商标和品牌标志，对于一些著名的卡通动漫形象、著名的海外影视作品形象，一定要谨慎使用。

◎ 维护自己的合法权利

作为跨境电商卖家，不仅不能违规侵权，更应该对于自己的产品，特别是爆款产品进行知识产权保护。如果发现自己被侵权，一定要第一时间向跨境电商平台投诉。

◉ 跨境电商卖家如何应对知识产权钓鱼执法

目前钓鱼执法的高发区域是美国的伊利诺伊州，因为该区域有专门的立法，同时因为这几年一些不良的美国律师通过勒索中国卖家赚得盆满钵满，已经出现了形成相关产业链的趋势。

我们调研了大量有此遭遇的中国卖家。一般情况下，恶意律师行会委托专门的人员在平台收集知识产权违规行为，然后钓鱼的律师以买家的身份出现，在违规店铺购买违规产品，并且通过邮件、聊天记录、付款工具、国际物流单号、保存现货等进行取证。取证完毕后，律师会投诉到当地法院，要求查封店铺和扣押款项，然后发邮件给侵权店铺建议拿钱私了。结果就是很多中国卖家支付几万美元到几十万美元不等的和解费。

对于防范钓鱼律师的恶意勒索，我们的建议还是预先做好知识产权风险排查，毕竟合理合法合规才是跨境电商的未来趋势。另外，企业应该委托专业的法律机构维护自己的合法权利，同时加强对于知识产权的学习。

跨境电商企业如何海外维权

2021 年跨境电商行业最受关注的事件，应该是亚马逊“封号”风波。根据相关数据统计，从 2021 年 4 月底开始，大量的亚马逊店铺因为不当评论等问题被关店铺、冻结资金，涉及金额超过千亿元。

对此，中国卖家群体性起诉亚马逊平台，要求追回被亚马逊以非法方式不当扣留的资金，并通过集体诉讼阻止亚马逊挪用和滥用属于亚马逊卖家和商户的合法、正当的资金。

笔者认为，亚马逊作为一个私人性质的企业主体，对于违规的中国卖家，可以降权链接、删除链接，甚至封店铺，也可以为了避免潜在的法律纠纷和索赔暂时扣押商户资金一段时间，但是作为一个平台，无限期冻结卖家账户在法律层面是站不住脚的。

这次事件其实告诉所有的跨境电商卖家一个道理，一个企业要平稳发展，一定要建立完善的法律法务体系。

◉跨境电商行业面临的法律问题

这几年跨境电商的发展越来越蓬勃，但是行业面临的问题也越来越多，广大跨境电商创业者因为各种各样的法律问题或是被罚款，或是被封店铺，甚至被起诉。

目前跨境电商行业面临的主要法律问题涉及支付、收汇和结汇、物流、海关通关报关、检验检疫、税收、知识产权、数据隐私和数据安全、产品质量责任分配、消费者权益、交易纠纷、平台责任划分、产品的售后服务等。

这些法律问题除了需要经验丰富的跨境电商运营人员去避免和解决，核心还是要靠专业的法律团队。

◉跨境电商企业如何选择专业的海外法律服务机构

目前跨境电商行业中小创业企业居多，很多是 10 人规模的小微企业，对于法务体系的建设，很多创业者不重视。但是经历了 2021 年的亚马逊风控事件，大家一定要重视起来。

中小跨境电商企业可以通过下面几个渠道选择海外法律服务机构。首先，可以选择在线服务，现在第三方平台，比如淘宝、天猫、1688，猪八戒上有很多在线法律机构，通过在线方式提供法务咨询服务。这些在线法律机构非常适合初创企业。

其次，可以咨询行业协会，这些组织一般都会向会员提供专业的法律服务，所以企业要积极加入这些组织。

最后，如果是具备一定资金实力的跨境电商企业，可以选择在线下与专业的法律机构合作。

为此，我们也采访了宁波的一些头部的跨境电商企业，这些企业入行比较早，对于跨境电商法务体系的建设特别重视。一般来说，这些头部企业会有专门的法务部门，甚至有一家公司拥有20多人的专业法务团队，负责处理跨境电商的相关法律问题。当然，这些需要企业投入大量资金，一般的小微企业估计没有这样的实力。

◉ 如何选择适合自己的跨境电商法律服务机构

中小跨境电商企业发展阶段不同，资金实力也不一样，如何选择适合自己的跨境电商法律服务机构呢？

◎ 看口碑

跨境电商这个行业说大非常大，但是说到行业专家和专业法律服务机构，其实大家或多或少都会认识或者知道。

一个口碑好的律师事务所，如果在跨境电商行业真正帮助了大家，大家也会知道它，所以在跨境电商行业口碑非常重要。大家选择律师事务所时首先要看它的行业口碑，可以咨询同行、跨境电商协会以及一些资深人士。

◎ 看经验

目前专业的跨境电商律师在中国市场还是非常稀缺的。

选择律师时最好选有海外经验的，深圳很多跨境电商律师都有海外经验，比如在海外留学、有美国的律师执照、在美国有实际的法律诉讼案例经验。

一个好的跨境电商律师还应该持续关注中国对于跨境电商的法律法规的变化，及时掌握国家对于跨境电商的宏观政策。这样才能真正解决跨境电商卖家在实际中遇到的问题。

◎ 收费问题

这个问题也是广大中小跨境电商企业最关注的问题。一般来说，涉外的跨境电商律师的收费是非常高的。特别是 2021 年亚马逊“封号”风波之后，美国律师关于跨境电商业务的费用都在增长。

以美国为例，每个律师事务所所在州不同、代理品牌不同，收费也是不同的。一般来说，跨境电商律师是根据冻结资金收取费用的，不管侵权的产品销售额多少，一般是授权冻结资金额的 80% 左右。

◉ 不同跨境电商企业如何选择专业跨境电商律师

目前跨境电商企业主要包括跨境电商出口企业和跨境电商进口企业，还有物流和仓储企业，不同企业对于法律服务的诉求是不一样的。

◎ 跨境电商出口企业对于跨境电商律师服务的需求

跨境电商出口企业对于跨境电商律师服务的需求，就目前的跨境电商行业趋势而言，主要包括下面几点。

1. 知识产权风险排查。比如我们公司在每个产品上架之前都需要做一些知识产权风险排查，哪个产品能上架、哪个产品不能上架、法律风险在哪里，这都需要一个专业跨境电商律师提供专业的建议。

2. 品牌商标、外观设计专利侵权排查。这也是目前跨境电商行业最急缺的法律服务之一，很多亚马逊卖家下单给供应商，其实是需要律师判断一下品牌的合法性的，包括品牌有没有侵权、外观设计专利是否合法、亚马逊等平台有没有类似的侵权案例等。

3. 对于一些特殊产品法律风控的把控。比如成人用品、医药用品、食品，这些产品每个国家都有不同的强制标准，比如质量、环保、卫生，包括产地证明等，这些都需要律师提供专业建议。

4. 申诉维权。这个需求主要来自那些传统外贸公司，在传统外贸交易过程中，很多海外采购商故意挑刺，恶意认为产品质量有问题，最终拒绝收货并索偿，这些都需要专业律师去申诉，去维权打官司。

5. 收汇、账户合规。这些专业的法律问题，不仅影响到企业的发展，甚至决定着企业的命运。

◎ 跨境电商进口企业对于跨境电商律师服务的需求

在宁波这样的城市，除了跨境电商出口蓬勃发展，跨境电商进口也是大势所趋，跨境电商进口的发展同样面临各式各样的专业法律问题。

笔者特意采访了一位在宁波做跨境电商进口的企业家朋友，他把澳大利亚的保健品进口到中国销售，他认为一定要让律师提供以下咨询服务：

1. 进口商品是否符合原产地的法律法规；

2. 进口商品是否符合国内法律法规，比如进口商品的质量标准、安全标准，有没有知识产权风险等。

◎ 跨境电商物流和仓储企业对于跨境电商律师服务的需求

2021 年跨境电商行业生态圈持续繁荣，最大的亮点之一就是跨境电商物流和仓储企业的崛起。其实跨境电商物流和仓储企业同样面临各式各样的跨境电商法律问题和法律风险。

比如跨境电商物流运输涉及多个国家的法律主体责任和义务的划分，一旦发生国际物流纠纷，如何保障运输方的利益、降低物流企业的风险，这都需要专业律师提供专业建议。

◉ 小微跨境电商企业应该关注的法律问题

一般来说，小微创业者、个人创业者做跨境电商应该关注的法律问题有下面几点。

◎ 明确跨境电商网店的开店主体

一般来说，小微创业者做跨境电商，会选择合伙去开一个有限责任公司，但是股权设计、法人代表、公司注册地的选择都是需要通过法律咨询提前进行规划的。

我们在实际的案例中发现，一些跨境电商网店因为没有明确开店主体，最终损失很大。店铺的归属权问题、店铺的转让问题、数据的价值和分配等问题，这些都需要小微企业找专业律师做咨询。

◎ 知识产权和域名

知识产权的问题之前反复讲到，包括商标权、外观设计专利权、版权等，很多跨境电商卖家也会考虑注册美国的商标，这些都需要咨询专业律师。

随着独立站的再度流行，很多小微创业者选择做独立站，其实独立站最大的价值就是独立站的域名，如何对于自己的独立站进行域名申请和保护，最好听从专业律师的建议。

还有一点大家非常容易忽视，那就是海外社交媒体的品牌营销资源、“粉丝”数量、数据流量等无形资产如何去定权益、定归属。

◎ 跨境电商的劳动法律关系

这里的劳动法律关系主要包括下面几点。

首先，如果是小微创业者，和员工之间会存在劳动法律关系。

其次，还有一个员工管理和风控的问题。目前最大的问题就是运营人员在公司上班的同时又私下开一家跨境电商店铺私下赚钱，这样的话数据很可能会被竞争对手盗用，甚至自己公司的运营人员跟卖自己公司的产品，这些都需要利用法律进行规范。

◎ 了解目标市场法律法规

小微企业做跨境电商，还要了解目标市场有关跨境电商的法律法规。比如开店铺之前需要了解目标市场的税法、产品准入等法律。还有不同市场的法律法规对于进口商品有不同的限制和要求，这些都应该通过专业律师去了解。

未来 5 年，跨境电商必然会成为这个时代真正的行业趋势，大家在参与跨境电商创业的过程中应该注意法律风险，提升法律意识，建立完善的风控体系，让自己的跨境电商出海更有法律保障。

第二节 跨境电商平台的高效营销与推广

TikTok 如何进行网红营销

2021 年，跨境电商的流量趋势发生了本质变化，流量的来源从平台的付费流量逐渐转向内容流量和 KOL 流量。

作为这几年最流行的海外短视频平台，TikTok 越来越受到广大跨境电商创业者的关注。关于 TikTok，2021 年最让人振奋的信息应该是 TikTok 携手 Shopify 推出的 TikTok Shopping 电商板块购物车，这标志着 TikTok 电商带货模式正式开启。

关于 TikTok Shopping，官方的介绍是这样的：TikTok Shopping 是基于 TikTok 生态的集销售和广告功能为一体的产品系列，分为 TikTok Shop（小店）和 TikTok Storefront（合作店）两种模式。虽然一些功能只能在部分国家实现，但是对于跨境电商的流量趋势还是产生了非常深远的影响。购物车功能的开发真正体现了 TikTok 在电子商务方面的发展决心。

最新的调研数据显示，目前已经有超过 50% 的消费者更愿意通过移动端购物，而一键购物必然是最佳的购买体验。在 TikTok Shop 出现之前，TikTok 购物需要跳转到平台或独立站才能完成，这样的购物体验其实不好，可能导致用户流失，而 TikTok Shop 可以大大减少 TikTok 用户的流失。

2021 年，通过 TikTok 导入流量，然后快速变现，已经成为一个非常重要的趋势。很多朋友问笔者为什么要在 TikTok 上面投放广告，笔者认为在 TikTok 上面投放广告有下面几个好处。

1. 2021 年 TikTok 已经成为绝对主流的流量来源，2021 年 9 月 TikTok 宣布全球月活跃用户超 10 亿，已经逼近 Facebook 和 YouTube，而且 TikTok 的用户中年轻人居多，具备非常旺盛的消费能力，可转化性很高。

2. 在 TikTok 上面投放广告，可以让企业主和零售消费者建立互动和联系。

3. TikTok 广告融入视频，甚至可以做到润物细无声的程度，应该是最佳的广告投入方式之一。

4. TikTok 广告可以实现精准投放，最终产生非常高的转化率和广告价值。

◉ TikTok 的流量积累模式

虽然 TikTok 的电商带货模式才刚开始发展，但是广大传统外贸企业应该重视起 TikTok 的营销了，可以先积累流量和“粉丝”。TikTok 的流量积累模式主要分为广告投放、网红营销和算法引流，我们逐一分析。

◎ 广告投放

很多国内传统中小企业更熟悉的是抖音，其实 TikTok 和抖音都是我们熟悉的字节跳动的短视频平台，可以把 TikTok 看作抖音的国际版。笔者相信抖音已经真正融入每个人的生活和工作了，国内企业通过抖音进行营销已经成为主流。其实 TikTok 的营销模式跟抖音是一样的，目前 TikTok 主流的广告投放模式有下面几种。

* 开屏广告

对于开屏广告大家已经非常熟悉，因为这样的广告模式不仅体现在 TikTok 上，任何主流 App 都有开屏广告。开屏广告就是打开 App 第一时间展示的广告信息。

⋆ 信息流广告

大家在刷抖音的时候应该经常遇到信息流广告，比如刷几个自己喜欢的抖音视频就会出现一个商业视频广告，这就是信息流广告。

⋆ 挑战赛

这也是目前 TikTok 上比较流行的一个做法。国内很多品牌企业通过和短视频红人合作，最终实现品牌营销。一个比较典型的案例是，化妆品品牌植物医生在抖音发起的“遇见兰精灵”超级挑战赛，最终曝光量超 10 亿，品牌知名度和销量大幅提升。

⋆ 贴纸

这个玩法需要大量短视频红人参与，通过个性化的贴纸（视频特效），让用户成为内容传播的关键。一个非常经典的案例就是化妆品品牌姬存希在 2020 年发起的“姬存希抖音挑战赛”活动，活动中贴纸使用量突破 80 万，总获赞数 1456.4 万，总播放量 1.9 亿次。

◎ **网红营销**

除了广告投放以外，还有一种营销模式就是网红营销。网红营销一般分为两种，第一种是自己培养网红，通过做海外短视频吸引足够的“粉丝”，形成私域流量，最终实现产品销售和变现。最典型的案例就是李子柒，通过在 YouTube、TikTok 发布优质视频吸引大量“粉丝”，建立商品品牌，最终变现。另外一种是与已有的网红合作。

◎ **算法引流**

这是一种比较高端的玩法，目前深圳的一些头部大卖家应用得比较多，核心的逻辑就是通过不断上传跟 TikTok 算法匹配的内容吸引流量。TikTok 的流量分为平台流量和私域流量，平台流量主要来源于推送。推送的逻辑首先是视频的质量打分，比如视频的播完率、点赞量、评论量、转发量等。其次就是用户分层，平台会选择视频先推荐给一部分用户，如果反馈较好再推送给第二层、第三层用户，最终实现流量的导入。

◉ 目前专业的 TikTok 服务商是最佳选择

很多传统制造企业的老板对于海外短视频营销的趋势是认同的，但是苦于没有这样的专业人才。不仅小微外贸企业面临人才缺少的问题，一些头部企业做海外短视频营销也困难重重，最典型的问题就是 VPN 模式会被限制流量，甚至存在账户被封的风险。

所以对于广大传统外贸企业来说，做海外短视频营销的最佳方式应该是找到合适的服务商，最近几年短视频营销的服务商发展也非常快。

TikTok 的服务商主要分布在杭州和深圳，目前这些服务商提供的服务包括 TikTok 商家培训、海外布控、TikTok 企业账户代运营，TikTok Ads 短视频制作、TikTok 网红合作等。选择服务商时，一般选择行业口碑好的、获得平台官方认证的服务商。

◉ 手把手教你找海外的网红做营销

其实在国外有很多小网红，一般是大学生、兴趣爱好者或者兼职人员。找这类网红做推广也不需要太多的投入，甚至有时候赠送一些产品，他们就可以帮忙做短视频营销。一般来说，海外网红营销包括下面的几个环节。

1. 通过海外平台寻找、选择网红。

2. 店铺、平台和独立站开辟网红引流特别渠道，配合打折优惠促销等。

3. 网红发布视频，产生流量，“粉丝”导入平台、独立站等获得优惠。

其实 TikTok 短视频营销的核心，笔者认为还是选择合适的网红。选择合适的网红不仅经济投入合理，而且可以长期产生价值和效益。选择网红时不仅要看网红的人气，更应该考量网红的定位是不是跟品牌定位匹配，一般可以参考下面几点。

◎ **网红的“粉丝”画像**

这是选择网红的第一标准。画像信息包括“粉丝”的年龄、性别比例、活跃时间段、消费能力、消费偏好等，可以通过一些专业的数据工具测试出来。根据“粉丝”画像判断网红与品牌定位是否相符。

◎ **网红的“粉丝”互动率**

互动率是非常关键的一个指标，跟抖音类似，TikTok 上面也有很多“僵尸粉”，所以“粉丝”互动非常关键，可以根据播放量、点赞数、评论数，还有视频发布时间、视频发布数量判断网红的“粉丝”黏性。

◎ **网红的内容风格**

一般来说，每个网红都有自己的内容风格。比如搞笑风格、文艺风格、时事风格，不同风格吸引不同的消费者。网红的内容风格直接决定了他是否符合产品定位。

跨境电商企业找海外的网红做营销的核心目标就是提高品牌知名度和销量，所以要建立一套结果考核体系，比如考核一场活动最终的销售业绩，但是一场活动的价值肯定不止这些，还可以考核话题传播率、品牌推广度和认知度等。

另外，很多头部企业在海外做短视频营销的时候，往往是多渠道结合，比如 TikTok 结合 Instagram、YouTube、Facebook 等，通过多个海外营销渠道的结合，最终实现最佳的品牌传播效果。

◉ 如何在 TikTok 上面投放广告

在 TikTok 上面投放广告，首先应该建立一支 TikTok 短视频运营团队，一般由一个运营总监带队，运营总监需要具备丰富的海外视频营销经验。

搭建好团队以后，首先要明确目标客户。TikTok 上 66% 的用户年龄在30岁之下，所以你的产品应该是新奇特、潮流、符合年轻人消费需求的产品。如果你的产品是面向老年人的产品，或者是不符合潮流、没有特点和个性的普通产品，是不适合在TikTok上面投放广告的。

选择在TikTok上面投放广告，一般来说要经过下面几个过程。

1. 创建一个TikTok Ads页面；
2. 制作TikTok广告内容；
3. 确定TikTok广告展示位置、详细信息和定位；
4. 控制TikTok广告支出、投放时间和目标。

◎ TikTok的广告投放费用

目前TikTok的广告投放费用对于广大中小企业来说是非常昂贵的，平均的单次展示成本是10美元起，开屏广告的费用甚至可以超过30万美元，所以客观上说TikTok的广告投放更适合那些品牌企业。

◎ TikTok的广告运营建议

品牌企业要在TikTok上面高效率投放广告，运营技巧非常关键。比如TikTok的开屏广告不仅要结合产品，还要结合当下热点，不仅要展示商品，更需要传播企业文化和品牌价值。

TikTok的广告语要有创意，一般来说，TikTok的商品描述不超过80个字母，视频和图片的植入也要合理，不要让用户有不好的体验。视频广告应该以竖屏广告为主，视频的前三秒最重要，就像一篇文章的开篇，通过前三秒的精彩内容吸引用户注意力。

背景音乐的选择也非常关键，可以选择最流行的并且结合产品特点的音乐，好的音乐会给视频推广带来意想不到的效果。

跨境电商如何赢在独立站

2021年跨境电商行业趋势变幻莫测，其中最重要的一个趋势就是独立站的流行。其实在2021年之前，大家对于独立站的应用已经表现出极大的热情，2021年经历了亚马逊平台风控事件之后，独立站的流行更是到达了一个顶点。

首先我们来探讨一下为什么做独立站是一种非常必要的选择。其实对于独立站这样一种外贸出口营销模式，很多传统外贸人都不陌生，早期通过建立官方网站，结合Google推广，很多外贸人都获得了很好的推广效益。但是随着跨境电商平台的崛起，特别是阿里巴巴国际站、亚马逊等主流平台的风靡，许多外贸人都转向了跨境电商平台。

美国电商统计数据显示，2020年，在美国等国家，亚马逊等跨境电商平台的销售额仅占在线零售总额的40%，超过50%的在线零售总额依然通过独立站实现。而且这几年随着社交媒体的流行，独立站未来的发展空间会比跨境电商平台更大。

◉ 独立站相对于跨境电商平台的优势

◎ 规避风险

经历亚马逊“封号”风波以后，大家终于认识到把所有的鸡蛋都放在一个篮子里其实是有非常大的风险的。2021年很多跨境电商卖家选择独立站的初衷就是可控性更高。面对平台变幻莫测的政策，一不留神，之前的投入和积累就有可能全部付之东流。而独立站摆脱了平台政策的限制，可以把风险降到最低。

◎ 更容易建立和推广品牌

独立站从域名的设置，到整个店铺的装修，都可以帮助建立卖家在消费者心中的形象。2021年品牌化出海已经成为跨境电商领域的共识，品牌化不仅可以帮助卖家快速跟消费者建立信任，提高竞争力，还可以实现长期盈利。很多中小外贸企业认为小企业建立海外品牌比较难，其实在跨境电商时代，以独立站为代表的跨境电商营销体系已经非常成熟了，流量的获取也变得非常便捷，所以通过独立站进行品牌化推广必然会越来越流行。

◎ **可以实现二次销售和营销**

未来的跨境电商，数据的价值越来越受到重视，利用数据的能力也是一个卖家经营能力的重要表现。我们在跨境电商平台做营销，无论有多大的流量数据、多高的销售金额，客户数据最终都是平台的，特别是目前平台对于客户的隐私保护越来越严格，像客户邮箱、社交媒体账号、电话号码等核心数据都获取不到。而独立站不一样，这些核心的客户数据都可以为卖家所用，卖家可以借助这些核心数据做二次销售和营销，最终产生巨大的价值。

◎ **佣金较低**

跨境电商利润越来越低的一个重要原因就是平台佣金较高，亚马逊和 Wish 等主流跨境电商平台的扣点基本上是 15%，再加上高额的广告推广费用，大概在 20% ~30%，最终留给卖家的利润已经不多了。而独立站一般只算租金，前期投入不大，广告费也可以控制在一个合理的范围内。

◎ **竞争压力小**

跨境电商平台内卷已经非常严重了，主要的问题就是产品同质化，同时大打价格战。而做独立站的好处是，客户不可能全网比较，如果你的独立站可以做出特色和品牌，客户一旦下单，之后的复购率也会很高。

◉ 做独立站的跨境电商企业类型

◎ **大型外贸企业**

我们调研了一些头部外贸品牌企业，这些企业 2021 年的独立站销售额其实都已经非常高了。乐歌的独立站运营了 5 年，现在乐歌独立站业务大概占总体业务的 40%。

这些头部企业的独立站往往是一个重点规划项目，投入的资金比较多，会找专业的第三方建站公司协助建立独立站，然后组建专业的运营团队。

◎ 中小外贸企业和外贸 SOHO 创业者

中小外贸企业和外贸 SOHO 创业者普遍选择当前流行的建站平台 Shopify 建设自己的独立站。Shopify 的优势在于它是基于 SaaS 的电商服务平台，卖家不需要懂技术，不需要买服务器，更不需要担心网站支付安全，只需要向 Shopify 支付月租金，然后安装 App，就可以快速建站，非常适合新手。

Shopify 成立于 2004 年，最近几年越来越受到中国跨境电商卖家的支持和喜欢。根据 2021 年 Google Trends 的统计数据，跟其他建站工具相比，2021 年 Shopify 的关注度最高、增量最大，所以不出意外，2022 年广大中小外贸企业建独立站的首选工具应该是 Shopify。

◉中小创业者做 Shopify 需要花多少钱

其实独立站非常适合小微企业入局跨境电商。一般来说，只需要在国内注册营业执照，就可以申请入驻 Shopify，然后就可以进行独立站的建设了。

Shopify 的费用包括下面几点。首先是 Shopify 的模板费用，目前平台有两个模板可以选择，一个是免费模板，一个是付费模板，笔者建议新人卖家选择免费模板，这样可以大大减少前期投入。

其次就是店铺的租金费用，大概的费用是初级店铺一个月 29 美元，中级店铺一个月 79 美元，高级店铺一个月 299 美元，如果选择年付还有一定的折扣。

选择一个稳定的“翻墙”软件也是非常必须的，这个费用也不高，大概是一年几百元人民币。关于 VPN 上网的问题，笔者也咨询过相关律师，对于跨境电商商务应用的 VPN 是允许的。

做独立站还有一个必须支出的费用，就是支付通道的费用。独立站主流的付款工具是 PayPal 和信用卡，一般跨境电商卖家都有自己的 PayPal 账户，独立站也可以免费开通 PayPal 账户；但是信用卡支付就会产生不同的费用，这个通道费用是 5 000 ~ 8 000 元人民币，目前深圳有很多代理服务商提供这样的服务。

做独立站，选择域名非常关键，好的域名不仅适合推广，还可以树立品牌形象。比如我们公司的海外域名是 woodenshipmodel. com，是我们的产品关键词，这样在 Facebook 和 Google 上面推广就会有非常大的优势。现在好的域名都会有一定的价值，可以选择好的服务商进行购买。

◉做好独立站的思路

做好独立站对于跨境电商卖家的运营能力有一定的要求。跨境电商平台的流量获取比较简单，卖家通过买广告、开直通车就可以获取流量，但是独立站的推广显然要复杂得多。

做独立站的第一步就是选品，目前独立站主要通过社交媒体引流，社交媒体引流更适合目标客户是年轻人的时尚产品。

第二步是确定受众，刚刚说了，社交媒体引流更适合年轻人。

如果运营的是 Shopfiy 独立站，还要考虑选择哪个引流渠道，是 Facebook 还是 Google，通过视频还是图片展示，这些都取决于选品。

有些产品，比如 DIY 玩具、宠物玩具，需要展示场景说明，一般建议通过视频的方式展示，把产品融入一定的应用场景，通过有趣的视频进行传播和引流。

◉ 客户黏性和复购率是核心

我们认为运营独立站的核心就是客户黏性和复购率。如果你的产品非常好，客户满意度高，客户的复购率就会非常高，这样独立站的运营成本会越来越低，最终持续盈利。

我们可以基于独立站的客户数据进行二次营销，比如根据浏览数据对没有付款的客户进行二次营销等。目前市场上主流的 SaaS 电商服务平台都有数据营销功能，通过这样的深度挖掘，最终使得独立站的销售越来越好。

◉ 积累私域流量对于独立站销售的促进作用

2021 年关于跨境电商引流，大家聊得最多的是就内容引流，所以积累“粉丝”和私域流量就显得非常重要。要运营独立站，首先就应该玩转 Facebook 等社交媒体，通过发布有趣、有价值的内容，吸引海外网友“粉丝”关注，并且和“粉丝”进行互动，导入到独立站，最终产生交易。

操作流程大概是这样的：首先，产品口碑要好，品质才是传播的基础，比如老干妈辣酱就是因为卓越的品质在海外社交媒体拥有非常高的人气和口碑；其次就是在社交媒体追热点，比如奥斯卡颁奖典礼举办的时候，很多卖家会在 Facebook 上卖礼服，并且写软文、拍视频广泛传播。

做独立站还有一个重要的环节就是建立会员体系，等到会员积累到一定的数量，开始提供会员推送和打折服务，这也是一种非常有效的增加销量的方式。

◉ 2021 年独立站的爆款产品

选品一直是跨境电商运营成功的关键。2021 年独立站卖得最好的产品是什么、什么产品最适合在独立站推广，对此我们特意做了一些调研，结合数据和经验，我们推荐大家选择宠物用品 、健康用品、老年用品和成人用品。

宠物用品作为2020年以来最火爆的宅经济品类，目前在独立站卖得非常好，很多跨境电商卖家都是通过独立站做宠物用品的。做宠物产品的优势在于客单价格比较高，而且客户复购率也非常高。数据显示，2021年，宠物食品、宠物家具、宠物医疗用品在独立站的销售一直保持前列。2022年大家选择做独立站，可以优先考虑宠物用品。

另一个在独立站卖得很好的品类是健康用品。2020年很多卖家在独立站卖口罩挣了不少钱，当然如今口罩这类产品因为资质问题已经不能卖了，但是因为疫情持续，在海外，健康用品依然卖得不错。

还有一个品类是老年用品，这个冷门的产品很多卖家都没有关注到，但确实是在赚钱。原因在于，首先，海外老年人市场越来越庞大；其次，疫情导致“宅经济”快速发展。2021年，独立站老年用品的爆款包括拐杖、坐便器、带提醒功能的闹钟、放大镜、收音机、扶手、按摩器等。

成人用品在独立站卖得也很火爆。其实成人用品在跨境电商平台有很多限制，比如阿里巴巴、Wish等平台对于成人用品的售卖资质、图片、关键词都有非常严格的限制。而在独立站做显然自主性更强，所以2021年很多做独立站的跨境电商卖家选择做成人用品，赚得盆满钵满。

◉ 独立站引流渠道汇总

对于广大中小卖家来说，做独立站的核心还是引流方式和引流渠道，这里总结一下独立站的引流渠道。

1. 搜索引擎，比如Google、Bing、Yahoo等。Google是独立站引流的最重要的渠道之一，特别是Google全球站点。

2. 社交媒体，比如Facebook、Pinterest、YouTube、LinkedIn、Instagram。做社交媒体的引流推广，往往需要跨境电商卖家有非常高的运营能力。2021年社交媒体运营培训非常火爆，大家可以首先学习这些课程。

3. 跨境电商平台，这里主要是指阿里巴巴国际站。我们发现一个非常有意思的现象，很多做阿里巴巴国际站的卖家都在国际站留下了自己的独立站链接，通过这样的方式引导客户进入自己的独立站。

4. 邮件，这是独立站最常用的一种会员推广模式，通过后台数据建立数据库，定期通过邮件给会员发送打折信息。

5. 红人、网红 、KOL 营销，这也是 2021 年最流行的一种独立站引流模式，我们会在后文中详细分享。

◉ 关于 Google 引流

Google 是独立站的主要引流渠道，一般来说分为 SEO 推广和 Google 付费推广两种方式。

SEO 推广需要运营者拥有非常强的推广能力，一般建议选择第三方服务机构代理。SEO 推广的整体逻辑是迎合搜索引擎网站收录特点，采用合理的网站优化技术，提高自己网站在各大搜索引擎网站的收录和排名。

Google 付费广告包括 Google 付费搜索广告、Google 网盟广告、Google Shopping 等，这种推广模式更适合跨境电商，可以获得立杆见影的效果。

◉ 关于社交媒体引流

独立站的社交媒体引流逻辑是这样的，通过优质、有趣、有价值的内容建立“粉丝”群，然后进行社交管理，再进行社交运营，比如社群的优化、分享、活动等，配合在社交媒体上投放的广告，通过私域流量，最终促进独立站的销售。

Facebook 跨境电商营销

笔者参加过一次外贸分享论坛，其中一位外贸讲师认为，社交媒体营销因为种种原因，包括注册、应用技术等，不太适合外贸业务员开拓海外客户，但是笔者的观点恰恰相反，笔者认为以 Facebook 为代表的社交媒体营销越来越成为我们开拓海外市场的主流模式。

◉ Facebook 营销优势

外贸人可以把 Facebook 理解为一个免费的推广网站，不仅不需要交高昂的年费，而且流量巨大。

1. 通过 Facebook 可以拓展海外人脉，通过建立自己的个性化品牌、在 Facebook 上打造公司主页，建立起海外终端市场的“粉丝”群。

2. 通过 Facebook 可以开发高质量的海外客户，通过搜索产品关键词，可以精准地找到目标海外客户，也可以通过海关数据等获取客户的邮箱地址、手机号码，再通过 Facebook 搜索，跟海外客户建立非常密切的联系。

3. 通过 Facebook 可以展示商品，在 Facebook 的主页、社群、商业应用延伸出来的关联商业网站，都可以展示商品图片。

4. 通过 Facebook 可以了解海外终端客户的需求，通过在 Facebook 上跟海外终端客户的互动，了解其对于产品的需求。

5. 通过 Facebook 可以投放一些低投入、高回报的广告。

◉ 如何做 Facebook 的营销推广

首先，英文必须过关，并且对于海外的风土人情有一定的了解。其次，还应具备互联网思维，如果再掌握几门小语种就更好了。

注册好 Facebook 账号后，首先要在个人信息中，包括头像和签名，塑造专业外贸人的形象，然后通过产品关键词搜索并加入相关社群，参与社群的话题讨论。但是切记要软性营销，不要赤裸裸地发商业广告，比如可以通过涂鸦墙，以讲故事的方式展示公司和产品信息，或者通过特定的社群添加好友，最终拓展为高质量的海外客户。这种做法同样适用于公司主页的建立和推广。

Google 推广黄金策略

传统外贸人对于 Google 推广一定不陌生，作为海外主流的搜索引擎，Google 一直是开发客户和店铺引流的主要渠道。关于 Google 海外推广的应用，这里主要介绍 Google Shopping 和 Google AdWords。

◉ Google Shopping

Google Shopping 是 Google 推出的一款比价工具，目的是让用户更容易进行采购研究，找到不同功能和价格的产品，然后直接联系商家进行购买。目前国内的跨境电商平台做 Google Shopping 做得比较多的是敦煌网，敦煌网通过 Google Shopping 将卖家店铺内合格的商品推广到 Google 去，吸引了大量的流量。

◎ Google Shopping 的搜索优化技巧

申请好 Google Merchant Center 账户并关联公司网站后，就可以通过 Google Shopping 进行营销了。

首先是设置商品链接的标题。标题中一定要设置产品的关键词，但是也不能重复设置，同时关键词的设置要跟产品匹配，这样可以提升产品和标题的相关性，从而提升排名，吸引流量。

其次是设置产品价格。因为 Google Shopping 本身就是比价工具，所以有必要设置最具竞争力的价格，这样在价格比较时就会被优先推荐。

接着添加产品描述。添加产品描述和设置商品链接标题类似，核心就是要和产品精准匹配，匹配度越高，搜索权重越高。

此外，还应保持数据的及时、持续更新，这样有利于提升在 Google

Shopping 中的排名。

还有一个非常关键的因素，就是客户的口碑评价。道理非常简单，评价越高，搜索权重就越高。

◎ **Google Shopping 如何收费**

Google Shopping 按照单次点击收取费用。Google Shopping 根据卖家在商家中心的出价进行排名，出价越高排名越靠前，当然收费也越高。

◎ **Google Shopping 的禁止原则**

Google Shopping 会根据用户搜索的关联度、评价和口碑选择优质卖家，剔除不诚信的卖家。枪支、刀具、烟草等不能在 Google Shopping 中销售展示。

◉ Google AdWords

关于 Google AdWords，相信大家都不陌生，它与百度的竞价排名原理差不多。要做好 Google AdWords，笔者认为一是要选择精准的产品关键词，二是要选择精准的目标市场进行投放。

在进行 Google AdWords 推广之前，应该清楚了解自己店铺的定位，比如目标市场是哪里、店铺的优势产品品类是什么（因为有的店铺会有不同品类）。确定这些问题的答案的最好方式，就是通过软件对后台数据进行统计，对于店铺的流量、流量的质量、流量的来源等这些核心数据都应该做到心中有数。只有做好调研，推广才更精准。

Google AdWords 推广的核心其实就是关键词，建议使用相关的关键词软件，但是一定要选择最精准的产品关键词。虽然宽泛的关键词带来的流量大，但是转化率比较低，而且会消耗大量的成本。Google AdWords 推广的核心就是用最精准的关键词，选择最有优势的产品进行推广，最终通过导入流量形成交易和销售。

目前 Google 代理机构选择关键词更多是使用站长关键词工具，但是工具给出来的关键词是否符合目标市场的搜索习惯是需要验证的。建议跨境电商卖家多跟海外客户沟通交流，熟悉海外目标市场的风土人情，根据用户的消费习惯、搜索习惯选择关键词，这样转化率才会提升。

◎ **Google 电商数据分析工具 Enhanced Ecommerce**

通过 Google 推出的电商数据分析工具 Enhanced Ecommerce，跨境电商卖家可以清晰地了解消费者的购物行为，以及店铺的各种销售数据等。

* 客户浏览商品和购物的行为

通过这个软件，你可以清楚地了解客户在店铺里浏览商品、选择商品、把商品加入购物车的行为过程，并且可以了解客户弃单或者付款的数据。

* 商品业绩表现和概览报告

通过这个功能，你可以看到店铺的一系列数据，包括交易额、转化率、平均每单交易多少商品，也可以知道商品是不是受客户欢迎、客户的关注点在哪里、你的畅销品是什么、滞销品是什么。

Bing 的推广

相对于 Google，很多跨境电商从业者对于 Bing 并不太熟悉。微软的 Bing 早在 2009 年就推出了，而且也推出了中文品牌“必应”，目前是全球领先的搜索引擎之一。Bing 在中国的推广并不高调，但是对于跨境电商从业者来说，选择 Bing 推广还是具备优势的。Bing 的优势在于，除了 bing. com、yahoo. com 和 MSN. com 外，Bing 还占据了主流的移动端渠道，比如苹果的 Siri、亚马逊的 Fire 等，甚至在用 Google 搜索的时候，也有可能是在用 Bing 搜索。而且 Bing 因为背靠微软，搜索技术强大，更重要的是微软和中国政府关系不错，相对于 Google，Bing 在中国市场的前景更广泛。

这里笔者重点介绍的是 Bing 针对外贸市场和跨境电商推广的营销工具 Bing 出口通。Bing 出口通我们企业用过，在海外市场推广和拓展方面的效果不错。对于跨境电商企业来说，选择 Bing 有下面几点优势。

◉ 用户覆盖最全面

目前 Bing 是全球排名前列的搜索引擎，为全球 75 个国家和地区超过 5 亿用户提供搜索服务，特别是在欧美市场，Bing 覆盖 2 亿用户，覆盖率高达 90%。跟雅虎在全球范围内形成搜索联盟后，其市场份额进一步扩大。目前 Bing 出口通已经支持包括中国在内的 34 个国家和地区、12 种语言的推广。

◉ 用户的含金量高

跨境电商市场推广的核心目标是精准覆盖高质量的客户。欧美市场一直是跨境电商的主流市场，根据美国一项专业的数据调研，Bing 用户中 18 岁以上的用户平均年薪超过 62 000 美元，并且这部分用户的网络消费能力强劲。更具性价比的推广投入、更高质量的用户，这就是 Bing 推广的价值。

◉ 背景和技术最强大

Bing 背靠微软，所以它的技术优势是不容置疑的。在中国策略上，Bing 的表现也更为本土化。通过代理商，很多中国的外贸企业、跨境电商企业都已经在使用 Bing 出口通的服务应用。

◉ 资源更丰富

Bing 出自名门，利用微软强大的市场竞争力，跟雅虎推出了搜索联盟，进一步扩大了其在搜索市场的影响力。Bing 跟 Facebook 等也有深层次的合作关系，所以推广效果最佳。选择在 Bing 推广后，内容不仅会出现在 Bing，还会出现在 Facebook 等时下最热门的网站，实现推广覆盖的最大化。

◉ 性价比最高

中小企业推广投入有限，性价比是它们最关心的问题。相对于 Google AdWords，Bing 出口通的性价比更高。Bing 出口通的收费模式是按点击付费，只展示没点击不付费。

跨境电商邮件推广的黄金法则

邮件营销作为互联网营销中比较传统的方式，大家对其评价不一，很多人认为邮件营销在移动互联网时代已经过时了，但是笔者认为只要方法得当，邮件营销的价值依然存在。对于跨境电商从业者来说，通过邮件营销，可以用比较低廉的成本进行高覆盖率的商业推广。邮件营销目前比较泛滥，在海外，高频率的推销邮件会被直接归入垃圾邮箱，所以在现在这样一个信息泛滥的时代，邮件营销更应该讲究技巧。

◉ 邮件营销应该站在客户的角度思考邮件内容

发邮件的目的是开拓客户，所以邮件的内容才是核心，在给客户发送邮件时应该思考邮件的内容对于客户是不是有价值，是不是符合他的利益点。

◉ 邮件营销的根本是和客户建立信任感

互联网营销的关键是建立信任感，只有建立了信任感才有可能转化为销售，所以邮件营销的内容应该更有持续性。现在好的邮件营销方式是向用户提供真正有价值的内容，如定期给客户发送女装的最新趋势，类似时尚杂志推送等。对于这种有价值的内容推送，客户不仅不反感，而且会对你产生依赖，同时你又通过内容营销的方式讲述了企业的成长故事、品牌定位、客户体验案例等，跟客户建立了非常好的联系，持之以恒就会产生信任，最终转化为交易。

◉ 给客户创造紧迫感

这里分享一个邮件营销的小技巧，就是给客户创造一种紧迫感，比如在邮件中附赠有时间期限的奖励性折扣，通过这样的紧迫感提升邮件营销的转化率。

◉ 精准定位目标客户，重点跟进

可以通过一些软件和在线调研更加精准地定位目标客户，这些客户往往对你的产品已经有非常高的期待，比如客户对你邮件推送的产品点击率很高，客户愿意持续关注你推送的商品，这些高意向的客户可以重点跟进。跟进的方式也有很多种，除了邮件，还可以用即时通信软件，甚至通过电话沟通。

◉ 邮件营销的核心是给客户创造价值

邮件营销发展到现在，已经从单纯的骚扰式邮件推送转型为给客户创造价值的邮件内容营销。对于邮件营销，应该从客户体验入手，给客户创造更好、更有价值的内容，和客户建立信任关系，最终产生交易。

◉ 可视化邮件营销成为一种趋势

在欧美市场，邮件营销的最新趋势是可视化营销。在可视化邮件营销过程中，你可以通过信息技术，比如追踪软件系统等，获取客户的行为模式。这有点类似于大数据分析，比如通过追踪软件系统看到发给客户的邮件是不是被打开、打开了多少次、什么时候打开、在哪里打开、客户阅读邮件的时间有多长，通过这些数据进行判断或决策。

海外客户电话沟通技巧

经常有网友跟笔者抱怨，通过平台收到客户询盘，回复了客户的询盘信，有些甚至还寄送了样品，但是跟进了几次以后就石沉大海，自己再发邮件客户也一直不回复，真的不知道该如何处理。客户不回复邮件的原因有很多，但是作为一个优秀的业务员，一定要想办法和客户保持良好的沟通，因为这是订单成交的基础。除了邮件沟通，业务员还可以尝试跟海外客户电话沟通。只要掌握技巧，电话沟通对订单成交会起到事半功倍的效果。

◉ 电话沟通的好处

电话沟通的好处就是当询盘陷入停滞状态时，可以最直接、最快速，而且最准确地了解客户真实的想法和需求，并且解决客户的问题。也可以在电话中通过客户的语调、声音判断客户对你的重视程度。

◉ 消除打电话时的恐惧感和紧张感

笔者跟很多外贸新人聊过，他们跟海外客户电话沟通时最大的问题就是恐惧感和紧张感，主要原因是对英语口语表达不自信、中外文化和沟通方式有差异，还有很多海外客户口音比较重，很多新人确实听不懂。其实这种恐惧感和紧张感是外贸新人不成熟的表现，都可以通过培训和学习消除。

关于如何消除跟客户打电话时的恐惧感和紧张感，笔者特意打电话跟笔者在阿里巴巴做销售的朋友交流，朋友就给了笔者一句话："电话一响，黄金万两。"如果打了电话后，跟客户沟通好了，客户下单了，你就有业绩、有利润，通过这样的方式多多鼓励自己，就会变得越来越自信。

◉ 注意电话礼仪

给海外客户打电话时一定要注意电话礼仪，因为在欧美很多国家，未经许可的商业推销电话是比较犯忌讳的，在给客户打电话之前，可以发邮件进行邀约。此外，要特别注意时差，记得不要打扰客户休息，不要影响客户工作。还有对客户应该用尊称，同时注意沟通时的语气、腔调和情绪。我们公司的业务员跟客户电话沟通时，笔者要求声音要比客户的声音低一些，表示我们的谦逊和对客户的尊重。

◉在最短的时间内用最简单的语言表述问题

给海外客户打电话的首要原则，就是在最短的时间里、用最简单的语言把问题表述清楚，因为你的海外客户很忙，他的时间很宝贵。所以笔者的建议是把所有的问题列在一张纸上，同时把要跟客户沟通的事项写下来，然后对着镜子练习一遍。特别是外贸新人，如果英语口语不过关，一定要在给客户打电话前练习一遍。如果英语不好，记得说慢一点，说得慢表达就会相对清楚，而且说得慢也不容易紧张。

◉ 不要背书本和炫耀你的英语水平

只要清楚地表达了你的意思，同时能听懂客户对问题的描述，电话沟通的目的就达到了。外贸新人最容易犯的错误就是把给海外客户打电话搞成背书本，照搬大段外贸函电。还有切忌炫耀你的英语水平，比如说一些非常书面的英语，甚至有些烦琐、冷僻的单词，这样反而会阻碍沟通。

◉ 找到订单的决策人

电话沟通要收到效果，首先要判断跟你联系的客户是不是这个订单的直接决策人，这点非常关键。我们公司在收到客户询盘以后，都会进行详细的客户调研工作，包括公司背景、行业信誉，还有一点最关键，就是判断跟我们对接的客户是不是这个订单的直接决策人。很多网络询盘最终杳无音信，核心原因就是很多询盘的客户是中间商，对订单没有什么决策能力。所以在打电话之前一定要搞清楚这个核心问题，如果对方是订单的决策人，你又能解决他的一些问题，通过电话进行高效沟通，下单的机会就大大增加了。

◉ 解决客户的问题

或许你收到过客户的询盘，也可能跟客户通过邮件交流过几次，但之后一直没有收到回复，于是想打电话沟通一下，那么你在打电话前应该大致判断一下客户不回复邮件的主要原因，比如是不是价格没有吸引力、如果送了样品是不是样品有什么缺陷、是不是货期的问题等。如果是外贸新人，也可以跟业务经理沟通探讨，分析客户不联系的症结所在，在打电话之前尽可能准备一些客户常见问题的应对方案。记住一点，只有真正解决了客户的问题、满足了客户的需求，客户才有可能在你这里下单。

◉ 说清楚你能给客户的利益

想要接单，除了业务员需要跟客户有很好的沟通外，企业整体竞争力必须很强，比如有价格优势、品质优势、规模优势、生产优势等。电话沟通的重点就是说服客户选择你，所以业务员需要对整个行业，特别是行业价格，有非常清晰的理解和把握。生意的本质就是互利，说清楚客户选择你的利益点，并且让客户信任你，这是电话沟通的重点。

◉ 用心倾听客户的表述

订单成交的很大一部分原因是产品满足了客户的需求、解决了客户的问题，而通过电话沟通可以有效地了解客户的问题。当你清楚地表达了你的意向后，要注意倾听客户的表述。有些海外客户口音很重，可以在电话联系过程中录音，之后反复听。有些外贸新人跟海外客户打电话时，因为紧张或者客户口音的问题，明明没有理解，但还是礼貌性地说是，这样对订单成交反而会起到非常大的反作用。因为只有用心倾听客户的表述、理解客户的问题，才能解决客户的问题，最终促进订单成交。

◉ 不要频繁地给海外客户打电话

在我们公司的业务培训中，笔者给业务员的建议是，对于海外客户，短时期内打电话的次数不要超过 3 次，理由是频繁的电话会让客户厌烦甚至起到反作用，尤其欧美客户对商业电话非常敏感。所以业务员要认真准备第一个电话，争取通过一个电话了解客户的问题，判断订单成交的可能性。

◉ 为下一个电话埋下伏笔

为下次沟通埋下伏笔这个技巧也非常重要。笔者在前文中说过，短时间内打电话不要超过 3 次，频繁地给客户打电话，客户很容易烦躁。所以在第一个电话快结束时，应该埋下伏笔，就是为给客户打第二个电话找个理由。比如当所有的问题都沟通好以后，可以跟客户说最近开发了一些新的样品，价格和市场反响都非常不错，先发一封邮件给他看看，之后会打电话给他详细介绍一下。当然还有其他更好的理由，大家可以用心找一下。有了这样的伏笔，打下一个电话就变得顺理成章。

一笔订单从询盘到最后成交，涉及的环节非常多，业务员要承担的工作也很多，但是高效沟通永远是订单成交的基础，无论是邮件沟通还是电话沟通，核心目的是要了解客户的需求、解决客户的问题，并且说清楚自己的优势。

跨境选品决胜策略

跨境电商成功运营需要很多因素，比如人才、资金、选择正确的平台等，但是笔者认为做好跨境电商的第一步是正确选品，如果选品错误，很可能在创业之初就走上了弯路，甚至越走越远，投入了大量的人力和资源，最终还是失败。

◉ 正确选品的原理

无论是做 B2B、B2C，还是现在最火爆的跨境电商，选品的核心原理是一致的，就是质量、价格，选择符合目标市场需求的商品，并且突出自己的竞争优势。跨境电商选品，首先应该选择一个符合自己店铺定位的产品，产品应该有很大的市场需求，最好是那种满足特定外贸市场需求的产品，但是要注意避开红海，要有自己的特色。其次，供应商的选择很重要，因为供应商的价格、产品质量、产品款式最终决定着店铺的命运。

◉ 跨境选品实操

跨境出口卖家选品时应该遵循下面的思路。

◎ 结合自身外贸行业背景进行客观分析

现在很多做跨境电商的人都是从传统外贸转型过来的，做过传统外贸的人一般都会有一些优势，比如有几个供应商合作伙伴、熟悉国际物流渠道、对于传统的 B2B 网站运营有一定的了解。而且这些人对于外贸市场往往有自己的理解。跨境电商并不是什么高深莫测的新模式，仅仅是传统外贸的一次升级和转型，所以传统外贸的经验和优势都对做跨境电商出口很有价值，大家应该梳理一下自己所在外贸行业的核心优势是什么，然后应用到跨境电商新模式上面。

◎ **跨境店铺的个性化定位**

所谓跨境店铺的定位可以理解为三点的结合，包括店铺的目标市场、目标客户的需求，以及店铺经营者的核心竞争力。只有真正把这三点有效地结合起来，跨境店铺才有生命力。

确定店铺定位的第一步就是对目标市场和目标客户进行市场调研。可以通过跨境电商平台进行行业调研，比如在速卖通中输入产品关键词，看一下某个产品的具体销售数据、市场竞争是不是充分等，但核心还是要运用数据分析工具，比如速卖通的数据纵横。一定要善于运用数据分析工具帮助自己判断市场，选择产品品类。数据调研的价值在于，可以从各个层面了解一个产品的定位和市场前景，所以数据是一切商业成功的“土壤”。

从店铺定位来说，还应该考虑下面几个因素：选择的产品线必须适合长期运营、每个子类目的产品数量要够多、品类线应该丰富、产品的价格应该有不同层次，而且产品有做品牌的潜力。

◎ **海外市场的需求分析**

每个跨境电商平台都有自己的市场定位，比如亚马逊主攻美国、速卖通主攻俄罗斯和巴西，所以要做好海外市场的调研工作，根据数据精准选择目标市场，并且定期对目标市场进行需求分析。

◉ 跨境选品方法介绍

◎ **在跨境电商平台上搜索**

这是目前很多个人跨境卖家最常规的做法，比如进入速卖通网站，输入某个关键词，速卖通的搜索框中就会出现最近一段时间的搜索热词，结合第三方数据分析工具就可以确定近期的热销产品。

◎ **浏览海外行业网站**

可以经常去浏览一些海外的行业网站，查看这些网站的热销排行，特别是最新款式的产品。笔者认识一个 Wish 卖家，她选品的方法就是高度模仿英国一个行业网站的产品，因为这个英国网站的产品大部分都是从中国进口。她通过关注这个网站，选择最热销的产品，市场效果非常好。

◎ **关注社交媒体的热词**

现在最大的市场需求信息聚集地就是社交媒体，比如 Facebook、Twitter、Pinterest，跨境卖家也应该关注社交媒体上的热词，比如你是做化妆品的，你可以关注社交媒体上谈论最多的款式和品类。一句话，抓住社交媒体就抓住了市场风口。

◎ **学习跨境电商平台上的榜样卖家**

对于很多跨境小卖家来说，这个方法最有效。比如你想做某个品类，通过关键词在跨境电商平台上搜索到一个榜样店铺，进入店铺研究分析买家页面，可以得到很多有关跨境选品的启发。通过研究榜样卖家的买家页面，也可以了解爆款产品的商品链接标题、关键词、市场定位、市场活跃度等。此外，还可以查询类似于淘宝交易记录的买家记录，了解这个产品的客户来源、买家满意度和评价。同时，也可以通过研究榜样店铺的成长，学习怎么运营爆款产品。

◉ 如何选择一款真正盈利的跨境商品

很多跨境新手卖家的店铺看上去现金流不错，但是没有盈利，或者盈利能力不强，核心原因是没有找到一款真正盈利的跨境商品。

跨境新手卖家应该首先搞清楚如何计算产品的利润率。

一般来说，产品利润 = 零售价格 - 供应商报价 - 国际物流成本 - 综合成本（人工成本、平台费用、包装成本、P4P 推广成本等）。根据这个公式，跨境新手卖家可以选择一个榜样店铺，选择一个产品查看它的商品价格、销售业绩，再在阿里巴巴 1688 平台上选择一个供应商，大概了解一下进货价格，再简单计算一下国际物流成本和综合成本，这样就可以估算出这个产品是不是有利润、盈利能力怎么样。一般来说，优质的跨境商品会有 5 ~ 10 倍的利润。

◉ 打造自己的跨境产品线

跨境店铺的产品线配置一般是 20% 是引流产品，20% 是核心盈利产品，60% 是常规产品。而且产品线应该有关联性，好处是客户进入店铺采购比较方便，也可以增加客户黏性。但是产品线也不宜拖得太长，因为产品线太长会有压库存的风险。产品线还需要在市场实践中不断优化和调整，比如根据日常的经验数据、客户反馈、竞争对手的销售能力，再结合跨境数据统计，最终打造出与自己综合能力相匹配的产品线。

◉ 打造爆款产品

爆款产品是一个店铺生存的核心，不仅因为爆款产品可以带来持续的现金流，更重要的是围绕爆款产品可以建立稳定的客户群体，增加信任，打造品牌。

打造一款爆款产品需要做到下面几点：

1. 选择满足客户需求的优质产品，这是后续一切操作的基础；

2. 保证稳定的供货能力和库存量，因为打仗的前提是子弹必须充沛；

3. 制定周密的运营推广计划，包括店铺页面设计、平台内 P4P 的运营推广计划、社交媒体的推广计划等；

4. 提供绝对优质的售后服务，让客户满意有利于积累口碑；

5. 改善跨境物流体验，要做爆款产品，必须与体验良好的跨境物流公司合作，最好有海外仓计划。

◉ 跨境选品小技巧

◎ “虚实产品线”策略

很多跨境小卖家因为资金投入有限，不可能选择特别多的产品线，这时候可以运用“虚实产品线”策略。也就是说你的店铺看上去放了很多产品类目，但核心就是卖一款产品，把所有的资源都投入到这个产品的推广和运营上，而虚线产品则会为未来扩展产品线做铺垫。

跨境电商产品如何进行有效定价

选择好了产品品类，接下来就是对产品进行定价。产品定价对于跨境电商的销售来说非常关键，也是店铺盈利的核心。很多人不懂如何对自己的产品定价，目前也很少有针对跨境电商产品定价的培训，笔者作为中国第一批跨境出口经营者，根据我们企业的运营经验来谈一下如何对跨境电商产品进行有效定价。

◉ 供应商的价格基础

在为跨境电商产品定价之前，应该清楚地了解产品的采购价格处于行业的什么水平，也就是供应商的价格是不是具备优势。跨境电商经营要成功，选择一个优质的供应商是重中之重，供应商给你的价格必须具备市场竞争力，这样你才可能拥有足够的利润空间去做运营和推广。

如果你是跨境小卖家，建议你去阿里巴巴 1688 上寻找供应商。首先查看这家企业是工厂还是贸易商、注册资本多少、成立时间是何时，也可以看一下类似淘宝、天猫的评分系统，判断供应商是不是具备非常好的服务意识。还要看产品的价格优势，建议选择长期做外贸出口的工厂，这样的工厂一般具备很大的价格优势。下一步就是市场调研，你可以在天猫上输入产品关键词，看看相关产品的国内零售价格。最好是在天猫上找到一家热门店铺，然后购买一个你想要经营的产品的样品，与你选择的供应商的产品品质进行比较。如果产品品质很好，同时价格在同类供应商中属于中等偏下的水平，供应商又有非常好的服务意识，你的跨境价格策略就成功了一半。阿里巴巴 1688 上也有一些低于行业价格的供应商，一般是个人小作坊，不建议选择，因为小作坊在产品的稳定性和服务意识上都相对较差。

◉ 商品的实际成本

开店铺的目的是盈利，所以你要非常清楚商品的实际成本，这也是定价的基础。商品的实际成本 = 进货成本（包括产品进价、快递成本、破损率）+跨境电商平台的成本（包括推广成本、平台年费、活动扣点）+跨境物流成本+售后纠纷成本（包括退货、换货、破损率）+其他综合成本（包括人工成本、跨境物流包装成本等）。这里重点讲一下平台推广成本和售后纠纷成本。

◎ 平台推广成本

平台推广成本是商品实际成本的重要组成部分。如果你不是一个资金实力特别雄厚的中小卖家，对于商品的推广投入应该谨慎并且有非常详细的预算，建议是（产品进价+跨境物流成本）×（10%~35%），最好不要超过 40%，如果超过 40% 运营压力会非常大，店铺可能长期处于亏损状态。

◎ 售后纠纷成本

售后纠纷成本是很多外贸新人最容易忽视的一个成本。很多中小跨境卖家在中国境内发货，跨境物流线长、点多、周期长，经常会出现产品破损、丢件，甚至客户退货、退款的纠纷事件。因为跨境电商的特性是售后纠纷成本比较高，所以在核算成本时应该把这个成本核算进去。售后纠纷成本一般是（产品进价 + 跨境物流成本 + 推广成本）×（3% ~ 18%），如果超过这个区间，建议放弃这类产品。选择跨境品类的时候应该选择一些不容易发生售后纠纷的品类。

◉ 利用折扣价格吸引客户

这里说的折扣价格并不是说一定要真的长期打折，设置折扣价格的目的是吸引消费者，一般是在确定售价的基础上选择一定的折扣。标价可以包含全部成本和快递邮费，这样比较容易吸引客户。也可以定期做一些优惠活动，比如买就送，或者参与平台的一些推广活动等。销售量越高，价格越合理，你在跨境电商平台的排名就越靠前。

◉ 组合型价格策略

对于很多外贸新人来说，选择组合型价格策略非常重要。组合型价格策略包括引流定价策略、中性定价策略、利润定价策略。

◎ 引流定价策略

对于跨境店铺，特别是新的跨境店铺来说，首先要做的就是引流。一般的引流定价策略是在速卖通等跨境电商平台输入你的产品关键词，统计分析你所在行业的价格水平，大致需要找到 10 家跨境卖家的价格，取一个平均值，最终把商品标价定为平均值 × （1 – 15%）。这样的标价会有一点亏，但是结合一定的 P4P 推广，很容易给店铺吸引比较高的流量。记得标价应该是折扣价格，后期等流量上来以后，再通过调整折扣的方式，把价格调回正常水平。

◎ 中性定价策略

中性定价策略适用于店铺中的常规产品，此类产品的利润率处于正常水平。

◎ **利润定价策略**

一般的利润定价策略是这样的：标价 = 综合成本 ×（1 + 目标利润率）。

目前速卖通等跨境电商平台的利润率越来越低，一般在 15% ~20%。

◉ 盈利产品的定价策略

一个店铺最重要的产品就是盈利产品，而定价策略中最核心的就是这款产品的调价能力，也就是这款产品的溢价能力。首先，要把一款产品确定为盈利产品，在产品品质和供应商供应能力方面要做好把控，特别是做跨境电商，产品品质必须非常可靠而且稳定，供应商的供应能力也应该不断增强（包括库存、研发等）。

作为一个店铺的盈利产品，必须具备下面几个特性。

◎ **行业竞争不过度激烈**

一般来说，同类供应商越密集，定价越低，溢价能力越弱；反之，溢价能力越强。

◎ **商品具有差异化特征**

你的商品在照片、产品描述上要具有差异性，功能、属性方面也要有自己的特点。比如我们公司的一款产品是船模型礼品，我们每次上新品都会聘请国外的专业摄影师拍摄产品照片，我们还会提供刻字服务以产生附加价值，这样我们的产品溢价能力自然就会增强。

◎ **通过 P4P 等营销推广测试新款产品**

通过 P4P 或者 Facebook 等社交媒体营销推广新产品，产品成交、被收藏、被加入购物车的数据越多，溢价能力就越强。

◎ **客户的品牌印象**

客户对于品牌的印象仅仅是一种感觉，就像进入实体店铺的那一刻客户会从店铺装修、柜面陈列等细节判断出这个店铺的专业度和产品的档次，所以在网店的设计和定位上也要下足功夫。店铺的设计越专业，产品溢价能力越强。

◎ **消费的季节性**

很多商品会有季节性，比如圣诞节礼物、万圣节礼物、情人节礼物。季节性越强的产品，溢价能力越强。

◎ **销量和好评率**

这点最为明显也最为直接，道理也最简单，如果产品销量高、好评率高、客户满意度高，产品的溢价能力自然越来越强，最终会做成品牌，培育一批成熟忠实的客户。

◎ **对供应商的压价能力**

如果你做出了一个爆款产品，需求量巨大，供应商会不会给你一个更低的价格折扣，你是不是拥有更大的利润空间？如果答案是肯定的，后期产品的溢价能力也会比较强。所以在一开始推广产品的时候，可以把价格压得低一些。

◉ 如何做跨境电商平台的价格调研

要做好跨境电商，在众多的同行中脱颖而出，价格应该有比较明显的优势，所以定期做价格调研是每个跨境电商运营者必须做的事情。只有进行充分的市场调研，做到知己知彼，不断地自我调整，才可能具备竞争优势。

一种常规的价格调研方法是：首先进入常规的跨境电商平台，比如速卖通、敦煌网、eBay 等，然后选择你这个产品的产品类目，浏览前面 10 页的产品价格，通过计算得出一个平均价格，再与自己的产品价格比较，看一下是不是具备优势。你的产品价格最好在中等偏下的位置，这样最具有市场竞争力。

◉ 跨境电商新人如何正确定价

◎ 注意数量单位

数量单位问题看上去比较简单，但是很多做跨境电商的外贸新人不注意这类细节，经常把这样的原则问题搞错，最终导致订单亏本成交。外贸新人应该根据单笔订单数量确定单个产品价格，这样更容易吸引批量购买的采购商下单，比如100个多少钱、300个多少钱、500个多少钱。

◎ 避免随意定价

随意定价也是外贸新人最容易犯的错误，产品定价非常随便，定了又改，改了又定，这会让客户感觉这个店铺价格核算不专业，而且以前买贵的客户心里会不平衡，认为买亏了。定价应该细致、严谨，定价之前要做好调研，定价后不要轻易改变。

◎ 选择合理的销售方式

有些商品需要分件卖，有些商品需要分批卖，不同商品应采用不同的销售方式，比如低于1美元的商品一般建议分批卖。

◎ 区分C类买家和小B类买家

通过跨境电商平台可以找到许多C类买家，他们的特点是需求量小，甚至是单个，但对销售服务要求高。对于这类客户，笔者建议按零售价格销售。此外，通过跨境电商平台也可以认识一些小额批发商，他们的需求量相对较大，在价格上自然要给一定的折扣。这些小B类客户后期成长起来很有可能给你的店铺带来盈利，所以要特别重视这类客户的产品订单。

◎ 精准核算国际物流费用

作为一个有责任心的跨境电商卖家，应该帮助客户节省国际物流费用。产品标价时建议直接包含国际物流费用，同时写上包邮，这样更容易吸引客户。卖家应该根据产品的重量选择可靠、价格低廉的跨境物流公司，同时产品包装尽可能做到牢固又便宜。

◎ **考虑人民币和美元的汇率**

汇率非常重要，特别是对于很多已经做起一定销量的跨境电商卖家来说更是如此。定价时对于人民币和美元的汇率应该预估得保守一些。

◎ **不要忘了平台收汇扣费成本**

无论是eBay、速卖通，还是其他跨境电商平台，单笔美元收汇都有非常高的收汇成本，这个成本一定要计算到产品价格里面去。另外，建议积累到一定数额后再去平台提现，这样手续费最少。

跨境电商如何打造爆款

笔者认为在跨境电商平台打造几款爆款产品是跨境电商运营成功的王道。打造爆款的原理看起来跟国内淘宝运营类似，但其实差别很大，因为不同于国内天猫、淘宝一家独大的特殊情况，跨境电商出口平台很多，而且各个平台都有自己的条款和规则，每个平台打造爆款的玩法也不同，其中有很多独特的技巧和策略。很多国内的跨境电商卖家对于跨境电商平台的爆款打造了解得不多，所以这里为大家介绍一下在不同的跨境电商平台上如何打造爆款产品。

◉ 什么样的产品可以被称为爆款

每个人对于跨境电商爆款的定义不同，笔者的理解是，跨境电商爆款是拥有高流量、高转化率、高日平均成交率的商品。以亚马逊为例，如果一个商品的日流量达到2 000～5 000，日转化率达到或者超过15%，就可以称为爆款；日流量达到或者超过500，日转化率达到或者超过15%，仅能称为热款。打造爆款和热款是每个跨境电商卖家梦寐以求的目标，因为只有这样，才算真正开启了财富之门。

◉ 主流跨境电商平台爆款策略总结

打造爆款，60%靠品类选择，40%靠平台运营。目前几大主流跨境电商平台打造爆款的方法是不同的，下面简单总结一下。

◎ 速卖通

速卖通是大家最熟悉的跨境电商平台，速卖通打造爆款的方法跟淘宝系非常类似，主要靠做直通车推广和上速卖通的活动页面。想要在速卖通上打造爆款，笔者建议要对自己的店铺有明确的定位，因为速卖通已经正式从跨境C2C转型到了跨境B2B，所以一定不要单纯靠价格吸引客户，最好选择小而美的路线，确定特色品类。确定好特色品类后不要轻易转型，坚持自己的风格，用专业化、品牌化、良好的服务持续打造爆款产品。

在速卖通上打造爆款，笔者建议选择20款种子商品，通过速卖通直通车推广1个月以上，然后利用数据纵横软件看一下几个核心数据，包括曝光率、平均停留时间、加购物车数量、下单转化率，通过比对和分析这些核心数据，最终选择2～3个款式，加大推广力度，包括大投入的P4P和社交媒体、Google推广等。

还有一个重点就是多去研究速卖通的直通车数据，直通车数据直接反映了一个爆款产品的生存和发展趋势。对于爆款的直通车推广，笔者建议一天的推广投入不要少于100元人民币，多做一些关联销售、多参加平台活动。

◎ Wish

速卖通针对个人卖家的进入门槛越来越高，所以许多人转战Wish。在Wish上打造爆款，核心是要符合Wish的产品推送原理。Wish作为一个以移动互联网为主要渠道的跨境电商平台，其推送原理是根据平台匹配制度选择性推送，而不像其他跨境电商平台根据搜索展示产品。笔者认为Wish的爆款打造需要遵守下面几个原则。

* 符合移动互联网特征

目前 Wish 上的热销品类集中在服装、配饰、3C 产品，都是跟日常生活息息相关的产品。在选择爆款品类的时候，应该注意迎合手机端的消费习惯，产品照片也要符合手机端的浏览习惯，图片像素不要太大，以免影响浏览体验。

* 不要单纯依靠低价策略

2016 年 Wish 进入调整期，中国卖家长期的低价策略已经给客户带来了不好的体验，所以现在在 Wish 上做爆款，核心要靠知识产权、独特的产品设计和优质的服务。价格未必需要最低，但是品质必须过关，同时客户体验要做到一流，这才是做爆款的王道。

* 精准设置标签

Wish 的标签功能非常关键，因为这是 Wish 抓取产品信息的重要因素。对于标签的设置，笔者认为唯一要做到的是精准，就是要精准地描述产品的关键词。对于外贸新人如何设置标签，笔者的建议是：第一，多学习同类卖家的产品描述和产品关键词，从学习到临摹，再结合自己的产品特征写出描述；第二，利用一些数据工具，做一些产品关键词的优化和筛选，笔者推荐的软件是数字酋长。

* 提升发货速度

Wish 在短时间内实现跨跃式发展，关键就在于重视客户体验。跟很多跨境电商平台不同，Wish 标题下面展示的不是产品描述，而是客户对于产品的评价，其实这就是真正意义上的客户背书，所以客户体验直接关系到 Wish 推送的权重。作为做跨境电商的重要环节，发货一定要迅速，并且选择可追踪的跨境物流公司。只有客户体验好了才会被 Wish 推送，这样爆款才可以持续。

* 保持足够的库存量

只有产品符合 Wish 的规则，并且找到合适的推送机会，才有可能做出爆款。但是系统在推送产品时会判断产品库存量足不足，因为如果成为爆款却没有货卖，这样会给客户带来不好的体验。所以要做爆款，就需要设置一个比较充足的库存量。这样系统判断你的产品可以做爆款的时候，你的产品权重就会增加。

＊ 持续研发新产品

Wish 会判断卖家是不是有持续的新产品研发能力和上新品能力。如果长期不上新，系统会判断你不活跃；相反，如果经常上新，系统会判断你是一个创新活跃的卖家，给你源源不断的推送机会。

◎ **亚马逊**

笔者经常建议大家采取多平台同时运营的策略，因为各平台运营成本是差不多的。亚马逊是笔者个人比较推崇的跨境电商平台，亚马逊面向的是成熟的欧美市场，而且亚马逊的价格相对稳定，不像早期的速卖通以低价吸引客户，亚马逊一直非常注重品质和效率。在亚马逊上打造爆款一般需要遵循下面几个原则。

＊ 创新产品

在亚马逊上做爆款之前，要进行非常详细的市场调研工作。产品要成为爆款，价格不是唯一的因素，也不是有效的因素，创新才是王道。举一个真实的案例，笔者的一个朋友有一年在亚马逊卖货赚了100 多万元，笔者问他是卖什么产品的，他回答说他是卖手机数据线的，笔者说卖个手机数据线至于赚这么多钱吗，朋友回答说因为他做了产品创新。原来朋友开发了一个新产品，这个手机数据线既适用于苹果手机，又适用于其他类型的手机，属于个性化的创新产品，所以销量很好。

＊ 功能实用、照片吸引人

欧美市场比较注重功能的实用性，所以要在亚马逊上做出爆款，卖家应该选择功能性强、实用性强的产品，而且拍摄的产品照片要吸引人，但是切忌花里胡哨，以白底最佳。优质的商品搭配实用的功能和精美的照片，这样最容易吸引亚马逊的消费者。

＊ 优化列表

在亚马逊上打造爆款，最重要的部分就是列表的优化，核心是标题、关键词和客户评价。

标题的优化对于亚马逊的爆款推广非常关键，因为好的标题不仅可以增加曝光量，而且可以提升成交率。对于亚马逊标题的设置，笔者的建议是：首先，要突出产品的个性化；其次，标题应该完整，并且符合欧美人的用词习惯，不能有语法问题。

关键词可以通过工具选择，目前市场上这样的关键词工具非常多。如果你是一个跨境新手，也可以通过下面的方法来解决，比如罗列出商品分类的相关关键词，利用商品属性组合拓展关键词词组，也可以参考同类卖家的关键词设置等。

客户评价也非常重要，因为这直接反映了客户体验，并会影响潜在客户。

＊ 加大推广力度

除了亚马逊的站内推广，站外推广也非常重要，包括最重要的社交媒体推广、搜索引擎推广、论坛社区推广、博客推广等，一切都是以吸引流量为原则。有了流量，再加上优质的商品、创新和持续的服务，才能打造出真正的爆款。

第三节　跨境电商如何做品牌

2016 年速卖通宣布全面转型为跨境 B2C 平台，推出了三道新政，分别事关年费、企业资质、品牌资质，而品牌化一直是速卖通全力推动的重点。在推进品牌化的过程中，速卖通除了利用阿里系的生态优势从天猫导入优质的品牌资源外，还向海外优质的品牌企业发出入驻邀请，最具代表性的事件是速卖通和全球科技界的“大佬”英特尔合作。通过和世界级别的科技品牌合作，速卖通提升了自己的品牌定位。作为中国具有影响力的跨境电商进口平台之一，速卖通如此激进地追求跨境电商的品牌化，业内一直议论纷纷，有赞誉也有质疑，但是笔者认为速卖通的全面品牌化战略正是为了顺应跨境电商 3.0 时代，也是提升客户购物体验的有力措施。

DTC 品牌化出海真正代表未来

在中国，跨境电商的品牌化出海已经倡导了很多年了，因为发展跨境电商的核心就是让中国的外贸出口往产业链的更高层级去走。

新冠肺炎疫情使得全球的贸易格局发生了彻底的变化，海外的在线销售数据持续增加，品牌化出海的价值也越来越显现出来。2021 年，在经历了亚马逊“封号”风波和供应链压力之后，DTC 品牌化出海成为真正的主流趋势。

首先我们来聊聊什么是 DTC 品牌化出海。DTC 是指直接面对消费者的营销模式，包括任何以终端消费者为目标的营销行为，品牌直接和消费者互动，同时及时掌握消费者的购物行为和消费者画像。

DTC 其实是由 B2C 细分而来，发源于美国。故事大概是这样的：一群在学校的大学生为了不让中间商赚取差价，选择在互联网上搭建独立站销售眼镜等商品。2021 年是 DTC 品牌化出海的崛起之年。

◉ 跨境电商 DTC 品牌化的优势是什么

◎ 产品优势

DTC 品牌化的优势首先是产品优势，因为直接对接消费者，可以获取第一手的数据和资料，基于这些信息进行产品设计和迭代，一定会生产出满足消费者需求的产品。

◎ 渠道优势

DTC 去掉了中间商，把渠道成本降到最低，卖家可以和客户直接沟通。

◎ 数据优势

DTC 的核心是数据的积累，相对于传统品牌，DTC 品牌通过数据驱动产品的研发，更有助于改善消费者体验。

◉ 中小企业为什么要建立海外市场品牌

关于品牌化对于中小跨境电商创业者的价值，笔者特意采访了在宁波做小家电的亚马逊大卖家陈总，陈总对于品牌化出海的理解应该对很多传统外贸企业转型做跨境电商有很大的帮助。

陈总认为，首先，品牌意味着品质值得信任。我们做跨境电商零售，无论选择平台还是独立站，选择海外仓还是直邮，前提都是绝对优质的产品。没有优质的产品作为支撑，跨境电商零售基本就是海市蜃楼。品牌的建立是产品质量最好的证明。

其次，品牌意味着溢价能力。传统外贸企业转型做跨境电商的目的非常现实，就是帮助企业卖货，帮助企业实现高盈利。而只要品牌得到认可，产品适当溢价也会被消费者接受。陈总分享了一个烤面包机的案例。这个产品在亚马逊等平台畅销 3 年多了，好评率非常高，在海外社交媒体也有非常好的美誉度。2021 因为原材料价格的上涨以及劳动力成本的上升，陈总把这款烤面包机的价格提升了8%，但是依然销售火爆。这就是品牌化的真正价值。

再次，品牌意味着差异化。目前跨境电商行业最大的问题就是产品同质化严重、跟卖严重，而品牌的背后是独立的设计、专有的设计、技术专利等，而这些正是使自己的产品与其他产品区分开来的关键，可以有效防止跟卖。

最后，品牌更适合在社交媒体传播。2021年流量的核心来源之一就是社交媒体，如果没有品牌，就很难在社交媒体上讲故事、传播故事。陈总又分享了一个真实的案例，2021年他们公司生产的打蛋机，通过一个俄罗斯网红将产品拍入视频故事中，在YouTube上传播，获得了上百万的点击量。

◉ DTC品牌化出海的真正价值和策略

2021年DTC品牌化出海的流行，主要原因首先是跨境电商平台上的卖家察觉到平台流量的萎缩和内卷严重，其次是社交媒体引流，最后是亚马逊“封号”风波的影响。

其实DTC品牌化出海可以更好地迎合海外消费者的消费习惯。很长时间里，欧美消费者更喜欢通过Google搜索关键词，然后进入品牌官方网站下单购买产品。通过Facebook、Instagram进行社交媒体引流，最终还是通过品牌官方网站实现交易。

2021年DTC品牌化出海的成功案例中，很多都是基于个性化的独立站，设计出整体的品牌营销计划，从官方网站的定位、设计，到Google、社交媒体的引流，以及口碑的打造、网红营销、本地化推广等。通过这样一整套的营销计划，最终让品牌深入人心。

要想成功实现DTC品牌化出海，首先要对市场上的竞品进行调查和分析。一个品牌能在众多的竞争者中突出重围，核心是比竞争对手更有特色、更有优势。所以DTC品牌化出海的前提就是竞争对手分析。我们要知道我们的竞争对手是谁，分析竞争对手的供应链、产品功能、目标人群、销量口碑等。根据这些数据制定清晰的DTC品牌化出海方案。

其次，一定要进行精准的市场营销，特别是在产品推向市场的前期。在大量市场调研的基础上，找到市场的切入点和突破口，树立起品牌，然后通过不同渠道的广告投放数据和市场数据反馈，不断调整广告投放策略，更有针对性地获取流量。

◉ 从DTC品牌化出海成功案例中得到的启示

我们采访了一些在2021年成功实现DTC品牌化出海的企业，它们的建议对于广大传统外贸企业实践DTC品牌化出海应该会有非常大的启示。

◎ DTC品牌化出海应该重视社交媒体营销

1. 通过海外网红营销，在社交媒体为自己的产品和品牌传播造势，应该是很多成功实现DTC品牌化出海的企业选用的方法。比如深圳的一些头部品牌企业，都是通过网红营销让自己的品牌实现了万级、十万级、百万级别的市场传播。

2. 社交媒体引流后，一定要建立自己的私域流量，同时还要做好私域流量的维护和运营工作。比如建立“粉丝”群以后，要不断地在“粉丝”群里发布一些新产品，以及针对老客户的折扣福利，这样才可以提高复购率。

3. KOL的引导在DTC品牌化出海过程中非常关键。社交媒体上的KOL对于普通用户有着巨大的影响力和带动力，经过KOL的引导，普通用户也会对品牌产生认知甚至购买行为。

◎ DTC品牌化出海更要注意产品的迭代

之前说过，DTC品牌化的首要优势是产品优势，但是社交媒体上年轻消费者居多，年轻消费者的需求是随时变化的，所以我们要持续推新。

我们公司有一个 3 人小团队长期泡在我们品牌的“粉丝”群和社交媒体群里，收集和调研客户的最新需求，然后把客户的消费意向反馈给设计和研发部门。我们很多的新产品往往是 3 个月一轮回，6 个月一变革，以此满足客户需求，带动更多的销量。

◉ 海外仓和目的地本土化运营对于 DTC 品牌化出海的价值

海外仓和目的地本土化运营对于 DTC 品牌化出海非常关键，海外仓不仅可以降低成本，还能提供优质的物流体验，最重要的是能够更好地解决售后问题。

目的地本土化运营也是未来的重要趋势之一，很多头部的跨境电商卖家都在海外建立了自己的营销团队、销售团队、市场开拓团队，通过这些团队真正理解海外市场，满足海外市场的需求。

◉ DTC 品牌化可以提供定制化、个性化的产品和服务

DTC 品牌化的一个好处就是可以提供定制化、个性化的产品和服务。跟大家分享一个案例，笔者的一个学生是做假发的，大家都知道这几年假发市场的竞争非常激烈，但是我的这个学生通过独立站提供定制服务，比如指定颜色的假发，甚至可以把海外客户的名字定制在假发上，所以 2021 年虽然整个行业不景气，但是他的假发依然卖得非常好。

◉ DTC 品牌化要深挖细分市场

我们调研了很多成功的 DTC 品牌，它们在越来越内卷的跨境电商市场依然做得风生水起，甚至在细分市场是绝对的老大。

比如我们采访过一个做电焊产品的公司，老板告诉我们，电焊在海外市场有一群非常独特的发烧友，这个市场非常冷门，普通竞争者参与不进来，他们通过 DTC 积累了私域流量，并且通过品牌化赋予产品个性，

最终取得了非常好的销售成绩。

另一个案例是一个生产潜水推进器的公司，因为老板自己喜欢玩潜水，所以发现了这个蓝海市场，而且这个领域技术门槛、专业背景要求非常高，他们通过 DTC 建立了独立站，通过 Google 推广、Facebook 推广积累了大量“粉丝”，2021 年的销售业绩非常喜人，而且利润率非常高，并且几乎没有大的品牌竞争者。

◉ DTC 品牌化出海的核心是关注消费者

DTC 品牌化出海的核心价值是给消费者提供个性化的产品和优质的服务，所以做好 DTC 品牌化出海的核心是关注消费者的需求和体验。

耐心倾听消费者的意见和反馈，积极通过社群等渠道互动，不断提升消费者体验，从而推动二次营销和重复购买。

最后总结一句话，DTC 品牌化出海的最终成功路径是“始于爆款，成于品牌”，通过优质的产品首先形成爆款，带来流量和关注度，然后通过私域流量不断强化客户和卖家之间的信任和关联，最终实现 DTC 品牌化出海。

跨境电商为什么一定要做品牌

在跨境电商 1.0 和 2.0 时代，很多传统外贸企业通过廉价模式快速地吸引海外客户并且迅速地开拓海外市场，但在跨境电商 3.0 时代，越来越多的商家发现这种模式行不通了，品牌化成为新的趋势。为什么跨境电商一定要做品牌？未来跨境电商不是品牌商家就不能发展了吗？对于这样的一个话题，我们采访了几位资深的跨境电商卖家，用他们的故事来解读品牌和跨境电商未来发展的关系。

◉ Ben 的跨境品牌故事

“90 后” Ben 经营的产品是笔记本电脑的电池，目前店铺的年销售额超过 1 000 万元人民币，这样的业绩对于一个初创公司来说已经非常不错了。Ben 将自己跨境电商创业的阶段性成功归功于团队坚持的品牌化战略。

对于为什么坚持品牌化，Ben 讲了一个故事。Ben 有海外留学经历，而且经常用笔记本电脑玩游戏，总会遇到笔记本电脑电池需要更换的问题。更换电池的方法有两种：第一，花几百美元从电脑的品牌售后店买一块品牌电池；第二，在 eBay 上买一块中国深圳制造的价值 40 美元的电池。这两种方法他都尝试过，但都不满意。品牌售后店的品牌电池贵得离谱，而通过 eBay 买的电池价格虽然便宜，但是质量不好，经常出问题，甚至有一次还搞坏了电脑。回国后 Ben 就萌生了跨境电商创业的想法，他要做出一个真正满足客户需求并且性价比高的品牌。他首先注册了品牌商标，然后基于自己的专业知识选择了品质优良、性价比高的笔记本电脑电池，定价在 100 美元左右。此外，Ben 的留学经历使他对于 Google 推广非常娴熟，通过 Google 推广等手段，Ben 在海外市场推广了自己的品牌，导入流量后，通过专业的知识和优质的服务在海外消费者中建立了良好的口碑。对于跨境电商品牌建立的必要性，Ben 是这样总结的：“跨境电商品牌化的实质就是优质、差异化的产品定位，良好的售后服务，通过跟客户建立信任产生口碑和重复的购买力。”

笔者认为 Ben 的案例非常典型，笔记本电脑电池这个产品笔者也熟悉，因为笔者曾经接触过这个行业，电子品类最适合做跨境电商，并且最容易起量。在跨境电商 1. 0 和 2. 0 时代，许多跨境电商创业者选择低价竞争模式，就像 Ben 的故事中讲的，一块笔记本电脑电池卖 30 ~ 40 美元，但是这样的电池质量不好，经常出问题，客户因此产生不好的购物体验，进而导致没完没了的消费投诉，最重要的就是你会彻底失去这个客户。而 Ben 表示他的客户复购率非常高，有些客户会在几个月内购买很多次，甚至推荐给他们的亲朋好友。

还有一个比较重要的事情是品牌可以产生合理的销售利润，比如 Ben 的笔记本电脑电池零售价格是 100 美元，利润率非常可观。有了合理的利润，Ben 可以投入更多资源和精力改善客户体验和客户服务，形成了良性循环。而选择低价路线的卖家，产品利润微薄，只能在品质和物流体验上偷工减料，最终客户买一个逃一个，店铺也就慢慢被淘汰了。

如何做好跨境电商的品牌定位

建立跨境电商品牌的第一步是明确自己的品牌定位，品牌定位包括市场定位、价格定位、形象定位、人群定位。继续拿 Ben 的案例来分析，Ben 在跨境电商创业之前花了 6 个月时间进行深入的产品调研，包括分析同类产品销售数据、调研成功店铺案例、购买行业数据等，再结合自己的体验，最终把自己的产品定位在中等品质但最具备性价比，并且把产品价格定在 100 美元（两端的价格是高端品牌卖几百美元，杂牌卖 30 ~ 40 美元）。明确自己的品牌定位后，Ben 又精心选择供应商，并且以投资参股的方式参与到供应商的产品设计和研发过程中，确保自己的产品独一无二、品质优良。此外，Ben 非常注重客户体验，经常会根据客户的评价和交流意见改进产品，而且非常注重细节。

如何通过内容传播建立品牌影响力

Lily 王是宁波一家跨境电商公司的创始人，她选择的跨境电商平台包括速卖通、敦煌网和 eBay。因为品牌战略，Lily 王不仅取得了几千万元人民币的销售业绩，而且被敦煌网评为年度最佳卖家。

对于如何建立自己的跨境电商品牌，Lily 王是这样说的："这是一个内容传播为王的时代，现在的互联网品牌传播已经不仅仅是简单的说服和宣传，品牌的建立和传播更多通过跟消费者的互动实现。价值认同和信任，这才是品牌传播，特别是跨境电商品牌传播的真谛！"

Lily 王认为建立跨境电商品牌需要做好下面几点：（1）取英文品牌名并且进行海外商标注册；（2）注重品牌的 VI 设计；（3）精准定位品牌受众；（4）找准品牌的核心诉求；（5）围绕品牌进行有效传播。下面笔者就前两点做详细介绍。

◉ 取英文品牌名并且进行海外商标注册

针对跨境电商市场在海外的特点，笔者认为在起品牌名时应该抓住下面几个核心点：简单、关联产品关键词、没有知识产权争议、符合目标市场的风俗习惯。简单的品牌名更容易被消费者记住，比如笔者的跨境电商品牌"CTS"是取自"CROSS THE SEA"的首字母。关联产品关键词就是要让人看到品牌名就能想到对应的产品。没有知识产权争议这点非常重要，因为笔者发现很多跨境电商卖家在取名时喜欢仿名牌或者傍名牌，其实后期风险非常大。符合目标市场的风俗习惯也非常重要，比如某些阿拉伯国家对于某些词语是忌讳的，所以在起名前应该做详细的调研，结合多方面的意见和建议。

关于英文品牌的海外商标注册，目前中国有很多海外商标注册代理机构，速卖通也上线了知识产权创新产品——创新保，为平台卖家提供一站式的国内、国际商标注册指导服务。

最后，好的品牌最好要有品牌故事，这样有利于后期的传播。

◉ 注重品牌的 VI 设计

品牌的 VI 设计非常重要，因为 VI 设计会让客户真正记得你的产品，并且印象深刻。品牌的 VI 设计已经成为一门学科。笔者认为跨境电商品牌的 VI 设计主要表现在整套的品牌商标，商品图片的展示、商品描述的展示，以及商品的包装设计。其中最重要的就是商品的包装设计，因为包装直接影响客户的购物体验，特别是对欧美的消费者来说。就这几年跨境电商品牌 VI 设计的趋势来说，最好的 VI 设计既能让海外客户接受，又具备中国元素，通过一整套的 VI 设计，最终让品牌形象立体地呈现在跨境店铺内。

品牌的有效传播

建立了自己的品牌后，如何进行品牌的有效传播非常关键。就传播方式来说，包括站内营销推广、论坛营销推广、搜索引擎营销推广和视频营销推广等。此外，目前最流行的就是社交媒体营销推广，无论是国内电商运营还是跨境电商运营，内容传播是核心点。其实我对于社交媒体营销推广的理解是讲故事，是为品牌的受众创造价值，并且履行品牌服务的承诺。品牌故事的传播可以结合多种方式，包括文字、图片、音频、视频等。

◉ 中小跨境电商企业建立品牌的核心是提高客户的复购率

关于中小跨境电商企业如何建立品牌，跨境电商大咖 Mr. Yao 的观点对笔者颇有启发，他说："核心点是做好自己的产品，通过优质的产品传播品牌，产品即品牌，品牌即产品。同时，对于普通中小企业来说，建立品牌的核心就是提高客户的复购率，降低营销推广投入。"

◉ 打造符合中小跨境电商企业实际的跨境电商品牌

Mr. Yao 认为中小跨境电商企业打造品牌一定要符合企业自身的实际。首先应该选择优质的商品，因为商品带来的口碑意味着一切，如果没有优质的产品和良好的口碑，品牌也无从谈起。经过一个时期的市场推广，企业可以在此基础上推出精品，所谓精品就是对产品进行全方位包装。

打造品牌还有一个关键点就是对产品的聚焦，普通中小企业应该专注于某个产品，并且集中自己的资源和资金把这个产品做深入、做透彻，这才符合中小企业做跨境电商品牌的实际，切忌贪大贪全。要靠品牌的力量增加新用户的数量，提高老客户的黏性，最终提升商品的复购率。

跨境电商如何选择品牌供应商

很多跨境电商企业选择供应商时，考虑到跨境电商平台全面转型B2C和品牌化的现状，一般都会要求供应商拥有品牌，但是如何选择品牌供应商也是有很多技巧的。目前，拥有品牌的供应商一般分为以下三种情况。

◉ 国内的贸易商家

目前跨境电商选择供应商的首要渠道就是阿里巴巴 1688，在这个平台上大家接触最多的就是国内的贸易商家。贸易商家一般都有自己的品牌，但是没有自己的生产企业，都是代理其他企业的品牌。这类品牌供应商的优势比较明显，服务会比一般供应商更专业、更优质，同时有融合优势，因为品牌贸易商往往会代理很多品牌。所以对于跨境电商初创企业来说，选择国内的贸易商家也是不错的。

◉ 工厂代工贴牌企业

第二类品牌供应商是工厂代工贴牌企业，这类工厂在江浙一带非常普遍，它们在传统外贸时代长期给海外客户代工。2008 年开始，传统外贸不景气，再加上电商平台倡导，这类工厂一般都会注册一个商标，但它们的特征是品牌等于商标，没有任何影响力，也没有任何推广和宣传。这类工厂的优势在于规模化生产的产品价格往往比较低，但是在产品研发和品质稳定性上有短板。选择这类品牌供应商时，跨境电商企业一定要深入了解和调研后再做决定。

◉ 真正的品牌商家

这类品牌供应商是最值得跨境电商企业重视的供应商，它们的特点是拥有自己的研发团队、自己的生产线、自己的企业文化和情怀，以及自己的稳定客户群体，而且它们的品牌绝对不仅仅局限于商标。但是这类品牌企业的品牌已经建立起来了，价格往往会比非品牌企业要高，很多跨境电商初创企业往往就此放弃。其实抓住优质的品牌供应商，跨境电商创业就成功了一半，因为优质的品牌供应商的产品质量好、市场口碑好，这有利于店铺的成长，也会增加客户黏性，最终在营销推广成本上反而是最节省的。

不同市场的品牌策略——速卖通卖家采访

◉ 如何在新兴市场做品牌

宁波慈溪是中国的小家电之都，也是目前宁波跨境电商企业的聚集地。宁波慈溪的跨境电商卖家阿 Joy 以前一直在传统外贸领域发展，做欧美市场的 OEM 订单，一开始市场还是不错的，但是这几年随着传统外贸的不景气，再加上当地政府的倡导，他转型做起了跨境电商。在一次速卖通培训会上，他得知速卖通的核心市场是俄罗斯等新兴市场，所以组建了团队主攻产品在速卖通上的销售。

Joy 认为做品牌就应该在产品、服务、销售体验上做到脚踏实地，并且做到专注，通过完善销售全过程的体验感打造品牌。对于俄罗斯市场的品牌战略，Joy 认为首先应该选择符合当地需求的产品，所以市场调研非常重要，他们也是经过了多次的选品、推广，结合市场销售情况，才选出了几个热销品，然后持续推广，持续做好客户服务，最终在俄罗斯建立了良好的口碑。对于在俄罗斯市场的成功，Joy 认为核心还是对优质产品的坚持和口碑的建立。同时 Joy 认为对于新兴市场跨境电商品牌的建立，平台的选择也非常关键，速卖通在俄罗斯已经成为最受欢迎的跨境电商平台，而且速卖通还会对优质商家加大扶持力度，这对于他在俄罗斯市场建立品牌非常有帮助。

◉ 如何在欧美市场做品牌

Jucy 是深圳一家跨境电商企业的负责人，目前主要运营的产品是跨境电商热门的品类之一——智能可穿戴设备，年销售额超过 3 000 万元人民币。Jucy 的跨境电商团队一共 40 人，核心目标市场是美国。

对于美国市场的品牌战略，Jucy 的观点是：“作为跨境电商真正的品牌制造者，更应该挖掘市场的痛点，专注市场细分领域，做品牌不仅仅是在商标上下功夫，做差异化的商品、满足客户差异化的需求才是根本。”对于美国市场，Jucy 有自己的理解，她认为美国市场对于产品品质要求更高，而且美国市场上客户的个性化需求更明显，所以挖掘客户独特的需求最重要。Jucy 说他们公司参与过一次速卖通的团购活动，大概在几天内销售了 1 000 多个智能手环。因为美国人比较爱运动，但运动的时候又不方便接电话，同时他们非常喜欢戴手环，于是 Jucy 的公司根据客户反馈在手环上增加了接听电话的蓝牙功能，最终在零售市场取得了成功。因为有非常好的口碑，品牌自然也建立起来了。对于跨境电商的品牌建立，持续的创新非常重要。目前可穿戴设备在速卖通等平台上非常火爆，短时间内市场竞争者大量涌入，所以产品同质化现象非常严重，产品质量也参差不齐，但 Jucy 还是坚持自己的品牌化之路。Jucy 说他们公司和供应商有深入合作，基本每三个月就会推出新款，当新款卖爆之后大量的仿品出现了，他们又马不停蹄地推出另外一个新款。对于品牌的建立，Jucy 谈到沉下心来做非常关键，要在一个行业深耕细作，持续地做好客户体验和口碑，做品牌最忌讳急躁冒进。

第四节　品牌企业如何转型做跨境电商

这几年跨境电商迅猛发展，速卖通、eBay、Wish 等跨境电商平台全面升级转型，对于跨境电商企业的品牌化提出了更高层次的要求。以速卖通为例，新政规定对于大部分品类，入驻商家必须有品牌，所以大量不合格的中小跨境电商企业被淘汰出局。品牌企业在企业资源、供应链、资本实力、人才实力和品牌口碑方面具有先天优势，正好填补了淘汰中小跨境电商企业留下的空缺，这就是速卖通的“良币驱逐劣币”策略。跨境电商 3.0 时代谈的是客户体验，而客户体验的提升需要强大的资本、资源实力作为支撑，这就是更多的跨境电商平台愿意把优质资源向品牌企业倾斜的原因。

海外市场重点突破，快速打开目标市场

笔者认为品牌企业转型做跨境电商是目前品牌企业快速打开海外市场的最有效渠道之一。这里以我们企业的真实案例予以说明。在传统外贸时代，我们就已经注册了海外品牌，但是那时海外采购商是不需要供应商有品牌的，因为作为代工厂，我们处于价值链的最底层。但我们一直坚持品牌化战略。我们的市场营销部曾结合热播电影《加勒比海盗》，通过产品授权的方式设计生产了一款《加勒比海盗》电影的衍生产品——黑珍珠号模型。根据传统的外贸出口模式，应该是我们设计生产样品，拍摄样品图片给到欧美采购商，如果他们感兴趣，我们就寄送样品，谈价成交后在产品上打上客户的商标，最终由集装箱海运出口。这样的传统外贸出口模式下，我们工厂赚取的利润微薄，而且交易周期漫长。而在跨境电商模式下，我们设计出产品，修整图片后，通过 Facebook 营销推广，根据留言和评价来看这个产品对于消费者的吸引力，同时我们也会把新产品放到美国的几个工艺品社区和论坛进行投票，并在自己的网站进行推广试销，根据大数据分析和客户的评价，我们决定力推这款产品。最终我们和美国的一家团购网站合作，我们生产完产品后，发货到我们美国公司的海外仓，本土化运营加上团购网站的促销推广，我们大概在一周内销售出 20 万美元的商品，而且利润相比以前增加了 10 倍，这在传统外贸时代是不可想象的。

品牌企业的竞争会让跨境电商更成熟

近几年，越来越多的品牌企业转型做跨境电商。品牌企业参与跨境电商领域的竞争是有利于跨境电商发展的，因为品牌企业在资本和资源

上有非常强大的优势，而且只有竞争才会推动跨境电商发展。

第五节　如何组建跨境电商团队

谨慎选择跨境电商代运营公司

进入跨境电商3.0时代，很多传统外贸企业急于转型跨境电商，但在实际运营过程中发现缺人、缺经验，于是大量的跨境电商代运营公司应运而生。

在介绍这部分内容之前，笔者想跟大家分享一个真实的故事。大概在2015年下半年，笔者去一家职业学院招聘跨境电商业务员，我们当时在招聘广告上发布的薪酬标准是固定工资加5%的业绩提成，笔者本以为我们的业绩提成已经非常高了，但是另一家跨境电商代运营公司的业绩提成高得让人大跌眼镜，那个公司的老板跟我们说："我们现在正在大力扩展市场空间，我们对于跨境电商代运营业务员的提成是40%～50%……"代运营业务员的提成超过40%，这背后是多少传统外贸企业对于跨境电商的迷茫和无奈啊。经历这样一次印象深刻的对话后，对于很多传统外贸企业的跨境电商代运营咨询，笔者一般建议谨慎再谨慎。

◉ 跨境电商代运营公司的分类

目前跨境电商代运营公司有下面几个类别。

◎ 淘宝天猫系代运营公司转型做跨境电商代运营

淘宝天猫系代运营公司在中国发展已经10多年了，已经非常成熟了。淘宝天猫系代运营公司一般分为这样几类：第一，单纯的骗子型，画一个大饼给你，然后就是收钱，基本没有任何效果；第二，非专业代运营公司，这类公司的特征是老板或者某个业务员对于直通车和钻展有一定的了解，但是对于全面运营的了解不够深入；第三，专业代运营公司，分为大运营公司和小运营公司，大运营公司包括已经上市的宝尊，还有很多经历市场洗礼的专业代运营公司。目前转型做跨境电商代运营的公司很多都是第三类，典型的做法就是招聘几个有跨境电商经验的操作员，市场推广策略完全照搬淘宝天猫的推广策略。就目前中国跨境电商的发展来说，高水平的运营人员少之又少，所以对于这类跨境电商代运营公司的最终效果，笔者一直是打一个问号的。

◎ 资深跨境电商运营者转型做跨境电商代运营

目前跨境电商代运营市场超级火爆而且利润巨大，很多资深跨境电商运营者转型做跨境电商代运营。对于这类外贸人转型做跨境电商，笔者认为还是不错的。但是这类跨境电商代运营公司的所有资源往往集中在一两个人身上，代运营服务很难做到系统化。而且因为目前跨境电商培训市场非常火爆，利润很高，所以这类跨境电商代运营公司的大部分资源都流向了培训市场。

◎ 外贸软件服务商转型做跨境电商代运营

这类企业最典型的代表就是递四方。递四方一直以来是做外贸软件的，看到跨境电商市场巨大也就开始做跨境电商代运营，推出跨境电商一站通服务 ECOSS，并且希望短时间内实现非常高的业绩增长。递四方的服务侧重于电商渠道的建设，包括亚马逊、eBay 等综合电商平台，为客户提供独立建站、海外分销等跨境电商服务。对于这类企业转型做跨境电商代运营，笔者认为服务质量较高，但缺点是收费和门槛非常高，不太适合中小跨境电商企业。

◉ 合格的跨境电商代运营公司应该具备的能力

跨境电商代运营相对于淘宝天猫代运营更为复杂，要求更高且挑战更大，合格的代运营公司要面临从服务商到渠道商的角色转变。笔者认为一个合格的跨境电商代运营公司必须具备下面几个核心能力。

◎ 跨境渠道运营能力

这是跨境电商代运营公司应该具备的最基础和核心的能力，主要是要熟悉各个跨境电商平台，懂得推广、运营，从店铺定位到品类选择都能够提出非常有价值的规划和建议，特别是对于海外推广，必须有自己独到的建议。跨境电商代运营的价值不仅在于传统运营，更重要的是参与跨境电商的渠道建设，最好在目标市场有自己的渠道资源、有相关品类的客户资源，这就需要跨境电商代运营公司具备大量的外贸资源和运营经验，这是非常宝贵和稀缺的。

◎ 跨境物流仓储综合解决能力

目前跨境电商最大的痛点就是跨境物流，无论是从国内发货还是在目标市场建立海外仓，都需要非常专业的跨境物流经验。目前中小跨境电商企业无论在跨境物流的专业性还是资源上都是非常欠缺的，所以跨境电商代运营公司必须通过自己的物流仓储综合解决能力弥补这样的缺陷。

◎ 综合营销能力

跨境电商营销是跨境电商代运营中最具技术含量的环节，跨境电商代运营公司应该非常熟悉跨境电商平台本身的营销推广、搜索引擎营销推广、社交媒体营销推广、视频营销推广等各种营销手段，熟悉各类专业的论坛社区，并且能够凭借自己的经验和专业性做到低投入、高产出。

◎ 售后服务能力

在跨境电商1.0和2.0时代，很多中小跨境电商企业从国内发货，对于退换货、维修等售后问题，很难及时解决。跨境电商代运营公司应该能够通过包括本土化服务在内的一切手段，帮助跨境电商企业解决售后服务问题。

◎ **二次运营能力**

目前跨境电商的客户流失率很高，一方面是因为客户服务和体验没做到深入，导致老客户流失；另一方面是因为对于新客户的吸引力不够，订单未付款的比例很高。专业的跨境电商代运营公司能够通过软件和相关的数据分析帮助跨境电商企业挖掘未开发的客户资源，帮助跨境电商企业成长。

◎ **客户关系管理能力**

对于那些发展迅猛的规模化跨境电商企业，客户关系管理比单纯的市场开发更重要。好的跨境电商代运营公司可以通过自己的专业性和经验满足客户需求、增加客户黏性，通过数字化的方式跟客户进行沟通交流，最终将结果反馈给跨境电商企业，以调整产品和服务。客户关系管理对跨境电商代运营公司的要求非常高，必须具备很高的海外服务能力和丰富的海外资源。

● 选择跨境电商代运营公司的更多是品牌企业

目前一整套跨境电商代运营服务的报价一般是100多万元，以递四方的跨境电商代运营产品ECOSS为例，它现在的核心客户是那些已经有一定销售规模的传统品牌商、制造商。对于这类企业，递四方的服务内容是全球电商渠道的建设和品牌推广、分销渠道的开拓，以及物流仓储服务软件的开发。至于普通的中小跨境电商企业，笔者认为还是应该通过传统的外贸团队运营自己的跨境电商，多学多听多实践，最终找出一条属于自己的跨境电商运营之路。

跨境电商人才培养和招聘的痛点

近几年，跨境电商在中国的发展真正进入了如火如荼的阶段，虽然经历了亚马逊“封号”风波，但是客观地讲，跨境电商依然是全世界最具前景的一个行业。目前跨境电商行业面临的困局和痛点很多，这一节重点要聊的就是跨境电商的人才建设和人才培养问题。

◉ 跨境电商人才奇缺

一个行业要蓬勃发展，核心还是要靠人才。目前跨境电商行业人才奇缺，对于高端人才的争夺甚至到了白热化的程度。特别是跨境电商复合型人才，更是到了“千军易得、一将难求”的状态。深圳的很多跨境电商头部企业，甚至直接到对手公司门口挖亚马逊运营总监。

◉ 什么原因导致跨境电商人才奇缺

目前跨境电商行业人才奇缺，其实有非常复杂的成因。

◎ 跨境电商行业变化非常快

虽然跨境电商行业已经存在了很多年了，但是真正火爆其实也就是在这几年，特别是在疫情以后。跨境电商行业发展非常迅速，行业政策、平台政策往往几个月就一变，行业的高速发展对于人才教育和培训提出了非常高的要求。笔者跟很多高校老师沟通过，老师们普遍反映今年的课程内容往往到了明年就过时了，甚至已经没有价值和意义了。

◎ 跨境电商教育晚于市场发展

中国的电子商务和跨境电商的发展道路是非常崎岖坎坷的，整个社会对于电子商务的认知也经历了从不入流、非主流，到主流的过程。中国的跨境电商教育长期处于空白阶段，直到以阿里巴巴为代表的电商巨头真正推进了中国电子商务的发展，以亚马逊、阿里巴巴国际站为代表的跨境电商平台改变了外贸格局，疫情让传统企业日子越来越难过，中国的各行各业才意识到数字化贸易的必要性，围绕跨境电商的高校教育和社会力量培训才开始推进。

◎ **复合型人才、高含金量人才更是稀缺**

对于很多跨境电商企业来说，最期待的是那种马上可以上手产生业绩，并且解决实际问题的复合型人才。一个高含金量的跨境电商人才，不仅要有知识和资源储备，还要有数据分析、供应链管理、新媒体引流等综合能力。这样的人才目前是非常稀缺的，而且主要集中在深圳这样的跨境电商发展头部城市，江浙城市，特别是中西部城市，往往缺少人才的成长环境。

◎ **企业沿用传统的管理和薪酬制度**

传统制造企业转型做跨境电商，除了招不到人，更遭遇了留不住人的困局。一个重要的原因是沿用了传统的管理和薪酬制度。我们调研了很多传统制造企业，发现它们中的大多数对于跨境电商人才还在采用与外贸业务员相同的管理和薪酬制度，还是几千元的月薪加保守的业绩提成。其实对于跨境电商人才，应该采用互联网模式的管理，比如阿米巴模式，建立合伙人制度、分红制度，但很多传统企业的老板确实没有这样的气度和格局，最终导致人才招不到、留不住。

◉ 目前跨境电商行业的热门岗位是什么

跨境电商的岗位需求每年都在变化，目前跨境电商行业的热门岗位包括数据分析师、供应链管理经理、新媒体运营经理、跨境电商 B2B 国际业务员、跨境电商 B2B 后台运营、客户服务专员、国际社交媒体网红、跨境电商法务等。这些岗位人才的培养不能单纯依靠高校，更应该依靠校企联合。这样的新型跨境电商人才培养模式已经在国内多家高校投入实践，以浙江万里学院的跨境电商教育最为领先。

◉ 中国跨境电商高校教育观察

我们认为目前跨境电商人才教育的最佳模式应该是“平台 + 高校 + 企业”的复合培养模式，这里重点分享阿里巴巴国际站推出的人才培养计划。

2021 年 10 月，阿里巴巴国际站宣布推出“百万外贸人才计划”，截至 2022 年 1 月，阿里巴巴国际站已联合全国 513 家高校，培养跨境电商人才超过 35 万，认证跨境电商人才超过 10 万，并且与清华大学联合发布跨境电商人才标准。根据阿里巴巴的预期，目前中国跨境电商人才缺口超过 600 万，而阿里巴巴在跨境电商人才教育方面有着前沿的经验积累。

◎ “平台 + 高校 + 企业”最容易搭建人才培养体系

通过“平台 + 高校 + 企业”这样的模式，确实有可能把人才培养体系搭建起来。平台的政策，结合企业的数据和高校的教育资源，真正形成一套跨境电商人才培养体系，这样培养出来的人才才是真正有价值的。

◎ 制定人才标准化模版

目前跨境电商人才教育最大的痛点之一就是缺少人才标准化模版。阿里巴巴联合清华大学制定发布《跨境电子商务 B2B 数据运营职业技能标准》，不仅为跨境电商人才的培养和认定提供了依据，更填补了跨境电商人才标准化模版的空白。

◎ 跨境电商人才和企业的高度匹配

阿里巴巴国际站目前服务几万家中国外贸企业，具备最广泛的跨境电商人才需求数据库和资源优势，通过“平台 + 高校 + 企业”模式，不仅可以解决毕业生的就业问题，更可以缓解跨境电商企业的人才之渴。

◎ 新兴市场和“一带一路”市场跨境电商人才需求最旺盛

后疫情时代，跨境电商在新兴市场和“一带一路”市场的前景可能更为广阔，目前阿里巴巴国际站在新兴市场的市场增量非常惊人，东南亚电商平台的发展也非常迅猛，比如 Shopee 和 Lazada 等。所以目前跨境电商人才培养的一个核心点就是面向新兴市场和“一带一路”市场，阿里巴巴国际站和各个高校在这方面都做了很多尝试和探索。

◉ 跨境电商人才的创业就业前景

2021 年，我们走访调研了很多中国高校，积累了很多非常值得学习的案例。这里重点分享浙江万里学院跨境电商人才教育的案例。

浙江万里学院位于浙江省宁波市，也是中国首批设置跨境电商专业的本科院校之一。地理优势加上先进的教育理念和政府的高度重视，使得浙江万里学院涌现了一大批学生投身跨境电商创业的案例。比如浙江万里学院毕业生张超和李俊杰，通过 Wish 平台在短短几年内从两个毫无商业背景的学生成长为销售额过亿的企业家，并且带动了宁波大学生跨境电商创业的热情和风潮。

除了跨境电商创业案例，我们也调研了浙江万里学院部分学生的就业案例。一个名叫李玲燕的“90 后”女生从浙江万里学院毕业后入职了宁波的一家跨境电商头部企业，短短几年成长为运营总监，带领部门实现了过千万元的销售额，她本人也实现了年入百万。很多跨境电商专业的毕业生，通过新媒体营销、供应链管理、数据分析等岗位在短时间内成长为企业的中坚力量。

◉ 对于广大传统外贸企业招聘、留住跨境电商人才的建议

目前跨境电商在中国的发展如火如荼，很多传统外贸企业涌入跨境电商赛道，很多企业招不到合适的人才，更留不住人才。这里分享几点心得。

◎ **跨境电商团队和工厂团队分开**

对于转型做跨境电商的工厂型外贸企业，笔者的第一个建议是把跨境电商团队和工厂团队分开管理、分开招聘。因为工厂是生产基因，跨境电商是销售互联网基因，适用两种完全不同的管理和招聘模式。

◎ **让专业的人去做专业的事情**

很多传统外贸企业老板都是做传统外贸销售出身，懂生产、懂工厂，但是对于互联网营销未必了解多少。其实老板不必事必躬亲，而是应该找到对的人，给予信任、资源和资金，让专业的人去做专业的事情。

◎ **新时代的老板应该懂得分享利润**

跨境电商 3.0 时代，老板要吸引人才、留住人才，首先应该具备新时代的格局和气魄，比如懂得分享企业的利润甚至是股份给跨境电商人才，激发人才的岗位创业热情。新时期经营公司更多应该用平台思维，而不是雇佣思维，老板更多是提供资源和平台的带头大哥，在一个共同的价值观的指引下，大家一起奋斗、一起成长，最终一起分享利润。

◎ **阿米巴模式是目前跨境电商企业的主流经营模式**

目前跨境电商企业最主流的经营模式应该是阿米巴模式，几个人一个小团队，拥有自己的店铺，独立核算。这种模式最容易激发团队的积极性，也最容易吸引和培养人才。

◎ **团队的学习能力非常关键**

一个团队要成长，持续的学习能力非常关键。这里的学习不仅是指员工持续学习，更重要的是老板持续学习，一个企业的老板只有顺应趋势持续学习和成长，才能带领团队前进。

◎ **完善企业的人力资源管理系统**

很多中小外贸企业往往缺少人力资源管理系统，企业应该根据实际做好人力资源规划，分析人才供给和需求，做好薪酬体系建设，关注员工成长环境，不断提升团队凝聚力。

◉ 对于高校的跨境电商人才教育建议

对于中国高校的跨境电商人才教育，笔者的建议是，高校的跨境电商人才教育应该是基础性、开放性、启发性的教育。让学生对于跨境电商形成基本的认知，对于平台有一定的了解和理解，这应该是高校教育的目标。

另外一个建议是，高校老师不需要参与跨境电商的实际经营。笔者在调研走访高校的过程中发现，很多高校的跨境电商学院要求老师参与跨境电商的实际经营，甚至以店铺业绩作为教学考核指标，笔者认为这样的做法是值得商榷的，老师还是应该站在讲台上向学生教授基础知识。真正的跨境电商人才教育应该链接平台、高校和企业。

如何建立高效的薪酬分配体系

2021 年笔者走访了很多跨境电商企业，跟很多跨境电商企业的老板交流，了解他们目前经营中的痛点。很多跨境电商企业老板反馈，企业缺少一套高效、科学、合理的薪酬分配体系。好的薪酬分配体系可以吸引人才、稳定团队，助力企业发展。这一节我们就来详细分享如何建立高效的薪酬分配体系。

◉ 跨境电商企业的薪酬管理难点

很多跨境电商企业从传统外贸工厂转型过来，还是在用管理外贸业务员的那套模式管理跨境电商员工。其实跨境电商团队应该用互联网思维去管理，这也是为什么很多传统外贸企业老板经常吐槽和抱怨跨境电商员工难招聘，招到了也留不住。目前转型跨境电商的传统外贸企业在薪酬管理方面存在着很多难点。

◎ **缺少行业薪酬标准，随意性很大**

一个成熟的行业会有一套可供参考的行业薪酬标准，但是跨境电商行业发展迅猛，特别是一些新公司，为了加快公司发展，往往给予特别激进的薪酬激励，而一些传统外贸企业又非常保守，不愿开高价。这导致跨境电商行业缺少统一、规范、可供参考的薪酬标准。

◎ **整体薪酬标准比较高，企业人力成本过高**

目前跨境电商发展非常快，高端人才又非常稀缺，最终导致很多跨境电商岗位的薪酬标准被炒高，特别是头部跨境电商企业的运营岗位。同时行业的薪酬涨幅是每年15%～20%，这使得很多企业背上了高昂的人力成本。

◎ **核心岗位薪酬谈判时公司处于弱势**

江浙一带的传统外贸企业转型做跨境电商，老板对于跨境电商运营本来就不懂，又急需人才，所以在薪酬谈判时公司往往处于弱势，行业薪酬水平持续提升。其实这样的风气是不合理的，更不利于行业的健康发展。

◎ **目前的薪酬制度很难精准反映个人业绩，无法起到激励作用**

目前整个跨境电商行业的薪酬体系还不成熟，没有与个人业绩进行有效挂钩，无法直接反映个人业绩，干多干少差别不大，最终导致员工干活积极性不高。

◉ 跨境电商企业如何建立一套高效的薪酬体系

这里的薪酬体系主要是指针对跨境电商运营等核心岗位的薪酬体系。

很多圈外人会认为跨境电商行业的工资普遍比较高，为此我们特意调研了行业薪酬数据，最终得出的结论是：跨境电商行业的工资水平普遍不高，超过75%的跨境电商运营反馈行业工资水平普通。根据我们的调研，跨境电商行业平均的岗位工资是6 500元，深圳作为中国跨境电商最发达的城市工资最高，有 7 000 ~ 9 000 元，中西部城市只有 4 000 ~ 5 000元。

◎ **跨境电商业绩提成模式**

跨境电商业绩提成一般分为根据销售额提成和根据产品纯利润提成两种模式。

* 根据销售额提成

我们调研了大概 100 家跨境电商企业，发现主流的模式还是根据销售额提成。一般来说 2 万美元的销售额是提成的及格线，如果一个运营长期月销售额不超过 2 万美元，基本是要被淘汰的，如果仅仅是 2 万美元，也只能勉强覆盖一个运营的工资支出。

一般来说，如果销售额超过 2 万美元，业绩提成是销售额的 0.8%，业绩越高，提成也越高，10 万美元的业绩提成是销售额的 1.5% ~2%，30 万美元的业绩提成是销售额的 3% ~5%。当然这些提成比例也不是绝对的，会根据不同公司、不同行业、不同时期而变化。

一般来说，一个成熟的跨境电商运营，负责一条健康的产品线，月收入在 2 万 ~3 万属于比较健康的水平。

* 根据产品纯利润提成

这种业绩提成模式主要适用于一些小规模的跨境电商企业，特别是一些初创型跨境电商企业。因为这样的业绩提成模式下，老板承担的压力和风险最小。首先，选择这种业绩提成模式，固定工资会定的比较低，一般会比行业平均水平低 900 ~1 000 元。另外，纯利润提成要扣除全部成本，有些小公司的老板甚至会扣除员工的固定工资成本。

根据产品纯利润提成也有一个及格线，一般是销售数量达到 100 个，如果月销售数量低于 100 个，只能勉强覆盖员工的固定工资。如果月销售数量在 200 ~300 个，一般提成比例是 8% ~10%，数量越多，提成比例越高，如果超过 1 000 个，提成比例是 15% ~20%，超过 3 000 个甚至会达到 20%。

但是根据产品纯利润提成也有一个问题，那就是老板认为的纯利润和员工认为的纯利润存在冲突。毕竟对于一个产品的纯利润，老板的算法有很多不透明的地方。

根据产品纯利润提成最大的一个争议点就是退款退货的利润怎么计算。一般根据老板的思维，退款退货肯定不能计入业绩，但是如果一个产品的退款退货率非常高，核算业绩时是非常吃亏的。

◎ 利用合伙人制度吸引优质员工

目前跨境电商行业最吸引人的薪酬制度应该是合伙人制度。首先，跨境电商行业“90 后”“00 后”年轻人居多，这代跨境电商从业者普遍对于财富和个人发展有着非常高的期待。作为跨境电商企业的老板，应该有这样的胸怀，其实现代企业更多是老板搭一个平台，带大家一起奋斗、一起成长，最终分享利益，这样才能真正留住人才、吸引高端人才。

跨境电商的合伙人制度，采用的是契约式合伙，本质是一种平等的资源共享合作模式，而不是传统意义上的雇佣关系。至于合伙人的人选，一般是选择那些入职公司多年、对于公司贡献巨大、创造了非常好的销售业绩、有一定创业能力的杰出员工。此外，合伙人还应该人品好、有激情、有梦想、愿意付出，最重要的是有契约精神。

* 合伙人制度的核心问题——如何分配股权

合伙人制度的核心问题，其实还是公司如何跟合伙人分配股权。首先，股权制度的建立一定要符合法律法规，并且充分尊重合伙人的意愿。

股权设计要以长期主义为核心，毕竟在公司经营中，稳定性、长期性是最重要的。一般来说，公司应该占比超过 51%，切忌平均主义。股权设计还要考虑公司的发展规划和前景，分清楚谁的能力最大，分清楚业绩和资源的投入比例、分成比例。还有一点非常重要，股权设计一定要融入创始人的价值观和理念。

如果是 2 个合伙人，健康的股权分配比例是 70% 和 30% 或 80% 和 20%，公司应该拥有绝对的话语权和控制权，而员工的贡献更多是销售业绩。

如果是 3 个合伙人，股权分配比例建议是 70%、20%、10% 或 60%、30%、10%，一定要保证公司绝对的控制权。

如果是 4 个合伙人，股权分配比例建议是 70%、20%、5%、5%，公司绝对主导的同时，又能很好地牵制和平衡其他合伙人之间的利益。

* 丑话说在最前面——设立合伙人退出机制

制定合伙人制度一定要设立合伙人退出机制，这样才是健康完整的合伙人制度。

关于合伙人退出机制，其实有很多负面案例。最著名的是某视频网站上市之前创始人和老婆离婚，因为没有一套完善科学的退出机制，最终导致企业被市场淘汰，非常可惜。

退出机制一般包括股权兑换条款、融资分配比例、营收及利润分配比例，以及不同原因退出的办法等。

* 合伙人制度成功案例分享

笔者采访了一位深圳的跨境电商大卖家，问他为什么能在 2 年内把企业的销售规模做到 5 亿元，他的回答是他非常合理地运用了跨境电商合伙人制度。他最开始把公司的 4 个核心原始员工都列入合伙人，然后慢慢扩张，最终扩张到 30 个合伙人。通过这样的模式，他很好地绑定了优质员工，并且让合伙人共同参与创业，最终使得公司的销售规模激增。

2021 年，除了发展企业内部的核心员工，他也从企业外部招募合伙人，引入资本、人才、海外仓和渠道。通过这样的合伙人模式，企业越做越大，最终实现了 5 亿元的销售规模。

◉ 设立适当的惩罚制度

好的薪酬制度，除了激励制度，更应该有完善的惩罚制度。适当的惩罚制度会不断优化员工配置，实现良币驱逐劣币。跨境电商的薪酬惩罚制度主要包括下面几点。

◎ **因为运营违规操作，店铺被降权，甚至被封**

这也是目前广大跨境电商企业面临的最大问题，为此首先应该做好风险预防，加强员工培训。如果违规操作导致店铺被降权，一般可以扣奖金和绩效；如果店铺被封，取消全额奖金和业绩提成。为避免争议，这些风险点应事先在合同中写清楚。

◎ **店铺销售数据消极，销售额持续下降**

之前讲到，一般来说月销售额不应低于2万美元，如果连续3个月销售数据消极，销售额持续下降，应该跟员工沟通交流；如果这种情况持续4~6月，可以考虑淘汰。

◎ **广告费超出公司预算**

对于这个风险点，公司也一定要提前清楚地做出规定：如果广告费大幅超过公司预算同时没有合理的销售回报，运营应该承担什么样的责任。

◎ **活动期间成本核算错误，最终导致公司亏本**

这也是在实际操作中最容易出现的问题。公司应该明确规定，如果运营在活动期间成本核算错误，最终导致公司亏本，具体怎么惩罚。

◎ **运营私下开店铺，并且利用公司供应链资源**

一般来说，这样的行为被公司发现，员工会被扣除全部工资和奖金并被开除。

◉ 对于新员工的奖励制度非常重要

在跨境电商企业的薪酬制度中，对于新员工的奖励制度也非常重要。比如新人进入公司，如果当天出单，一般是团队开会、公开奖励表示激励。3个月内销售突破多少金额、单品销售突破500单或销售额持续增加超过30%等，都应该奖励，可以适当提高提成比例。

另外，为了激励带教老员工，可以把新员工前3个月销售额的1%作为奖励发放给老员工。

最后，给广大跨境电商老板的建议是，跨境电商的发展核心靠人才，人才的吸引核心靠优质的薪酬体系，希望广大跨境电商老板拥有广阔的心态，构建一个符合企业实际、科学合理的薪酬体系，留住人才、挖掘人才的潜力，最终让自己的企业高速发展，扬帆万里。

第六节　跨境电商最终拼的是物流

物流是跨境电商的核心

跨境电商1.0和2.0时代，中国跨境电商卖家更多的是靠廉价模式吸引客户。到了跨境电商3.0时代，客户更注重的是产品的品质和品牌，以及购物体验。而跨境物流直接影响购物体验，所以在跨境电商3.0时代，物流环节越来越受到重视。

跨境物流的痛点

目前中国的出口跨境电商以中小外贸企业为主，在跨境B2C模式下，大部分中小外贸企业还是通过国际廉价快件和个人行邮小包裹的模式出口，但是这种粗放的跨境物流模式存在着种种弊端。

◉ 成本高

笔者经营的跨境电商企业核心产品是船模型工艺品，主要的市场在欧洲和美国。在跨境电商1.0和2.0时代，我们也是通过传统的廉价跨境物流出口，当时选择的是香港小包和香港大包，因为产品体积比较大，跨境物流成本一度超过产品销售价格的二分之一，这对于卖家和买家都是一笔不小的支出。

◉ 运送时间长

还是以我们的船模型工艺品为例，我们最早是在速卖通上售卖，有一次一位俄罗斯客户在我们店铺下单，他希望在圣诞节来临之前给他的孩子带去节日礼物，但是我们的船模型体积比较大，只能发香港大包，最终客户收到这件产品的时间是3个月以后，客户很失望。虽然我们非常希望给客户提供良好的体验，但事实上经过这次购物，我们失去了这位俄罗斯客户。根据速卖通的统计，通过中邮小包发货到新兴市场的时间基本在40～60天，跨境物流专线虽然快一点，但还是需要2周左右的时间。

◉ 包裹无法全程追踪

大家都有在淘宝天猫购物的经历，每次下单之后都会有一种强烈的期待感，特别对于女生来说，网购的最大乐趣就是拆快递，所以通过单号查询商品的最新物流状态是每个人都干过的事情。但是在国内网购中习以为常的物流查询系统，在跨境电商物流中实现起来并不那么容易。在跨境电商物流系统中，很多包裹出了境，到了其他国家，特别是部分新兴市场，通过单号很难查询到实时的物流动态，或者物流动态更新非常缓慢。

◉ 丢件和破损率高

我们在做速卖通的时候做过确切的统计，我们这个品类每100件货物里面会有超过8件货物在跨境物流过程中丢失或者破损。虽然我们每次对货物包装都非常严谨和仔细，做到了里三层、外三层，但是跨境物流从境内到境外，经过层层转发，即使到了目标市场还要经历不同形式的派件过程，再加上刚刚提到的不能通过单号追踪物流状态的缺点，丢件和破损还是经常发生。而在这个过程中，最受伤的还是中国的跨境电商卖家，目前平台的政策倾向于保护买家的利益，买家付了钱，没收到货或者收到了一个破损的产品，产生了不好的体验，一定会投诉到平台，而后果一定由卖家承担，卖家在平台上还会留下不良的交易评论记录。很多中国跨境电商卖家真心有苦说不出，但是又没有办法解决。

◉ 售后维权困难

笔者曾经有过一次非常不好的跨境物流售后维权体验。我们通过中国邮政EMS发了一批价值2 000美元的货到俄罗斯，结果丢件了，我们花了大量的时间和精力跟EMS沟通，最后还是不了了之。这种情况下，我们只能自认倒霉，重新发货。

不同目标市场的跨境物流选择

◉ 美国

目前美国是中国跨境电商卖家最主流的目标市场，我们公司的目标市场也是美国。2015年10月1日后，美国不再提供入境小包（挂号和平邮）的投妥信息。笔者的建议是如果产品利润率还可以，可以选择走美国专线 IB Express，速度快，大概在 7 天内就可以送达，但是收费会比传统小包贵。它在美国本土提供 24 小时客户服务，并且全美任何地点都可以送达，从维护客户利益和保证客户体验的角度来说是不错的选择。

◉ 英国

目前中国跨境电商迅猛发展，已经对目标市场的零售和商业体系产生了一定的影响，面对中国跨境电商包裹的大量涌入，各国政府开始采取监控措施，这方面的代表就是英国。目前英国的跨境物流痛点是邮政挂号信查不到投妥信息，同时海关监控加严，所以选择合适的物流很重要。针对英国，推荐的物流有 DHL 英国电商包裹专线、菜鸟“中外运—英邮经济小包”，口碑好、清关优，时效性也比较强。

◉ 俄罗斯

目前俄罗斯是速卖通最重要的目标市场，俄罗斯的物流通关情况最为复杂。对于俄罗斯的跨境物流，笔者的建议是跟着速卖通的跨境物流体系走，比如无忧物流；还有就是俄罗斯专线，比如俄速通、顺丰的俄罗斯特惠小包等。重点推荐的是顺丰的俄罗斯特惠小包，货机直飞俄罗斯，并且提供预约送货上门服务，更重要的是提供合法清关服务。

◉ 南美、中东

南美和中东市场也是中国跨境电商卖家最感兴趣的市场，但是针对这两个市场的跨境物流一直存在很多问题，物流慢、丢件率高。对于这两个市场，笔者的建议是谨慎使用没有物流追踪的廉价小包，因为如果遇到售后维权，还不如不发货，所以笔者还是推荐专线物流，虽然价格有点贵，但是可追踪、有保障，而且包清关。

跨境物流的多种方式

进入跨境电商 3.0 时代，跨境物流已经从单一的包裹模式发展为以邮政包裹为主导、多种方式并存的多元化模式。根据不同的客户、不同的目标市场选择不同的跨境物流方式已成为一种主流。

◉ 邮政包裹

邮政包裹目前是中国跨境电商卖家的主流选择。它的优点是网络覆盖全球、价格低廉，缺点是时效性差、破件丢件率高等。

◉ 国际商业快递

对于国际商业快递，大家应该非常熟悉，包括 DHL、TNT、FedEx 和 UPS。大家在寄送传统外贸中时效性要求非常高的单证、提单等文件时应该经常用到这些国际商业快递。但是，目前中国跨境电商卖家对于国际商业快递用得比较少，理由非常简单，虽然商业快递优点很明显，比如可以保证到货时间等，但是价格实在太贵，只有非常少数的小体积、高货值的跨境电商产品在使用国际商业快递，比如珠宝首饰类产品。

◉ 国内快递

国内许多物流企业都在积极布局跨境物流，大家熟悉的中通、申通等很早就在布局跨境物流，而表现最亮眼的应该是顺丰。顺丰已经开通了主流海外市场的跨境物流，时效性强而且通关有保障，在价格方面比传统邮政包裹贵，但比国际商业快递便宜。笔者有一位朋友在杭州保税区做折叠自行车，他用的就是顺丰的跨境物流，他说顺丰的跨境物流在性价比、时效性和售后服务上都是非常到位的。

◉ 专线物流

专线物流是笔者比较推荐的跨境物流方式，目前速卖通等跨境电商平台都有专门针对目标市场的专线物流。专线物流的优势是集中大批量的货物通过航空方式运输到目标市场，再通过合作公司在目标市场进行派送。价格比国际商业快递便宜，速度比传统邮政包裹快。目前比较常用的专线物流是美国专线、欧洲专线、俄罗斯专线等。业界比较有名的提供专线物流服务的公司是燕文物流和中环运。

◉ 海外仓

目前解决跨境电商物流痛点最有效的方式就是海外仓。其实海外仓也是一种非常传统的外贸物流仓储模式，早在传统外贸时期，很多外贸人就租用美国人的车库作为仓库进行本土化销售。海外仓的优点是时效性强，同时可以保证售后服务。但是海外仓的缺点是成本比较高，对于中小跨境电商企业来说还是有一定的压力，而且海外仓还存在库存滞销和海外监管的问题。目前中国政府、各大跨境电商平台都在大力推进海外仓计划。

◉ 其他物流方式

比如比利时邮政专注于服务高端卖家，运送速度快且保证清关，但是价格比较贵。还有黑龙江俄速通物流有限公司在哈尔滨推出的边境仓，专门针对俄罗斯市场，不仅通关顺畅，而且在俄罗斯本土有非常多的优势资源。但是这些物流方式不作为主流方式，只是跨境电商物流体系的补充。

如何选择适合自己的跨境物流方式

◉ 选择跨境物流方式的出发点

对于中国的跨境电商卖家来说，选择适合自己的跨境物流方式最为关键，笔者认为可以从下面几点出发进行选择。

◎ 根据经营实力选择

海外仓是解决跨境电商物流顽疾的最佳方式，但是海外仓的成本高、风险大，并不适合普通中小跨境电商企业。传统邮政包裹虽然存在时效性差、丢件破件的问题，但是如果包装认真到位，把破损成本计入运营的总成本内，也是很经济实惠的选择，比较适合中小跨境电商企业。

◎ 根据货物特征选择

如果商品体积比较大，那就不适合传统邮政包裹，可以选择海外仓，或者通过海运先发货给海外代理商。如果商品体积小、不容易破碎，国际商业快递会是一个很好的选择，比如珠宝首饰这类产品，都是通过 DHL 等国际商业快递运送的。

◎ 根据目标客户和目标市场选择

前文提到笔者的一位朋友在杭州保税区做折叠自行车，他的客户主要是欧洲和美国的高端运动爱好者，所以他选择的是顺丰的跨境物流，虽然价格贵但时效性和服务有保障，而且因为客户比较高端，产品利润也不错，甚至有些客户愿意支付更贵的物流费让他发 DHL 和 UPS。而对于做俄罗斯市场的轻工产品卖家，因为许多客户属价格敏感型，所以应该选择类似廉价小包的物流方式。针对不同的客户和国家，应该有不同的物流选择。

◎ 根据淡季、旺季选择

很多中国跨境电商卖家是做季节性产品的，所以在选择物流方式时也需要考虑到淡季、旺季的区别，比如在淡季的时候选择中邮小包等廉价的方式降低跨境物流成本，毕竟物流成本占了运营成本的大部分；在旺季或者做活动的时候，比如“黑色星期五”等，选择中国香港邮政、比利时邮政来保证客户体验，甚至可以选择海外仓模式。简单地说就是淡季的时候降低成本，旺季的时候错开高峰。

◉ 跨境物流省钱利器——货兜

第一次听到货兜这家公司是在一次跨境电商论坛上，这家公司的创始人进行了题为“如何让跨境电商的物流成本下降 50%”的主题发言，于是笔者开始关注这家物流解决方案提供商。货兜成立于 2015 年 1 月，是一个专门帮助提高发件效率的物流聚合平台，根据货物基本信息、收货地、时效性要求等给客户推荐最具性价比的物流解决方案。货兜聚合了超过 500 家优质国际物流服务商，整合运价大数据，可以识别 99% 的运力类型，而且可以一键同步订单、一键查询物流状态。此外，平台还利用资源优势，提供包括货物保险服务、报关清关服务、跨境电商金融服务等。

跨境物流风险规避技巧

对于跨境物流风险，如果在发货前做好准备，还是可以有所规避的。

◉ 国内转运环节风险

跨境物流首先通过国内代理公司转运，在这个过程中可能会丢件或出现货物破损。这种风险可以通过选择稳定性强、口碑好的代理公司来避免。而且在选择代理公司时不要过分追求低价格，价格特别低的跨境物流代理公司一般会选择最差、最偏远的渠道，这样货物破损风险就非常高。

◉ 出关风险

有些商品还没出关就被海关查扣，卖家也想不出是什么原因，最后觉得维护成本高就不了了之。一般来说，海关查扣商品主要是因为涉嫌知识产权或商标侵权、商品属于禁止出口品类、报关材料不真实等。解决方法就是多了解海关相关规定，遵纪守法。

◉ 海外转运途中风险

货物在海外转运途中也会遇到很多风险，最常见的是未通过航空安检，主要原因是产品是航空违禁品，比如蓄电池类产品、一些含有酒精的化妆品等。解决方法比较简单，提前跟跨境物流公司沟通和交流，根据货物类型选择合适的运输方式。

另外，转运途中可能也会发生丢件和货物破损。为防范这种风险，还是要在跨境物流包装上下功夫。笔者经营的产品是船模型工艺品，对于跨境物流的包装很有经验，我们尝试了很多种包装材料，从木制包装到泡沫塑料包装，最终选择了气柱袋包装，大家可以在淘宝上搜索这个包装材料，非常可靠。通过选择可靠的包装材料，把跨境物流的风险降到最低。还有就是选择可以追踪包裹的物流公司，这点很关键，包裹可追踪是防止包裹丢失的重要措施。此外，对于货物价值比较高的商品，建议选择货物保险。

◉ 清关风险

对于如何规避清关风险，笔者的建议也很简单，即让专业的人去做专业的事情。国内已经出现了非常专业的清关公司，它们熟悉目标市场的清关政策，在当地有自己的渠道优势，可以选择这些公司解决清关问题。除了选择可靠的清关公司外，更重要的是在跨境出口中规范自己的行为，比如尊重知识产权、如实规范填写报关单等。

价格暴涨带来的跨境物流困局

◉ 2021 年集装箱海运价格暴涨超 10 倍

王总是一家纺织服装工厂的老板，前几年虽然外贸环境日趋严峻，但是通过他的用心经营，企业日子依然过得有滋有味，哪怕疫情期间，王总的服装工厂依然保持一定的盈利。最近因为某个项目笔者去拜访王总的工厂，猛然发现原来 100 多人的工厂已经减员到 15 人，大部分生产线都是空空荡荡，广场和仓库堆满了积压产品。笔者仔细询问王总经历了什么，王总大倒苦水，说他们出口到欧洲和美国的一个 40 英尺的集装箱，货值大概是 1 万美元，但是前段时间运费就高达 1.6 万美元。

为此笔者特意调研了中国上海航运交易所公布的出口集装箱运价数据。2021 年 10 月，上海出口集装箱指数涨至 4622.51，比 2020 年同期大涨 465%，一个 20 英尺的集装箱从上海到美国的运费从 1 000 美元涨到 10 000 多美元，这令大部分企业面临极大的经营压力。

◉ 跨境物流价格暴涨的原因

“我做外贸 20 多年了，这样的物流价格暴涨趋势是我人生中第一次遇到。”这是我们社群里的一位外贸企业家对于 2021 年跨境物流价格暴涨的无奈评价。很多人不理解为什么跨境物流价格上涨会如此疯狂，这里我们详细解释一下推动跨境物流价格暴涨的核心因素。

首先，还是受疫情影响。海外疫情形势依然非常严峻，疫情持续直接导致全球码头的效率大大下降，最终导致拥堵，影响了空箱的回流，集装箱周转率很低。而且船运货到美国之后，又没有足够的货运回国，打一个非常形象的比方，就像我们打出租车去机场，以前出租车到机场以后可以马上带新客返程，现在等于是只进不返，这样单程的运输成本就变得非常高。

其次，国际物流定价权集中在几家头部服务商手中。过去10多年国际物流价格一直持续低迷，疫情之后，这些行业巨头进一步垄断了市场，导致价格一路上涨。

还有一个因素就是大家深恶痛绝的集装箱炒作。目前集装箱在市场上成为抢手货，一些公司和资本不仅垄断这些资源，并且通过“二传手”“三传手”进一步推高价格。

◉ 中小外贸企业如何应对国际物流价格暴涨困局

这是2021年所有中小外贸企业最关心的话题，几乎所有的外贸企业经营者都在不同场合、不同场景探求这个问题的解决之道。政府以及跨境电商平台相继表态并出台政策和措施，帮助解决跨境物流价格飞涨的问题。亚马逊自己租船运货，阿里巴巴也宣布推出自己的海运专线降本提效。笔者从企业经营角度跟大家分享一些建议。

◎ 观察物流价格走势，及时止损

其实很多企业已经在这样做了。2021年的企业经营环境比2020年更恶劣，很多外贸企业的物流成本已经远远高于货物价值，这样的外贸出口已经没有任何意义和价值。所以对于部分企业来说，停止生产、减能减产、降低企业的经营支出才是正确的方法。

◎ 高附加值的品牌化出海

国际物流价格暴涨影响了很多外贸企业，但其实真正生存困难是那

些低端制造业或者走铺货模式的跨境电商卖家。我们采访了宁波的一个做高端品牌电器的卖家，笔者问他如何看待国际物流价格持续走高带来的困局。他说他们企业的日子依然好过，核心的逻辑是做品牌，市场占有率高，并且产品利润非常高，利润率超过 80%，足以缓解国际物流价格上涨带来的压力。同时产品具备品牌吸引力和影响力，溢价能力又非常高，他们已经调整了产品在亚马逊上的零售价格，最终依然保持可观的利润。所以高附加价值的品牌化出海才是中小外贸企业真正的出路。

2021 年部分低端的传统外贸制造企业和跨境电商企业纷纷退出市场，其实从行业发展的角度来说这未必是一件坏事。中国制造经历这么多年的迭代升级、大浪淘沙以后，留下来的一定是真正优秀、顺应时代趋势的品质企业。这样的企业才能代表中国外贸的未来。

第七节　跨境电商海外仓建设

2021 年 10 月 19 日，第 130 届广交会正式落下帷幕，这也是后疫情时代首个恢复的线下全球性展会。作为疫情之后首次回归的广交会，这届广交会亮点颇多，除了采用线上线下融合的模式，最重要的是首次引入跨境电商海外仓等服务。

海外仓服务商首次出现在中国外贸第一展上，代表海外仓这样一种新的外贸模式已经成为未来重要的趋势之一。

随着市场环境日趋收紧，特别是 2021 年国际物流成本暴涨 10 倍，越来越多的外贸企业开始意识到海外仓的重要性，纷纷布局海外仓。据了解，宁波的一家头部外贸集团目前已经在美国拥有 3 个海外仓，在加拿大拥有 2 个海外仓。

海外仓最大的价值在于压缩运输周期，可以根据全球预测自主备货，然后从海外仓直接发货，满足海外市场需求。目前跨境物流价格暴涨，海外仓模式可以在一定程度上缓解跨境物流价格暴涨的压力，同时海外仓又方便进行产品维修和退款换货等服务，可以从根本上改善客户体验。

为什么一定要选择海外仓

对于海外仓，跨境电商已经非常熟悉，但是很多传统外贸企业未必了解，所以我们首先解释一下什么是海外仓。

所谓海外仓，顾名思义就是建立在海外的仓库设施。跨境电商卖家按照一般贸易交易方式，通过海运、空运等形式将商品批量出口到海外仓库，海外买家通过跨境电商平台下单购买商品，跨境电商卖家根据订单情况从海外仓库直接分拣、包装、配送，在提升发货效率的同时还能改善客户体验。

◉ 海外仓的优点

很多传统外贸企业家不理解海外仓为什么是未来的趋势，主要原因是没有意识到海外仓的优点。一般来说，海外仓会有下面几个核心优势。

◎ 降低国际物流成本

在海外仓模式下，外贸企业首先以一般贸易交易方式批量发货到海外仓库，多数企业会选择海运集装箱出口，这样可以把物流成本降到最低。

◎ 提升发货效率、改善客户体验

海外仓是在海外本土直接发货，海外消费者的体验与其在国内购物时的体验几乎没有差别，发货和运送速度都比从国内发货快得多。而且海外仓还可以提供售后服务，比如维修、退换货等，这些都是直邮卖家

提供不了的服务。

◎ **错开物流高峰、价格高峰**

对于很多跨境电商卖家来说，每年圣诞节、新年都是发货高峰期，跨境物流不仅价格贵，而且速度慢。通过海外仓模式，卖家可以根据自己的实际需求提前备货到海外，错开高峰期。

◎ **海外仓是目的地本土化运营的基础**

如果以 5 年为周期，未来跨境电商的发展趋势很有可能是目的地本土化运营，越来越多的头部企业开始在海外设立自己的跨境电商团队、运营团队，甚至直接在海外雇员。这样一来，海外仓的重要性就会越来越体现出来，因为海外仓兼顾仓储、运营、售后等功能，可以作为目的地本土化运营的“桥头堡”。

◉ 如何选择好的海外仓服务商

选择好的海外仓服务商，里面的学问门道很多，海外仓的好坏可能会直接决定销售情况。关于如何选择好的海外仓服务商，我们采访了很多跨境电商卖家，总结了以下几个要点。

◎ **选择大品牌、口碑好的海外仓服务商**

目前跨境电商发展如火如荼，海外仓市场的竞争也进入白热化阶段，很多企业看到海外仓巨大的市场机会，纷纷参与海外仓服务与建设，所以海外仓服务商鱼龙混杂，既有品质大牌，比如宁波的乐歌，也有小公司、小团队，甚至是个人。

一般来说，品牌海外仓服务商拥有丰富的仓库资源，运营管理团队稳定专业，配备信息化的仓库管理系统，订单全程可视。而且除了仓储，还提供一件代发、换货、维修、分销商分发货、分销商招募等附加服务。所以对于跨境电商卖家来说，首选应该是大品牌、口碑好的海外仓服务商。

◎ **选择拥有海外本土团队的海外仓服务商**

选择海外仓服务商时，最好选择那些在海外拥有本土团队的服务商。海外本土团队对于本土市场政策的理解非常充分，而且能够及时处理在海外本土出现的各种问题，比如清关、售后服务或售后纠纷等。

◎ **选择提供保险服务的海外仓服务商**

经历了 2021 年亚马逊“封号”风波，大家越来越意识到跨境电商的高风险和跨境电商卖家面对平台时的弱势。其实面对海外仓时也一样，货物一旦到了海外仓，卖家更多处于被动状态。为此，好的海外仓服务商推出了各种各样的保险服务，比如货物损失险、货物破损险、发货延迟险，通过这样的保险服务保障卖家的利益。

◎ **选择收费模式科学合理的海外仓服务商**

广大跨境电商卖家选择海外仓时最关心的还是仓储费用是否合理。市场上有很多打着“××期限内免费仓储”旗号的海外仓公司，但这只是为了吸引卖家入驻，等卖家入驻以后又有很多额外收费。虽然品牌服务商的收费会高一点，但收费标准清晰明了，不会有乱七八糟的额外收费，而且服务有保障。千万不要陷入低价陷阱。

◎ **选择拥有成熟规范信息化管理系统的海外仓服务商**

海外仓强调的是平台、卖家、仓储和物流公司信息的对接，这需要一套完整的信息化管理系统。选择拥有成熟规范信息化管理系统的海外仓服务商，能够进一步提高效率。

◉ 自建海外仓

关于企业自建海外仓，我们采访了很多企业，结论是目前来看企业自建海外仓并不是一个最佳选择。根据中国海关总署的数据，目前海外仓数量排名靠前的国家是美国、英国、德国、澳大利亚和巴西。这些国家不仅仅是重要的海外消费目标市场，而且这些国家的消费者对于物流和体验的要求非常高，所以相对于租用海外仓，很多头部企业干脆直接建立自己的海外仓。

其实建立海外仓是一个投入非常大的项目。首先，自建海外仓面临高昂的仓库租金，根据我们调研的数据，美国的仓库年租金在 100 ~ 120 美元每平方米，不仅价格贵而且库源紧张。另外，在美国租仓库可能还需要在美营业执照，甚至可能需要银行担保证明，这些都极大地提高了海外仓的投入门槛。

其次，自建海外仓面临高昂的人工成本。美国的最低时薪是 15 美元，而且中国公司往往缺少管理海外员工的经验。

此外，自建海外仓还需要办理各种手续，对接目的地海关、税务等政府部门，需要投入大量时间和精力。

什么品类适合做海外仓

这也是广大跨境电商卖家最关心的一个问题。有一次去演讲，有一个企业家提问："朱老师，是不是所有的产品都适合做海外仓？"笔者的回答是否定的。海外仓的品类选择也很有讲究。

目前跨境电商物流分为直邮和海外仓两种模式。一般低于 2 千克、3 边之和不超过 90 厘米的快件可以直邮，一些小、轻、季节性强的快销品，一般不推荐做海外仓。那些重量、体积比较大，而且有稳定销售数据的产品，比如五金、家具、户外用品等可以采用海外仓模式。

当然每个工厂的产品都不一样，适合不适合做海外仓，大家可以根据以下两个标准判断。

1. 产品销售稳定

这是做海外仓的第一要求，因为做海外仓首先要把货发到海外，所以一定要考虑产品是否畅销。只有那些完全被市场证明，肯定卖得掉的产品才可以做海外仓。

2. 产品的客单价高、利润高

做海外仓的产品一般是高客单价、高利润的大体积产品，这样通过海运发货到海外，可以把整体的运输成本降到最低，最终提高利润率。

各种类型的海外仓如何选择

目前，海外仓主要分为公共海外仓、平台海外仓、独立海外仓和第三方海外仓。

公共海外仓是政府主导建设的，一般是和保税区配套使用的。这类海外仓会有一定的政策支持，但主要为少数企业服务，许多中小跨境电商企业很难入驻。

目前广大跨境电商卖家的首选还是平台海外仓，特别是亚马逊的海外仓，因为亚马逊对于海外仓有非常大的流量扶持和政策支持，选择亚马逊的 FBA，产品会有更大的曝光，运费也会更低。但是平台海外仓的风险也非常大，比如如果你在亚马逊的店铺被封了，存在 FBA 仓库的货自然也会被封。

选择独立海外仓或者第三方海外仓就不会有这样的风险，但是选择独立海外仓或者第三方海外仓时一定要考虑信息化管理系统和平台的对接程度，还要考虑是否包括整柜出口、退税、仓储法律支持等。

第三方海外仓中有一种近几年比较流行的模式——海外华人设立的海外仓。因为跨境电商市场对于海外仓的需求越来越大，很多在欧美的海外华人开始做私人海外仓项目。但他们中的很多人都是利用自己的仓库、车库，甚至自家房子作为海外仓，管理也不是很规范，而且在合规方面也存在一定问题，所以建议大家谨慎选择。

很多外贸企业会同时选择平台海外仓和第三方海外仓，这样把鸡蛋放在不同的篮子里，保险的同时又有非常大的自主性。

关于海外仓的未来畅想

最后我们畅想一下海外仓的未来。中国制造外贸出口的未来一定是往更高层级走，实现品质和品牌的提升，而海外仓就是助力中国外贸出口升级的最佳方式之一。虽然海外仓面临这样那样的问题，比如库存压力、国外政府对海外仓的管理日趋严格等，但它一定是跨境电商未来的趋势之一。

第八节 目的地本土化运营

对于目的地本土化运营，宁波的外贸公司都不陌生，很多大规模的外贸公司都会在目标市场设立分公司用于市场开拓和客户维护。虽然跨境电商的商业模式与外贸稍有区别，但商业原理都是相通的，下面笔者用自己企业的实际案例来说明目的地本土化运营对于跨境电商的价值。

跨境电商本土化运营案例

笔者经营的企业在传统外贸时代就一直有一个非常可靠的美国采购商，这个美国采购商属于中小规模，非常专业，我们的合作关系也非常稳定。但是2008年金融危机以后这家公司每况愈下，最终走向了倒闭的边缘。

笔者经营的企业是一家传统的外贸制造企业，这几年也面临转型和调整，传统外贸不景气，再加上劳动力成本上升、原材料涨价、汇率变化等不利因素，我们很早就选择通过跨境电商的方式开拓外贸蓝海市场。我们一开始选择通过速卖通、eBay 等第三方跨境电商平台做跨境贸易，为此建立了专门的跨境电商团队，投入了大量的资源和资金，但是经营了两年感觉成效平平。我们总结分析发现我们的产品体积比较大，并不适合跨境物流，产品售后问题也很难解决，而且对于跨境电商运营我们缺少专业人才。

因为笔者跟这个美国客户私人关系非常好，我们在一次商务会谈后聊到了这个问题，又经过一次非常深入的沟通后，最终我们决定一起开拓美国市场。虽然这家美国公司濒临倒闭，但是他们拥有非常专业的市场分析能力，同时在独立站、搜索引擎推广，以及亚马逊、eBay 运营方面有非常丰富的经验，而且在美国本土拥有 3 个比较大的仓库，更重要的是他们对于美国市场非常了解，对于美国消费者的需求也有非常精准的认识。于是，我们通过收购控股的方式兼并了这家美国公司。通过这样的模式，我们的跨境电商业务发展得非常迅猛。

笔者认为目的地本土化运营的价值有如下几点。

◉ 你永远不能像美国人那样去理解美国市场

跨境电商 B2C 模式下，对于市场的了解、对于消费者的分析决定了跨境电商企业运营的成功与否。你可以调研、分析目标市场，但是即使不计算调研的成本，你也无法做到和本土公司一样了解当地市场。而本土化运营既可以节省调研成本，还可以准确分析市场，从而为当地消费者提供高质量的服务。

◉ 本土化运营解决了跨境物流痛点

我们企业的跨境电商运营模式是根据数据调研和实际销售情况，将产品预先通过海运集装箱发货到美国公司的仓库（标准的海外仓模式），再通过独立站和亚马逊、eBay 的店铺在线销售。我们的发货时间一般控制在 3～4 天，而且快递费很低。通过这样的海外仓模式，我们的产品品类持续扩展，传统跨境电商很难做起来的大体积、比较笨重的大型工艺品产品也通过这样的模式实现了跨境销售。我们公司做过统计，通过海外仓模式，物流成本下降了 5 成，加上精准的消费者分析、优质的物流体验，我们的跨境电商销售业绩一直非常好。

◉ 本土化运营改善了客户体验

在跨境电商 3.0 时代，客户体验感是核心。传统跨境电商从境内发货，除了物流时间长，对于客户的售后维护更是难上加难。通过本土化运营，可以很好地解决这些问题。首先，目的地本土发货物流破损率非常低，即便遇到商品破损，换货效率也非常高。其次，凭借本土人才优势，可以提供更好的售后服务，改善客户体验。

◉ 本土化运营开拓了海外市场

对于外贸出口企业来说，持续开拓市场是企业发展的核心。传统的外贸推广模式无论在展会推广方面还是互联网推广方面都有一定的局限性，而本土化运营会使海外市场开拓效果达到最佳。

普通中小跨境电商企业如何做好本土化运营

我们企业的跨境电商本土化运营符合我们企业的发展实际，而收购公司对于公司的资本要求非常高，未必适合普通中小跨境电商企业。对于普通中小跨境电商企业来说，通过 B2B2C 模式实现本土化运营更切实可行，也更符合中小企业的特征。

◉ 什么是 B2B2C 模式

B2B2C 中第一个“B”代表参与跨境电商销售的国内外贸制造企业或者外贸公司，第二个“B”代表国内跨境电商企业为了实现跨境电商本土化运营而注册的海外公司，第三个“C”代表海外市场的终端消费者、零售小批发商等。简单地说，就是国内供应商通过海外注册公司为海外消费者提供产品或服务。

◉ 普通中小跨境电商企业本土化运营实操

◎ 组建一个境内的跨境电商运营团队

本土化运营的前提是组建一个境内的跨境电商运营团队。在人才的选择上应该注重语言优势、目标市场经验优势，转型做跨境电商的传统外贸人往往会有这样的优势。除了语言和经验优势，跨境电商运营团队还应该对亚马逊、eBay 等电商平台的规则有非常深入的了解。

◎ 注册一个海外公司和海外商标

注册一个海外公司，在申请入驻亚马逊时会更便捷，收款会更流畅，海外消费者也会对你更信任。注册一个海外公司目前来说非常简单，因为传统外贸时代一直有非常多的海外公司注册代理公司，注册的成本也比较低，一般是几万元，具体费用可以咨询代理公司。注册一个海外商标也非常容易，也可以找代理公司办理。

◎ 找到最合适的 B 类合作商

对于普通中小跨境电商企业来说，找到目标市场的 B 类合作商不难。现在很多做跨境电商的企业都是从传统外贸领域转型过来的，在传统外贸时代都有自己的海外客户资源，可以找到关系好的海外客户，通过合作方式做跨境电商项目，海外客户在当地负责销售，中国境内团队负责货源和发货。很多传统外贸企业的海外客户都愿意参与这样的共赢模式。

◎ 完善海外客户服务系统

跨境电商本土化运营的核心优势就是提升客户购物体验，所以建立一整套海外客户服务系统就非常关键。这个系统应该包括几个核心环节：在线客户服务（包括文字和语言交流），交易沟通（价格咨询、询盘回复等），客户维护（售后服务、换货咨询等）。跨境电商企业可以根据自己的企业实力选择是在中国境内还是在海外运营客户服务系统，普通中小跨境电商企业可以选择“飞线电话”（本地电话号码 + 国内接听）。对于系统运营人员，笔者的建议是最好选择会讲当地语言的人，中国境内这样的人才非常多，价格也不高。如果是一个中等规模的跨境电商企业，可以选择把客户服务系统外包给海外的服务公司去运营，这样效率会更高，当然投入也更高。

◎ 选择合适的支付方式

支付是跨境电商交易转化最核心的一个环节，所以选择符合当地习惯的支付方式也是本土化运营的一个重要组成部分。对于很多海外消费者来说，面对一个不熟悉或者不信任的支付方式，他们一般会选择放弃购物。选择支付方式时不能凭刻板印象判断，还是要结合实际。比如大家都认为 PayPal 是全球用户最多的支付方式之一，选择了 PayPal 就万事大吉，但是即使在美国本土也有很多美国人不习惯用 PayPal，而是选择用信用卡支付，所以选择支付方式时首先要精准地了解目标客户。

目前跨境电商运营一般分为两种：第一种是在第三方跨境电商平台上运营，比如亚马逊、eBay 等，这类电商平台一般都会有支付解决方案；第二种是独立网站运营，这种情况下支付方式的选择更为重要，只有符合目标市场的支付习惯，才能吸引更多目标客户。

跨境品牌大卖家本土化运营实战案例

为了更全面地介绍跨境电商企业的本土化运营，笔者专门采访了宁波一家跨境电商服装企业的负责人李总，这家企业的目标市场是俄罗斯。李总说："俄罗斯市场目前是跨境电商的蓝海市场，但是大部分跨境电商企业在俄罗斯市场的发展是粗放式的，比如通过速卖通等平台做俄罗斯市场，产品描述用英文，在线销售的语言也是英文，但是随着俄罗斯市场的发展，本土化运营会是未来的主要趋势。"

所谓俄罗斯市场的本土化运营就是跨境电商卖家应该主动适应俄罗斯消费者的购物习惯、语言习惯、支付习惯，并实现本土化的仓储、物流和售后。李总的公司在俄罗斯拥有 2 个仓库、1 个办公室，在俄罗斯的仓库甚至实现了线下实体店的销售功能。俄罗斯对于中国商品的需求一直非常旺盛，但是俄罗斯的电商还处于起步阶段，而且在俄罗斯英语并不常用，李总也是经过很多年的探索才走出了一条属于自己的跨境电商本土化运营之路。

首先，李总做了一个俄语版的网站，由俄罗斯办公室的本土雇员做页面描述和在线客户服务。然后通过俄语做 SEO，在当地社交媒体推广运营。发货模式是从国内先发到公司在俄罗斯的 2 个仓库，客户下单后通过海外仓选择俄罗斯当地的物流，基本 2～4 天就可以送货到客户手里。仓库也具备实体店销售的功能，这样就实现了跨境电商 O2O。对于支付方式的选择，李总的回答更是独特，他选择的是现金交易，通过快递公司代收货款，凭借这样的付款方式他们公司在俄罗斯农村和偏远地区积累了非常多的客户。

对于未来，李总计划通过海外仓和跨境电商 O2O 模式，选择更多符合俄罗斯市场需求的商品，他们公司也会跟俄罗斯的物流公司、金融服务公司等合作。他们公司已经在俄罗斯市场创立了自己的品牌，后期也会通过本土化的营销方式进行品牌推广，最终通过跨境电商本土化运营实现企业的腾飞。

跨境电商企业如何搭建海外运营团队

其实在宁波、广州、深圳这样的外贸发达城市，很多资深的外贸企业都拥有一定的海外资源，比如合作多年的海外客户，还有部分头部外贸企业很早就在海外建立了办事处和海外分公司。笔者在演讲分享的时候，经常有小企业主问笔者，普通的跨境电商企业未来真的能在海外拥有自己的本土运营团队吗？其实根据我们多年的海外团队运营经验，在美国建立一个具备基础功能的团队并没有想象中那么难。

在美国建立一个拥有销售、售后、仓储功能的基础团队，一年的费用大概在 40 万美元。而我们去考察深圳等地的跨境电商企业，发现它们的运营成本已经非常高了，团队数量动辄 1 000 人甚至几千人，而且办公地往往都选在非常昂贵的写字楼。这样一对比，其实在美国的运营成本并不是特别高。所以对于很多跨境电商企业来说，思考一下未来如何布局境外团队对于企业长远发展是非常有价值的。

◉ 跨境电商企业海外运营团队的基本构成

一个具备基础功能的海外运营团队的基本构成有哪些呢？

◎ 核心管理层

管理层是最重要的一个环节，一般是由国内公司派出的管理人员，负责执行贯彻企业的战略策略、把握企业的重点销售目标、制定工作流程、负责监督海外市场的开拓等。

◎ **销售团队**

在美国招聘在线销售员工的门槛其实并不高，而且疫情冲击下美国的就业环境进一步恶化，招聘难度并不大。大家最关心的问题应该是美国员工每个月的工资是多少，根据美国劳工处的数据，2020 年，美国全境的年平均工资为 6.87 万美元，月平均工资 5 726 美元，折合人民币 3.63 万元。这样的薪酬对于大部分的跨境电商企业来说都是可以接受的。如果是一个初创型跨境电商企业，除了全职员工，也可以招募兼职员工来降低自己的用人成本。

◎ **财务人员**

财务是跨境电商海外运营团队中最核心的一个岗位，一般建议由国内公司派人担任，但是必须熟悉美国的税费、公司法。最常规的做法是聘请一个全职的财务，同时辅以专业的第三方美国财务公司。

◎ **售后团队**

售后团队是跨境电商海外运营团队的重点，因为售后会直接决定跨境电商店铺的客户体验和客户评价，一定要给海外零售客户留下专业、负责的公司形象。

◎ **仓储团队**

海外仓是跨境电商企业的核心配置之一，海外仓储团队要做好每个月的发货预测，并且要做好数据分析，做好人员配置，高效率地处理订单。

◉ 跨境电商企业组建和管理海外运营团队的难点

很多跨境电商企业会在海外设立办事处和分公司，招聘和管理海外员工时经常面临压力和困难。

首先遇到的问题是招聘难，其次是管理难度非常大。因为不同国家在语言、文化、法律法规、人才评价系统方面存在差别，一些海外经验不足的中小企业，甚至发生过跟海外员工三天两头对簿公堂的情况。主要原因还是中国企业对于海外市场缺乏了解，人才需求不明确、不精确，同时对于海外人才市场理解不深刻，更缺少发现优质海外人才的能力，而且很多出海企业没有管理海外员工的经验，企业管理制度也不健全。

◉ 如何解决跨境电商企业组建和管理海外运营团队的痛点

笔者有多年的海外运营团队组建和管理经验，这里和大家分享一下如何解决组建和管理海外运营团队的痛点。

首先，跨境电商企业要走得早、看得远。企业走出去之前，首先要针对自己的情况做非常系统化的、详细的海外市场人才调研，调研的内容包括海外人才供需情况、薪酬水平，同时确定企业需要招聘什么样的海外人才、需要从什么样的渠道招聘、选择什么样的海外人才服务机构，更重要的是长短期的人才招聘规划等。

其次，中国公司出海到美国，在美国本土建立公司，中国管理者、中国员工和海外员工之间经常因为语言、文化、价值观的差异而产生冲突，所以中国管理者和中国员工要尊重目标市场当地文化，求同存异，公司管理以结果为导向，并且适当放权。

最后，在选择海外运营团队管理者时，要选择那些在中国和目标市场都具备丰富的工作和管理经验、熟悉两地文化、无语言交流障碍的国际化人才。

第九节　跨境电商时代如何高效支付

跨境电商的常用支付方式

跨境电商的常用支付方式有以下几种。

◉ 电汇

电汇是最常规的支付方式，大额交易基本都会选择通过电汇支付，建议高于1 000美元低于1万美元的订单也可以选择电汇支付。电汇手续费一般分为三部分，第一部分是汇款行汇款手续费，可以由汇款人单独支付，也可以在汇款金额中扣除；第二部分是中转行中转手续费，一般在汇款金额中扣除；第三部分是收款行收款手续费，从汇款金额中扣除。电汇的到账时间，根据银行不同区别很大，从3个工作日到一周不等，主要取决于汇款路线，中间经过的银行少就快些、多就慢些。笔者建议大家一定要确认钱款到账后再安排约定事项，比如发货。

◉ 西联汇款

西联国际汇款公司是世界上领先的特快汇款公司，迄今已有150年的历史，它拥有全球最大、最先进的电子汇兑金融网络，代理网点遍布全球近200个国家和地区。中国农业银行、中国光大银行、中国邮政储蓄银行 、中国建设银行、浙江稠州商业银行、吉林银行、哈尔滨银行、福建海峡银行、烟台银行、龙江银行、温州银行、徽商银行、浦发银行等多家银行都是西联汇款的中国合作伙伴。西联汇款的到账时间大概是15分钟。

汇款前你只需要向客户提供你身份证上的名字（拼音），First Name对应名字，Last Name对应姓氏，千万不要弄反了，不然取不到钱。汇款后客户提供给你的信息有：汇款人的姓名，First Name、Last Name同样不能写反了；汇款人的国家；汇款的币种和金额；MTCN，俗称监控号，这个最重要了。有了这些信息，你就可以拿着身份证去银行取钱了。西联汇款的手续费由付款方承担，不同国家收费标准不一样，最好让客户到付款银行咨询一下。西联汇款在欧美客户中接受度比较高，比较适合小额美元汇款。

◉ 速汇金 MoneyGram

速汇金是另一种类似西联汇款的国际汇款方式，业务模式跟西联汇款一样。速汇金汇款不走银行通道，而是走速汇金的汇款通道，速汇金在国内有很多合作银行，比如中国工商银行、中信银行、中国交通银行、中国银行。

取钱时需要提供的信息有：汇款人的姓名、汇款金额、汇款国家和 8 位数的监控号。然后出示本人身份证就行了。速汇金的手续费比西联汇款要便宜一些，具体可以咨询相应银行。

◉ PayPal

PayPal 是全球使用最广泛的第三方在线支付工具，在线付款方便、快捷，另外可以消除买家付款后收不到货的隐忧，国外买家使用率在 80% 以上，买家覆盖面广，尤其在欧美市场。开通 PayPal 可以带来更多订单，用邮箱就可以免费注册账户。作为第三方支付工具，像支付宝一样，使用 PayPal 付款的买家有什么问题是可以向 PayPal 投诉的。

笔者建议大家小额支付还是首选 PayPal。理由如下：第一，资金安全；第二，快速，跟支付宝一样付款后即时到账；第三，方便，可以使用各种工具管理交易，提高效率；第四，全球市场接受度高。更重要的是，无论对买家还是卖家，PayPal 都是免费的。

关于 PayPal，还有一个问题需要大家注意，就是 PayPal 和贝宝的区别。它们类似于支付宝的国际版和国内版，PayPal 允许在 55 个国家和地区发送和接受付款，而贝宝是 PayPal 的中国版，只能向中国用户发送和接受付款。

笔者推荐大家小额支付用 PayPal，但大额的跨境支付还是选择传统的电汇方式，因为在 PayPal 进行大额交易存在一定的风险。

◉ 国际版支付宝

作为阿里巴巴旗下最具价值的支付工具，支付宝在跨境支付领域的影响力也越来越大，国际版支付宝业务包括出口支付、进口支付和创新业务。国际版支付宝诞生的第一使命就是服务好阿里巴巴跨境电商平台速卖通，2012 年，速卖通和支付宝两个出口团队合并成立国际版支付宝团队，最终国际版支付宝从速卖通脱离，成为一个独立的业务体系。

国际版支付宝围绕国际订单开展了一系列的跨境交易服务，并在此基础上打造了国际支付系统，收银台和银行渠道的对接也已经完成。国际版支付宝已经正式获得跨境电商外汇支付业务试点资格，这意味着支付宝在跨境支付所涉及的外汇资金集中收付和结售汇等服务方面获得了资质。国际版支付宝可以直接收汇美元，海外消费者只要开通国际版支付宝账户便可以直接付款交易。对于普通的中国跨境电商卖家来说，国际版支付宝是做跨境电商最值得选择的跨境支付工具，因为阿里系的产品服务良好，而且对于中国本土的中小微企业有着深刻的认识。

◉ 信用卡

在欧美，主流的支付方式还是信用卡。因为信用卡是连接个人信用资料的，所以信用卡是非常安全的支付方式。现在跨境电商平台通过与 Visa 和 MasterCard 合作，都可以用信用卡支付。

信用卡支付的风险点是客户退单和小部分的信用卡诈骗行为。因为国际小额贸易前期要投入物流等其他费用，若消费者退单或者悔单，对卖家来说损失不少。另外，一般支付公司在提供支付服务时都会提供加密措施，比如与卡组织的黑卡库等信息共享，一旦碰到黑卡或者盗卡，会被系统拒绝付款，导致订单失败。

◉ 其他非主流支付工具

笔者一般不建议大家使用非主流支付工具，因为接受度不高，安全性也没有保障，但是作为外贸人对其可以有一定的了解。非主流支付工具包括 ClickandBuy、Paysafecard、WebMoney、CashU、LiqPay、QIWI Wallet 等。

小额跨境支付的核心点还是安全，一般建议选择主流的支付方式，也可以选择常规的电汇方式。与钱相关的事情，不要怕麻烦，一定要选择可靠、熟悉、安全的支付方式。

主流移动支付工具介绍

随着移动互联网的发展和普及，各跨境电商平台和企业都开始在移动端发力。相对于 PC 端，消费者对于移动端跨境消费的体验要求更高，移动端的支付体验甚至可能直接决定一个跨境电商卖家的命运，因而选择移动端支付工具就显得非常重要。

◉ PayPal 移动端

PayPal 作为全球跨境支付领域的翘楚，它的价值不仅体现在传统的 PC 端跨境支付，其在移动端跨境支付的表现也非常抢眼。PayPal 有一个非常好用的 App，只要添加信用卡到 PayPal 账户，就可以直接在手机端支付，非常便捷。目前支持 PayPal 移动端付款的商家非常多，包括沃尔玛、苹果、阿迪达斯等品牌企业，PayPal 移动端付款已成为一种主流支付方式。

◉ Apple Pay

PayPal 支付的最大挑战者是 Apple Pay。Apple Pay 最大的优势就是利用苹果手机超高的市场占有率拓展用户，苹果在全球智能手机市场拥有无可比拟的影响力，“粉丝”众多，Apple Pay 自推出以来就广受“粉丝”推崇。Apple Pay 通过 NFC 发送支付申请完成手机端支付。苹果目前与美国三家主要的发卡银行合作，包括 Visa、MasterCard、美国运通，很多国家的主流银行也都支持 Apple Pay。Apple Pay 用户可以通过指纹和面容识别在手机端进行支付，这对于跨境支付来说是支付体验方面一个非常大的创新。为了对抗 Apple Pay，PayPal 推出了一键支付功能 One Touch。

◉ Google Pay

Google Pay 的前身是 Google Wallet 和 Android Pay。现在的 Google Pay 面向全球，功能和操作方法与 Apple Pay 非常类似，已经成为继 PayPal、Apple Pay 后最强大的移动支付工具。

◉ Samsung Pay

2016 年，三星公司的 Samsung Pay 联合中国 15 家商业银行和中国银联，正式进入中国市场。有别于 Apple Pay 和 Google Pay，Samsung Pay 在支持 NFC 近场支付的同时，还支持磁条支付，这样就可以在更多的实体店实现移动支付。目前与三星合作的发卡组织有 MasterCard、Visa。美国运通、美国银行、花旗银行、渣打银行等主流的商业银行也与三星有合作。

除了以上这些移动支付工具，别忘了还有我们最熟悉的微信支付和支付宝，大家可以根据目标市场的支付习惯选择合适的移动支付工具。

选择适合自己的跨境支付工具

随着跨境电商市场规模越来越大，跨境支付已经成为银行和第三方支付机构竞争的又一个高地。进入移动互联网时代后，可以选择的跨境支付工具越来越多，跨境零售消费者对于跨境支付工具的要求似乎也越来越多。对于普通跨境电商卖家来说，支付工具的选择直接关系自己的利益。跨境电商卖家，特别是跨境电商中小卖家，还是应该结合自己的经营实际选择适合自己的跨境支付工具。

◉ 选择主流的跨境支付工具

现在的跨境支付工具五花八门，但是中小跨境电商卖家还是应该选择主流支付工具，重点推荐 PayPal、国际版支付宝。主流支付工具占据了绝大部分的市场，市场认可度比较高，而且经过了长时间的市场洗礼，安全性和可靠性都比较高。

◉ 选择目标客户习惯使用的跨境支付工具

除了主流的跨境支付工具，跨境电商卖家还应根据不同地区的消费习惯选择目标客户更易接受的跨境支付工具。比如欧美地区的消费者更喜欢用信用卡支付，而且因为苹果手机的高度普及，使用 Apple Pay 的人也很多；俄罗斯、东南亚等新兴市场除了使用主流跨境支付工具，比如 PayPal 和国际版支付宝，还有很多本土的支付工具，比如俄罗斯的 QIWI Wallet、印度尼西亚的 DOKU 等。

◉ 选择手续费最合理的跨境支付工具

对于广大跨境电商卖家来说，选择跨境支付工具除了要考虑交易的安全性和不同地区的消费习惯之外，还要考虑跨境支付工具的手续费，因为跨境支付工具的手续费是运营成本中占比很大的一部分。西联的收费标准是500美元以下手续费15美元，5 000～7 500美元手续费40美元。西联的手续费还是比较高的。相对于西联，速汇金的手续费低廉一些，1 500美元以内手续费是8美元，2 500～9 000美元手续费是25美元。PayPal的收费标准是3 000美元以下手续费是汇款金额的4.4%+0.3美元，3 000～10 000美元手续费是汇款金额的3.9%+0.3美元，超过10 000美元手续费是汇款金额的3.7%+0.3美元。客观地说，PayPal的收费还是非常合理的，而且PayPal不收取任何形式的注册费、年费或者会员费。跨境电商卖家应该在日常的运营中多去比较和研究，最终找到一个合理、高效、廉价的跨境支付工具。

跨境支付和比特币

笔者对于比特币的最初了解是在一次商业杂志举办的论坛活动上，一个来自美国的经济学教授阐述了他对于比特币的理解。这位教授认为比特币是目前流通货币中计算最为精确的一种，对互联网发展和互联网支付有重大意义。

如何让消费者有更好的在线消费体验一直是跨境电商企业永恒的主题，而支付的便利性又是在线消费体验中的重点，所以自比特币诞生以来，很多跨境电商企业都在尝试接入比特币支付。Overstock是美国的一家在线零售企业，它早在2014年就开始接受比特币支付。美国的一家财经杂志曾经采访过这家在线零售企业对于比特币支付的体验，该企业认为比特币通过特殊的流通方式减少了支付中间环节的限制，给他们的在线销售带来了很好的业绩和利润。

成立于2010年的重庆大龙网是行业领先的跨境电商企业，也是商务部首批跨境电商试点企业之一，2016年大龙网创始人冯剑峰参加亚洲博鳌论坛畅谈跨境电商，被很多媒体赞誉为中国跨境电商真正的开拓者。对于跨境电商的创新和探索，大龙网一直非常领先，大龙网是中国第一个接入比特币的跨境电商网站，早在2014年9月大龙网就和比特币跨境支付企业BlockPay签订战略合作协议，在大龙网开通比特币支付渠道。

比特币之所以在跨境电商支付领域被广泛应用，主要是因为数字货币本身的优势，比如比特币账户永远不会被冻结、交易永远不会被撤销、服务也永远不会被拒绝，而且可以24小时交易，也不会出现类似传统银行的系统崩溃。对于跨境电商企业来说，比特币更像是一种交换媒介，海外客户向跨境电商卖家支付比特币，卖家通过境内的比特币服务商把比特币兑换成人民币，最终拿到实实在在的货款。至于跨境支付的汇率风险，因为跨境电商卖家全程不接触比特币，基本不会承担汇率风险。

虽然大家对以比特币为代表的数字货币的未来都表示期待和向往，但是目前比特币在世界范围内的评价还是处于赞誉和怀疑并存的状态。各国政府对于比特币的态度也大相径庭，跨境电商卖家在选择比特币支付时也要考虑可能存在的合规风险。

跨境支付的未来

对于跨境支付的未来，笔者认为会有以下趋势：首先，随着跨境电商市场规模越来越大，跨境支付的竞争会越来越激烈，PayPal的垄断地位会被打破，跨境支付会形成一个生态系统，各种支付工具的竞争会使得客户体验越来越好，收费也会越来越合理；其次，随着中国跨境电商市场的成熟以及法律监管的规范，跨境电商支付安全和资金安全会越来越有保障；最后，未来移动端的支付工具会成为主流，跨境电商的数字支付会越来越成熟和规范。

第四章

跨境电商未来的发展趋势

中国从“世界工厂”走向“世界商店”

目前的困境对于中国外贸的发展来说其实并不算是坏事，中国经济高速发展了30多年，中国外贸也随之高歌猛进地发展，已经到了需要深刻反省和调整的时期。在传统外贸模式下，中国更多地依靠廉价的生产力和原材料优势，充当世界的生产工厂，甚至是生产车间，处在价值链的最低层，赚取微薄的利润，这样的粗放型外贸发展模式是以高昂的环境成本为代价的。跨境电商作为一种新的外贸出口模式，其终极目的是把中国从“世界工厂”变成“世界商店”。世界商店应该是一个无边界的商店，通过互联网，工厂可以跟消费者直接对接，生产出的产品可以更好地满足消费者的个性化需求，工厂赚取的不仅是生产利润，更为重要的是销售利润，以及研发设计、个性化定制的利润。在这样一个世界商店里，支付、物流通过在线方式高效率地完成，最终形成一个货通全球的在线跨境电商生态圈，生生不息，持续繁荣。

跨境电商O2O模式受推崇

经过前几年的高速发展，跨境电商也出现了不少问题，比如跨境进口海淘的产品从下单支付到送达消费者手里耗时太久，体验感差。而跨境电商O2O模式既能让国内消费者不出国门享受海外产品和服务，又可以带动国内制造业转型升级，把海外消费留在国内，帮助国内企业增收。

为什么跨境电商 O2O 模式会成为一个热点？主要原因还是在跨境电商3.0时代，消费者对于跨境商品有更高的品质要求，同时希望拥有更好的跨境购物体验。

O2O 指的是线上和线下的融合。跨境电商 O2O 模式与传统的淘宝天猫系 O2O 模式的区别在于，跨境电商 O2O 模式把其中的一个 O，也就是线下，放在买家所在地。在这种模式下，跨境电商企业会在目标市场建立一个跨境商品体验店，用来展示跨境商品，因为很多跨境电商的目标买家获得的产品相关资讯不多，确实需要一个实体店铺，便于体验商品，但最终购买行为还是在跨境电商在线平台实现，只是消费者可以在实体店铺内直接提货。这种模式最早的应用者是国内的跨境电商平台大龙网，它通过在俄罗斯本地建立跨境电商 O2O 体验店，提高了客户的体验感，扩大了跨境出口规模。

◉ 跨境电商 O2O 先锋企业——大龙网

就中国跨境电商企业的 O2O 应用来说，笔者一定要说一下中国跨境电商的先锋企业——大龙网。

大龙网专门设计了 App，并建立了海外体验店。中国供应商和海外零售商通过在线的方式约谈生意，通过大龙网举办的线下会，比如中国产品的海外发布会、网贸会等建立信任和社交，通过在目标市场的展示店展示跨境产品，通过这三种方式结合首创了跨境电商出口的 O2O 模式。

◉ 跨境电商 O2O 模式的优点

◎ 解决跨境电商的客户体验问题

跨境电商 O2O 模式的出现就是为了解决跨境电商的客户体验问题。目前跨境电商，特别是跨境进口电商，在客户体验方面存在很多问题，比如产品品质参差不齐、售后服务难度大等，跨境电商 O2O 模式可以很好地解决这些问题。

◎ **提高消费者对于跨境产品的认知和信任**

通过跨境电商 O2O 店铺的展示，可以提高消费者对于跨境商品和认知和信任。

◎ **降低导流成本**

对于很多跨境电商企业来说，线上的推广投入成本非常高，而通过 O2O 模式中的线下展示店导入流量，可以很好地解决市场推广问题，同时也可以建立非常好的口碑和品牌。

◎ **可以跟跨境消费者更好地沟通，实现个性化和定制化**

跨境电商 3.0 时代，体验和个性化越来越重要，消费者对于产品的个性化需求越来越明显，通过跨境电商 O2O 店铺，可以和消费者进行更密集和深入的沟通交流，实现产品的个性化和定制化。

东南亚跨境电商的蓬勃发展是未来趋势之一

因为一场疫情，全球的贸易格局发生了彻底的变化，跨境电商行业趋势也发生了很大的变化，核心的趋势之一就是东南亚跨境电商的蓬勃发展。

◉ 东南亚跨境电商蓬勃发展的原因

◎ **东南亚市场潜力巨大**

近两年东南亚跨境电商发展迅速的一个理由是东南亚旺盛的消费需求和市场购买力。首先，东南亚的人口基数非常大；其次，东南亚各国在线消费需求增量非常大、增速非常快。

其实在疫情之前，东南亚的跨境电商渗透率普遍不高，经历了一场疫情之后，东南亚的在线零售数据持续激增，这意味着东南亚的电商发展潜力会比欧美要大。虽然东南亚一些国家综合经济实力比欧美差一点，但是后疫情时代东南亚的 GDP 增速最快，这也进一步推动了跨境电商在东南亚的发展。

◎ 东南亚互联网覆盖率高、网民平均在线时间长

目前东南亚互联网用户已经超过 4.4 亿人，占总人口的七成左右。有研究称，未来 5 年内东南亚每天会新增 12 万新互联网用户。而且东南亚互联网用户的平均在线时间非常长，根据相关统计，东南亚网民每天平均花费 3.6 小时在互联网上。在线浏览时间越久，意味着客户黏性越高，更意味着潜在的消费市场越大。

◎ 东南亚移动端流量持续增加

东南亚市场移动电商的增量趋势也非常明显，比如 2021 年 2—4 月，移动端流量已经占东南亚电商流量的 72%，其中流量占比最大的国家是印度尼西亚，高达 87%，而且超过 92% 的社交媒体广告都投放在移动端。

◎ 直播带货和品牌化趋势明显

近些年，随着移动互联网的发展，直播带货开始融入东南亚消费者的生活工作，而且更多的东南亚消费者开始接受并且习惯品牌产品。

◎ 东南亚支付方式多样化

作为跨境电商最重要的一个环节，支付方式在东南亚也非常的多样化。传统的 PayPal、国际版支付宝等在东南亚普及率较高，银行转账也很受欢迎。另外，越南和菲律宾有超过 80% 的电商公司接受货到付款，还有很多国家可以实现分期付款，这极大地丰富了跨境电商的支付体验，提升了客户满意度，进一步推进了跨境电商在东南亚的发展。

◉ 东南亚跨境电商面临的问题

但是在繁荣背后，我们也看到了东南亚跨境电商面临的一些问题。比如电子商务的基础建设相对薄弱；虽然移动端越来越流行，但是移动端支付反而应用率不高；物流效率非常低下，最后一公里配送体验很差。同时东南亚各国经济发展差异巨大，消费环境差异也巨大，电商相关法律法规也非常不健全，消费者权益维护起来比较困难。

◉ 东南亚跨境电商平台的市场表现

◎ Shopee

近些年，东南亚跨境电商平台中发展最迅猛的应该是 Shopee。Shopee 其实很早就专注于移动端，所以在移动互联网时代的发展远快于其他跨境电商平台。Shopee 对于卖家最大的吸引力在于，可以在很短的时间里卖出产品，这也在很短的时间里吸引了大量中国卖家入驻。

Shopee 成立于新加坡，然后又扩张到马来西亚、泰国、印度尼西亚、越南、菲律宾和中国台湾等市场，目前已经在纽交所上市。2020 年，Shopee 的总订单量已经超过 13 亿，并且邀请了足球巨星 C 罗担任全球代言人。

◎ Lazada

和 Shopee 齐名的是 Lazada。这家公司创立于 2012 年，2016 年被阿里巴巴收购。目前业务遍布印度尼西亚、马来西亚、菲律宾、泰国、新加坡等国家，发展势头很猛。

◉ Sendo

Sendo 这家公司的市场表现也非常抢眼。Sendo 成立于越南，最早销售时尚类和化妆品类产品。Sendo 在越南的市场占有率很高，App 下载量仅次于 Shopee。这个平台最大的一个特点就是核心市场是农村，数据显示其 70% 的业务量源于农村市场。

◉ Coupang——东南亚成长最快的跨境电商平台之一

如果一定要在东南亚跨境电商平台中选择最亮眼的一家，那一定是增量最明显、市场回报率最高的韩国的 Coupang。目前 Coupang 在韩国是用户量排名第一的购物类 App，日活用户和周活用户都是其他平台的两倍。

Coupang 最早是做社交电商起家，然后在 2016 年转型成为一个电商平台。Coupang 相对于其他平台的优势在于，它将推送精确到单个产品。如果不同商家销售相同的产品，平台首先推送点击最高、满意度最高的产品，而不是只看价格。这样就可以让更多中小卖家参与竞争，做小而美的优质产品。

Coupang 通过一套客户评价系统对于卖家进行考核，那些服务水平高、客户满意度高的卖家会获得更多的流量和推送资源。这样的流量分配和推送模式在所有跨境电商平台中是比较领先的。

Coupang 还有一个核心的优势就是佣金很低，像 Wish 和亚马逊的佣金比例基本在 15%，Coupang 的佣金比例在 5% ~ 10%，这在众多跨境电商平台中有非常大的竞争力。

◉ 对于东南亚跨境电商运营的建议

因为东南亚跨境电商的特点，广大卖家在运营过程中也要注意一些细节。我们采访了很多在东南亚产品销量非常好的大卖家，他们的建议如下。

◎ 本土化运营很重要

首先我们聊运营端，东南亚各个国家的经济发展差异性很大，同时每个市场都呈现出多样化的发展趋势，这是广大跨境电商卖家做东南亚市场面临的第一问题。比如印度尼西亚这个国家，国家内部的消费需求就很不同，甚至同一个城市消费者的消费能力、购物偏好都相差非常大。

所以东南亚跨境电商的本土化运营非常关键，首先要调研目标市场的消费能力，然后迎合当地消费者的需求。

◎ **挑选合适的品类**

之前说到东南亚各个国家的市场环境和消费习惯相差甚远，消费者的偏好也不一样，所以选品也很关键。

比如在菲律宾和泰国，国内的化妆品非常受欢迎；而在马来西亚和印度尼西亚，玩具和母婴类产品非常受欢迎。而且不同时间段不同品类的销售情况差别也非常大。

◎ **克服物流难题**

目前东南亚的物流基础设施建设普遍比较初级、薄弱，而且不同国家的情况也有所不同，比如新加坡物流设施相对完善，但马来西亚、印度尼西亚和菲律宾岛屿众多，配送难度较大，所以我们选品时要考虑到跨境物流的便捷性。有些产品在线下销售火爆，但是因为东南亚独特的物流环境，最终线上销售情况并不理想。

◉ 东南亚市场的热门品类

我们以 Shopee 为样本，调研了东南亚跨境电商平台上的热门品类，主要分为下面几个类别。

◎ **时尚类产品**

目前东南亚市场卖得最火爆的产品之一就是时尚类产品，热门的品类包括服装和美妆产品。

◎ **消费电子类产品**

消费电子类产品也是目前在东南亚市场卖得最火爆的产品之一，主要是智能手机和家电产品。前几年，日本和美国的消费电子类产品更受欢迎，近几年随着国货的崛起，小米、华为、OPPO 的产品越来越受到东南亚市场消费者的欢迎。

◎ **母婴类产品**

母婴类产品也是东南亚市场卖得最火爆的品类之一。比如在印度尼西亚，每年有数百万的新生儿出生，所以印度尼西亚 66% 的消费者通过在线方式购买母婴用品，超过 57% 的消费者每个月购买一次这类产品。

对于未来 5 年的跨境电商，我们坚持认为东南亚市场会是重点，所以大家一定要争取抓住东南亚市场的机会。

赢在跨境电商垂直平台

不同于国内电商平台的寡头垄断趋势，跨境电商行业不断有新的平台崭露头角，并且在各自的垂直细分市场做得有声有色，甚至是风生水起。这一节给大家介绍几个近几年市场口碑和销售数据双丰收的垂直平台。

◉ 沃尔玛

说起沃尔玛，大家最先想到的应该是美国最大的线下零售商，但其实早在 2012 年，沃尔玛电商平台就正式上线了。

相对于亚马逊，沃尔玛的入驻门槛更高。沃尔玛更多采用邀请制，类似于国内的天猫。这样其实从开始就保证了沃尔玛卖家的高品质和高质量。除此之外，沃尔玛的入驻审核周期也比较长，一般是 4 个星期。而且沃尔玛的入驻审核也会参考卖家在亚马逊、eBay 的销售数据和销售口碑。

沃尔玛相对于亚马逊的另一个优势是，沃尔玛电商平台上中国卖家的竞争还不充分。其实经历了 2021 年之后，广大中国卖家已经察觉到亚马逊等主流跨境电商平台的竞争压力已经非常大，内卷已经非常严重，拼价格、拼成本已经成为常态。而沃尔玛电商平台上的商家数量本来就少于亚马逊，增量也不及亚马逊，所以现在入驻沃尔玛确实能够取得一些竞争优势。此外，沃尔玛的库存产品数量也远低于亚马逊，这也意味着更大的成长空间。

◎ **沃尔玛的跨境物流**

大家都知道亚马逊的物流模式是 FBA 模式，其实沃尔玛的物流模式与之类似，但是区别在于沃尔玛会通过多种模式履行订单，包括配送中心、超市分销中心、超过 4500 个线下实体商店，以及线下物流体系。

这其实也是沃尔玛电商平台的最大优势之一，利用强大的线下渠道和物流优势反哺电商，最大限度提升客户满意度。

作为一个 18 年的跨境电商创业者，笔者非常看好沃尔玛电商平台的发展。对于这个平台，大家可以重视起来，特别是目标市场是欧美的转型做跨境电商的传统外贸企业，未来几年沃尔玛平台会是一个非常好的选择。

◉ Wayfair

笔者其实是在 2021 年第一次知道有 Wayfair 这样一个平台。有一次去一个高校做跨境电商演讲，一个创业 4 年的跨境电商专业的学生告诉笔者，他在一个平台做了 2 000 多万美元，这个平台的名字叫 Wayfair，同时学生说这个平台有非常多的亮点政策和平台优势，所以笔者才真正关注并且研究起这个平台。

Wayfair 是标准的垂直跨境电商平台，目前是北美和欧洲最大的家具、家居用品电商平台之一。公司成立于 2002 年，目前已经拥有超过 1.6 万家全球优质供应商、2 200 万件商品、3 300 万活跃用户。

Wayfair 与亚马逊等平台最大的区别在于，Wayfair 不支持跟卖并且不支持关联，这样的平台政策其实更适合中国卖家。

Wayfair 有非常高的入驻门槛。平台要求入驻供应商拥有美国公司和账户，或者是符合条件的中国公司，SKU 不低于 20 个，要有自有品牌，产品品质好、设计感强。同时 Wayfair 建议中国供应商在美国本土有备货并且最好选择从本土仓库发货，这样会提升其在平台上的权重。而且平台非常关注客户的下单体验，要求客户下单到卖家发货不超过 48 小时。平台提供产品责任保险，并且要求产品包装达到 STA3A 标准。Wayfair 会向入驻商家收取货损费用，所谓货损费用就是平台在供应商的批发价的基础上加收 4% ~5% 的费用，用于货物的退款或者赔偿等。

Wayfair 的定价模式也很独特，商品的最终售价不由供应商决定，供应商提供商品的批发价，最终由平台决定商品的零售价格。

Wayfair 的回款周期有两个选择：第一，10 天内回款，平台收取 3% 的手续费用；第二，60 天回款，全额回款，免手续费。平台与 FedEx、UPS 合作，所以物流体验有保障。

◉ 新蛋

新蛋也是笔者重点向大家推荐的平台之一。新蛋其实是一个非常老牌的美国跨境电商平台，由华人在 2001 年创立，目前是美国第二大在线零售电商平台，用户数量超过 4 000 万。核心的品类包括 3C 产品、智能家居产品、游戏周边产品、汽车配件等。

之前新蛋是不对中国卖家开放的，所以很多中国卖家也对这个平台不熟悉，但是因为一场疫情，新蛋的招商策略发生了重大的变化，2020 年开始在中国区域招商。2020 年，新蛋中国推出“跨国开店”业务，为中国跨境电商卖家提供开店、物流、培训等一条龙服务。

提到新蛋，我们就不得不提 CEO 邹果庆。作为新蛋的老兵，邹果庆早在 2008—2011 年就曾担任新蛋 CEO，之后陆续担任 OTTO 大中地区 CEO 和海尔集团副总裁。邹果庆的核心价值观非常符合中国电子商务的发展，他非常重视客户服务和自建仓储物流。同时他对于国际市场和中国市场也有着非常精深的理解。

目前新蛋最大的股东是 A 股上市公司联络互动，联络互动拥有新蛋 61.55% 的股份，这让新蛋对于中国商家天然友好，并且有非常好的理解中国供应商的能力，这在所有境外跨境电商平台中是难能可贵的。

◉ 美客多

美客多是跨境电商平台中的一匹黑马，我们调研了浙江区域的大量跨境电商卖家，大家对于美客多这个平台都有非常大的期待和参与热情。

美客多成立于 1999 年，2007 年在纳斯达克上市，目前已经成长为拉丁美洲领先的电商平台，为数百万用户提供各种各样优质的产品和服务。

美客多最大的优势是拉美市场的市场潜力巨大，相对于欧美市场的疲软，拉美市场这几年越来越展示出爆发的市场趋势。

此外，入驻美客多的商家如果加入跨境贸易 CBT 计划，可以实现一个账户运营多个国家，而且平台提供翻译服务，消除了语言壁垒。还有多种物流模式和收付款模式可供选择。

目前美客多上热卖的品类包括小家电、汽车配件、运动和户外产品、美容产品和个人护理产品、园艺工具、书籍、儿童玩具和母婴产品、时尚产品等。

◎ 美客多的物流体系

关于拉美市场，大家最关心的一个问题就是物流体系。

美客多有自己的物流体系，卖家可以使用美客多的物流体系在 19 个国家和地区运输和交付他们的产品。此外，美客多已经与拉丁美洲的各种物流供应商合作，让跨境电商买家拥有更好的物流体验。

◎ 美客多的招商政策

因为缺少家居、户外运动等品类的卖家，所以这几年美客多比较倾向于运营该品类的中国跨境电商卖家，而且目前平台上中国卖家的数量比较少，只有约 1 000 人，所以美客多对于中国优质卖家的招商力度大大增加，目前比较青睐精细化运营的卖家。

对于中国卖家，美客多的要求是中国境内的注册公司，拥有跨境电商运营经验，SKU 不低于 100 个，月均 GMV 达到 6 万美元，平均客单价在 20～50 美元。

跨境电商头部企业案例解析

2021 年，跨境电商经历了亚马逊“封号”风波，跨境物流价格暴涨等挫折，对于跨境电商未来的发展，大家都比较困惑和迷茫。但我们相信榜样的力量是无穷的，所以这一节我们通过深度解析 3 家跨境电商头部企业近期的市场表现和战略布局，来探索未来中国的跨境电商市场如何去做。

◉ 安克创新

某种意义上，安克创新已经成为中国跨境电商领域的一种图腾式的存在，从融资上市到战略布局，再到市场表现都代表着行业未来 5 年的趋势，可以说安克创新的一举一动牵动着广大跨境电商创业者的心。

公开数据显示，2021 年 1—6 月，安克创新跨境电商收入、线上收入分别上涨了 49.12% 和 38.49%，公司总营收 53.71 亿元，同比增长 52.24%。客观地讲，在 2021 年行业整体面临动荡的大环境下，这样的市场表现是非常亮眼的。

其实笔者关注安克创新这家公司已经非常久了，笔者认为安克创新一直坚持长期主义的价值观和理念，用 10 年时间，成长为中国跨境电商行业的标杆。

安克创新是做充电宝起家的，笔者在美国的时候还真实体验过安克创新的充电宝产品，品质不错。除了充电宝，安克创新还相继推出了

Soundcore、eufy、Nebula 等跨境电商品牌，同时推出摄像头、蓝牙音箱等 3C 产品。安克创新的成功与亚马逊在中国市场的发展是相辅相成的，安克创新是亚马逊平台红利的最大得利者之一，而它的成功也吸引了更多中国卖家入驻亚马逊。

◎ 专注产品研发、坚持长期主义

我们认为安克创新的成功源于专注产品研发，同时坚持长期主义。

最典型的案例就是，在苹果手机用户对于安卓厂商配备的快速充电器需求旺盛的时候，安克创新将氮化镓材料首次用在充电器上，推出了第一个氮化镓充电器，在行业内掀起了一阵氮化镓风潮，产品也得到了用户的认可。

所以安克创新对于我们的启示在于，跨境电商最终还是得靠优质的产品，产品为王。

◎ 产品不求多，求精

作为一个头部上市公司，安克创新继续把大部分的精力投入产品研发之中，同时产品品类还是集中在 15 个类目，并且真正做到精益求精。

◎ 全球化和中国本土战略部署

2021 年的安克创新似乎想要摆脱单纯的跨境电商属性，在放眼全球的同时重点关注中国市场。

目前安克创新在西雅图、洛杉矶、东京等重点城市都设有办事处，实现目的地本土化运营。同时，安克创新也在积极布局国内市场，比如 2021 年安克创新在中国举办了盛大的新品发布会。

这对于广大跨境电商卖家的启示在于，跨境电商未来的趋势肯定是目的地本土化运营，同时中国市场的需求也不容小觑，外贸企业转型做内贸也是一种不错的选择。

◎ 如何处理平台和企业的关系

安克创新和亚马逊一起走过 10 年，目前安克创新在亚马逊单个平台上的业务量占公司总业务量的一半以上，但是安客创新也在慢慢迁移，在 Costco、沃尔玛、塔吉特、BestBuy、Verizon 等平台陆续上架新产品，同时也在重点布局独立站。

对于广大跨境电商创业者，我们认为亚马逊依然是做跨境电商的首选。虽然在 2021 年发生了亚马逊“封号”风波，但是长远来看对于亚马逊平台是利好的，经营会更加有序。亚马逊依然是跨境出海的最大平台。同时随着 RCEP 红利的释放，我们认为“一带一路”市场、新兴市场会持续成长，所以速卖通、Lazada、Shopee 和 Coupang 等都会是非常好的选择。

◉ SHEIN

如果说安克创新是中国跨境电商行业的图腾企业，那么 SHEIN 就是中国跨境电商行业的一个传奇。

SHEIN 零售产品以服饰为主，女装占比超过 6 成，在行业中一直是神一样的存在。数据显示，2021 年 SHEIN 销售额大概是 160 亿美元，合人民币约1 000亿元。在行业整体表现低迷的背景下，还能取得这样的成绩，说明 SHEIN 有自己的独到之处。

◎ 成功秘笈：上新迅速、性价比高

根据数据统计，2021 年 10—12 月，SHEIN 日均上新 5 000 ~ 7 000 个 SKU，包括服饰、鞋子、美妆、家居等品类。而且平均客单价在 10 ~ 20 美元，吸引了大量美国消费者。

◎ 独立站和社交媒体营销优势

SHEIN 倾注了大量精力运营独立站，截至 2021 年 5 月，其自有 App 下载量超过 1.5 亿次，有超过 7 000 万活跃用户。同时，SHEIN 在各大社交媒体具备非常强大的“粉丝”号召力，Facebook 和 Instagram 上的“粉丝”均超 2 000 万。

中国电子商务研究中心的相关数据显示，SHEIN 在境外社交媒体采用的是联盟营销模式，有点类似于淘宝天猫的阿里妈妈模式，通过 KOL 和类似淘宝客这样的网络分销商进行引流。通过这样的引流模式，SHEIN 拥有了强大的流量优势。同时依靠社群内容更新，提升“粉丝”黏性，最终在海外市场积累了庞大的“粉丝”群，给独立站带去源源不断的市场销售。

◎ **整合供应链成就 SHEIN**

SHEIN 能够在众多服装卖家中脱颖而出，核心的原因还是在于供应链整合的能力。

2015 年，SHEIN 从南京搬到广州番禺，那里是中国服装供应链完善的地区之一，从服装的面料、设计、生产加工到水洗，一应俱全，而且价格优势明显。SHEIN 成功的背后其实就是那些默默付出的中国服装工厂，今天广州番禺一带大部分的服装工厂都是 SHEIN 的供应商。而且 SHEIN 的交货速度要求非常快，平均 3～7 天就要完成生产并交货。

作为一个 18 年的跨境电商创业者，笔者坚持认为跨境电商未来核心靠的是供应链优势。SHEIN 之所以能够快速上新，就是源于对供应链的管理。SHEIN 是典型的对供应链进行数字化管理的企业，公司采用 MES 供应链管理系统，通过数据指导“设计—界面—用户触达”各个阶段，使得页面跳出率达到 39%、爆款率达到 50%、滞销率仅有 10%。

同时，SHEIN 通过社交媒体和搜索引擎等抓取最流行的元素，快速反馈到工厂生产，然后在平台上架，产生销售。

◎ **改善物流体验，提升客户满意度**

除了上新快，SHEIN 在物流体验方面也大做文章。除海外仓直接发货外，国内发货地主要集中在广州和香港这种国际物流发达的城市，而且都采用空运模式，美国消费者的平均收货时间大概是 3.3 天，超过 71% 的美国消费者在 7 天内肯定可以收到产品，极大地提升了客户满意度。

◉ 乐歌

乐歌是传统外贸企业转型做跨境电商的标杆，公开数据显示，乐歌股份2021年上半年营业收入13.97亿元，同比增长120.68%。其中，独立站收入2.55亿元，买家数量超过13万；亚马逊收入4.19亿元，买家数量高达32万。

笔者研究乐歌这家企业已经有一段时间了，乐歌的成功对于广大传统外贸工厂转型做跨境电商有非常大的启发和参考价值。

乐歌其实赶上了两波红利。第一波是在20世纪90年代末，中国改革开放带来了中国外贸出口的蓬勃发展，乐歌在传统外贸时代已经成为行业的佼佼者。第二波是在2010年前后，乐歌抓住了跨境电商的第一次风口，通过跨境电商B2C零售取得了成功。

乐歌最开始主要做平板电视挂架、显示器支架以及周边产品，为海外品牌做OEM代工。2011年开始通过亚马逊转型做跨境电商，核心还是靠产品研发和品牌策略。转型做跨境电商以后，乐歌把目光投向了MRB2C，就是制造业加设计研发再到B2C模式，并且强调自己的品牌优势。通过这样的模式，乐歌生产了一批独立设计、自有品牌的显示器支架、电视机挂架，然后在亚马逊上架售卖，销量很好。

◎ 品牌化战略和产品研发助力企业发展

乐歌的成功更多靠的是品牌化战略和产品研发，特别是乐歌的品牌化战略，非常值得广大出海企业学习。其实出海品牌的打造从来都不是一蹴而就的，更多要靠企业从产品、团队、服务多个维度进行长期打磨。

比如乐歌坚信让好的产品说话，建立专门的大数据团队分析亚马逊上的客户评论，根据客户喜好调整产品设计。荣获CES创新奖的乐小白多功能健身车就是根据消费者反馈不断调整改进设计而来的产品。

◎ **乐歌对于广大跨境电商企业的启示**

⋆ 未来传统外贸行业怎么发展

未来传统外贸行业一定会越来越难，所以品牌化出海一定是大势所趋，传统外贸工厂一定要在这几年通过跨境电商建立自己的海外品牌，实现品牌化出海。

⋆ 跨境电商卖家再苦再难也一定要布局独立站

对于广大跨境电商卖家来说，一定要有自己的独立站布局。独立站的优势是让企业真正拥有直接与客户沟通的渠道，极大提高自主性。同时独立站容易做出品牌，也有利于企业的转型升级。

尾声

跨境电商代表未来的趋势，传统外贸价值长期存在

笔者在外贸和跨境电商行业创业已经超过18年时间了，在这18年里见证了中国外贸和跨境电商的跌宕起伏。

作为一个资深的行业参与者和财经作家，笔者一直在思考传统外贸和跨境电商的关系以及未来趋势。最后得出的结论是：跨境电商代表未来趋势，但是传统外贸的价值依然会长期存在！

传统外贸入局跨境电商，在线贸易成为时代趋势

持续的疫情打乱了中国传统外贸出口企业的生产经营计划，在这样一场全球抗击疫情的持久战中，很多传统外贸企业没有熬过“寒冬”而被市场淘汰。面对持续的疫情，最切实可行的选择应该就是跨境电商，跨境电商成为稳外贸的重要抓手。商务部多次表示，传统外贸受到疫情严重冲击，需要进一步发挥跨境电商的独特优势，开展在线营销，实现在线交易，保订单、保市场、保份额。据商务部统计，2021年我国跨境电商进出口1.98万亿元，同比增长15%，其中出口1.44万亿元，同比增长24.5%。

为什么跨境电商成为中国稳外贸的解决之道

笔者在《跨境电商3.0时代》的上一版中非常明确地表示过，跨境电商的本质就是数据贸易，通过大数据的方式重构外贸的整个供应链，提升效率、降低成本、扩大增量。疫情持续下，传统外贸渠道，比如线下展会、海外客户拜访等难以实现，在线模式成为外贸出口的唯一选择，

所以跨境电商实现了爆发增长。

◉ 跨境电商的 B2B2C 模式

其实在疫情发生之前，因为跨境电商数据贸易，中国的外贸模式已经发生了很大的变化，B2B2C 模式蓬勃发展。

所谓 B2B2C 模式就是相对于传统外贸几百、几万美元的大订单，零售订单成为趋势。这种模式跳过了传统外贸的多重中间商，直接面对终端消费者，所以在疫情持续、传统外贸渠道受阻的情况下，跨境电商零售消费依然持续高涨，特别是疫情带来的“宅经济”进一步带动了跨境电商的发展。

◉ 跨境电商的全球市场布局

我们观察到欧美市场受疫情冲击比较大，但是跨境电商的优势在于全球市场布局，新兴市场、“一带一路”市场的贸易数据一直在持续增长。通过这样全球市场布局的方式，很多跨境电商企业的业绩不仅没有下降，反而持续高歌猛进，实现了很大的发展。

而且现在的跨境电商更多的是碎片化的订单，而传统外贸是大额订单，所以疫情之下，跨境电商企业的抗风险能力一定比传统外贸企业强。

◉ 跨境电商资金回笼渠道多、资金压力小

疫情持续下，企业生产经营面临重重压力。传统外贸企业的回款周期是非常长的，从客户下单到生产出产品，再通过物流运输到目的地，等到客户确认收货打款往往需要几个月的时间。而跨境电商企业的回款周期比较短，一般是 2～4 周时间，而且跨境电商平台提供非常多的金融服务，中小外贸企业通过平台可以非常快地解决融资难的问题。

◉ 跨境电商品牌化帮助企业实现转型升级

跨境电商的最终目标是帮助传统外贸企业通过数字化实现转型升级，

除了渠道的变化，核心是提升产品的附加价值，实现品牌化。对于品牌化，我们公司有非常多的经验和心得，我们公司就是从传统外贸企业转型做跨境电商。在传统外贸时代，我们出口一个集装箱的实际利润是 1 万元，而通过跨境电商零售，我们零售一个船模型产品的利润是 300 元，利润率是原来的几倍、几十倍。在传统外贸时代，一个中国的企业要在海外建立品牌是非常难的，需要大量的线下投入，但是通过跨境电商模式，很多小企业在短短几年内就建立了海外品牌。

品牌的价值不仅在于获得客户的认同从而提高复购率，更重要的是提高产品利润，比如我们公司的 DIY 船模型，因为有了海外品牌，可以实现比同行高出 15% 的溢价。

◉ 跨境电商的未来是海外仓和目的地本土化运营

跨境电商未来的核心趋势就是海外仓和目的地本土化运营。笔者做跨境电商已经 18 年了，坚持认为海外仓会成为中国外贸出口的核心趋势之一，海外仓的价值在于真正提升跨境电商的效率和客户体验。同时，从未来 5 年的维度看，我们发现跨境电商目的地本土化运营的趋势也越来越明显。我们调研了很多跨境电商头部企业，发现很多企业都把亚马逊的运营团队放在了美国本土，雇佣美国本土的员工，通过这样的模式实现传统外贸的升级和迭代。

传统外贸面临的困境

笔者经营的外贸企业是一家家族企业，这个家族企业有着 25 年的生产经营木制工艺品的历史，所以对于传统外贸面临的困境体会颇深。传统外贸面临的困境包括以下几个方面。

◉ 疫情导致线下渠道缺失

传统外贸企业出口更多依靠线下模式，比如广交会、线下客户拜访，因为一场疫情，线下渠道恢复遥遥无期，很多传统外贸企业订单骤减，最终导致企业倒闭。

◉ 传统外贸企业面临产能过剩问题，同时处于价值链最低端，没有定价权

传统外贸的困境其实已经存在很多年了，最早可以追溯到2008年的经济危机。经济下行，供大于求，传统外贸企业产能过剩，同时依靠廉价优势参与市场竞争，长期处于价值链最低端，OEM模式下又没有定价权，最终慢慢被市场淘汰。

◉ 缺少人才和转型经验，知识产权、品牌意识淡薄

目前广大传统外贸企业纷纷转型做跨境电商，但是从笔者观察到的案例来看，传统外贸企业转型做跨境电商，特别是成功转型做跨境电商零售的案例，可以说是凤毛麟角。主要原因是缺少跨境电商人才，同时传统企业缺少转型的经验和魄力，知识产权、品牌意识也非常淡薄。

传统外贸企业如何转型做跨境电商

对于传统外贸企业如何转型做跨境电商，我们公司也很有心得。首先，传统外贸企业要调整心态。后疫情时代，跨境电商一定是最大的趋势，数据贸易不仅是对前端销售的升级，更会推动整个外贸供应链的转型。传统外贸企业主首先应该认同这样的时代趋势，真正拥抱变化，跟上时代的脚步。

调整好心态后，第一步是要搭建一个跨境电商团队。笔者建议工厂团队和跨境电商团队彻底分开，因为跨境电商是互联网基因，需要用互联网的思维去管理。

第二步是做好市场调研和分析。传统外贸企业往往具备非常丰富的产品经验和市场经验，而跨境电商本质上就是传统外贸的迭代，所以也要做好市场调研和分析。可以找专门的市场分析团队，也可以结合传统外贸的销售数据、结合工厂实际，选择优势产品推广到跨境电商市场。

第三步是选择平台和渠道。其实这是做跨境电商最大的问题，首先要确定目标市场，是传统欧美市场还是新兴市场。如果目标是欧美市场，首选亚马逊；如果目标是新兴市场、“一带一路”市场，也可以选择速卖通、Wish、Lazada、Shopee、Coupang 等平台。还有一些专业平台的表现也非常亮眼，比如沃尔玛、Wayfair 等。对于平台的数量，笔者个人建议是 2~3 个，比如亚马逊 + 速卖通 + eBay。有实力的跨境电商卖家也可以做独立站，独立站未来会更流行。

第四步是选择物流和仓储模式。如果是刚刚转型做跨境电商的企业，前期可以选择直邮模式，但最终都应该转向海外仓模式，因为海外仓模式可以降低成本、提升效率，从而提升客户满意度。当然海外仓的入局也有非常多的门槛和门道，具体还是要靠企业在实际中去摸索。

传统外贸和跨境电商的关系更多的是融合和共赢

跨境电商一定代表着未来的趋势，但是数据贸易也有不完善和不成熟的地方，传统外贸虽然面临重重压力，但是产品为王一定是大势所趋，所以未来传统外贸和跨境电商的关系更多的是融合和共赢。任何一种模式，只有顺应趋势，拥抱变化，在升级中转变，才能真正发展，最终取得成功。